JN300383

戦後オランダの政治構造

ネオ・コーポラティズムと所得政策

水島治郎

東京大学出版会

The Dutch Political Economy in the Postwar Years
Incomes Policies under Neo-Corporatism

Jiro MIZUSHIMA

University of Tokyo Press, 2001
ISBN4-13-036204-6

目　次

はじめに――オランダ政治と小国研究 …………………………………… 1

第1章　オランダ政治への視角とネオ・コーポラティズム ……………………………………………………11

第1節　オランダ政治研究の展開 …………………………………11
1　近代オランダと国際環境　　11
2　オランダ政治と「多極共存民主主義」　　16
3　1990年代の理論的展開　　20

第2節　コーポラティズムとネオ・コーポラティズム ………………22
1　コーポラティズムの理論的整理　　22
2　ネオ・コーポラティズムと所得政策　　29

第3節　国際収支問題と所得政策 …………………………………32
1　オランダの所得政策と国際収支問題　　32
2　ブレトン・ウッズ体制下の国際収支問題　　34
3　平価切下げオプション　　39
4　通貨安定優先路線――イギリスとオランダ　　41
5　所得政策と国際収支不均衡是正　　47

第4節　キリスト教民主主義と政労使協調体制の形成 …………51
1　所得政策の明暗――イギリスとオランダ　　51
2　キリスト教民主主義研究とオランダ政治　　54

第5節　「ケインズ主義なき福祉国家」
　　　　――オランダ政治経済体制の特質 …………………………58

第2章 第二次世界大戦期までのコーポラティズム構想と制度的展開 …… 65

第1節 戦間期のコーポラティズム構想 …… 65
1 政治的背景——中道キリスト教民主主義の優位　65
2 宗派勢力とコーポラティズム　68
3 社会民主主義勢力とコーポラティズム
　　——ケインズ主義と秩序政策　72

第2節 ドイツ占領下の展開 …… 79
1 賃金統制の開始　79
2 労働協会結成への動き　80

第3章 終戦とネオ・コーポラティズムの成立 …… 83

第1節 終戦前後の政治的展開
　　——オランダ人民運動と「革新」の試み …… 83
1 オランダ人民運動の成立　83
2 各政党の対応と労働党の結成　87
3 ローマ・赤連合の成立　90

第2節 終戦直後の経済問題
　　——過剰流動性と国際収支不均衡 …… 93
1 過剰流動性と通貨改革　93
2 国際収支問題　96

第3節 ネオ・コーポラティズムによる所得政策の成立 …… 98
1 労働協会の設立　98
2 賃金決定システムの成立　100
3 1945年秋の賃金決定　103
4 賃金決定の構造　105

第4節 「政治的交換」とその前提条件 …… 108
1 賃金平準化と雇用保障　109
2 物価政策　110

3　独占と排除——共産党系労働運動との対抗　112
　　　4　カトリック系労働運動と信徒労働者　118

第4章　プラニスムの試みと挫折 …………………………121
第1節　スヘルメルホルン政権期のプラニスム ………………122
　　　1　秩序政策と産業組織構想　123
　　　2　カトリック勢力の対案　128
　　　3　計画化構想　130
第2節　ローマ・赤連合の成立とプラニスムの帰趨 ……………132
　　　1　秩序政策　133
　　　2　計画化　138
第3節　プランなき工業化政策 ……………………………139

第5章　戦後再建期の所得政策 …………………………145
第1節　「賃金凍結」路線と児童手当（1946-48年）………145
　　　1　カトリック労組と児童手当の拡充問題　145
　　　2　児童手当拡充の実現　148
　　　3　「賃金・物価凍結」声明　151
　　　4　「賃金・物価抑制政策」の実際　154
第2節　補助金削減と1ギルダー給付 ……………………157
　　　1　マーシャル・プランとオランダ　157
　　　2　ベネルクス統合とオランダ　164
　　　3　補助金削減問題　166
　　　4　1ギルダー給付　168
第3節　ギルダー平価切下げ問題 …………………………174

第6章　朝鮮戦争と第一次支出削減 ……………………179
第1節　朝鮮戦争と国際収支危機 …………………………179
　　　1　朝鮮戦争の勃発　179

2　オランダの国際収支危機対策　182
　第2節　社会経済協議会答申と賃金抑制 …………………………185
　　1　1950年9月の賃金引上げ　186
　　2　社会経済協議会の答申　187
　　3　賃上げ率5％の決定　191
　第3節　経済成長と経常収支の黒字期（1952-55年）…………196
　　1　実質賃金の引上げ　196
　　2　ケインズ主義的経済政策の採否　201

第7章　第二次支出削減
　　　　　　――ネオ・コーポラティズムの「モデル・ケース」……205

　第1節　国際収支危機 ……………………………………………………206
　　1　国際収支危機の背景　206
　　2　オランダとヨーロッパ統合の進展　208
　第2節　社会経済協議会答申による政策パッケージ……………211
　　1　社会経済協議会における協議　211
　　2　社会経済協議会答申の内容　215
　　3　答申に対する労使・政府・議会の対応　218
　第3節　児童手当による所得補償 ……………………………………224
　　1　「赤線」を超えた物価指数　224
　　2　児童手当による対応策の検討　227
　　3　打開策の浮上　231
　　4　共産党系労働運動の解体　234

第8章　公式のネオ・コーポラティズム的
　　　　　　所得政策の失敗 ……………………………………………237

　第1節　1960年代のオランダの変容 ………………………………237
　　1　政治経済条件の変化　237
　　2　オランダ社会の変容　242

第2節　所得政策の失敗 …………………………………………245
　　1　ネオ・コーポラティズム的所得政策維持の試み　245
　　2　1966-67年の賃金問題　250

おわりに──現代ヨーロッパ政治への展望 ………………………255

あとがき …………………………………………………………………263

索引（人名・事項）……………………………………………………267

はじめに
──オランダ政治と小国研究──

1 「オランダ・モデル」と本書の課題

　近年，失業が依然として大きな問題となっているヨーロッパ諸国で，例外的に失業率の大幅な低下を達成し，安定的な経済成長を示しているオランダに対し，強い関心が示されている．もともとオランダは1970年代後半から80年代初頭にかけてインフレと財政赤字，高い失業率に見舞われ，「オランダ病」とさえ揶揄されていた[1]．しかしその後ルベルス長期政権下（1982-94年）で，インフレ抑制と財政赤字の削減が本格的に進められる．また，82年秋に結ばれた政労使の合意（いわゆる「ワセナール合意」）を受け，賃金の抑制，労働時間短縮とパートタイム労働の促進による雇用創出，減税による企業の収益性の向上が図られる．90年代半ばまでにこれらの措置は効果をみせ，90年代後半には周辺諸国と比べ際だった失業率の低さ，労働コストの抑制成功と企業の収益性の向上，黒字財政への転換などが実現した．この政労使の協力に支えられたオランダの経済的成功は今や「オランダ・モデル」，あるいは「ポルダーモデル」として語られており[2]，日本でも関心が高い[3]．

　もっとも，このような政労使三者の緊密な協調体制は，80年代に入って一朝一夕に成立したものではない．オランダでは戦後初期，労使の代表らからなる労働協会，労使代表に政府任命委員からなる社会経済協議会などの頂上機関

---

1) 1980年代におけるオランダの高失業率の政治経済的背景を各国比較の中で分析したものとして，G. Therborn, *Why Some People are More Unemployed Than Others* (London: Verso, 1986).
2) Jelle Visser and Anton Hemerijck, *'A Dutch Miracle': Job Growth, Welfare Reform and Corporatism in the Netherlands* (Amsterdam: Amsterdam University Press, 1997). 長坂寿久『オランダモデル──制度疲労なき成熟社会』（日本経済新聞社，2000年）．
3) 失業率の高い日本では，オランダ型のワークシェアリング，労働時間短縮と雇用の柔軟化，パートタイム労働促進などの労働市場政策に関心が向けられている．オランダの例を1つの参考としつつ，地方レベルの労使でワークシェアリングの促進を図る試みとしては，連合兵庫・兵庫県経営者協会『ワークシェアリングガイドライン』（2000年5月）などがある．

が相次いで設立され，社会経済政策の立案・合意形成にあたって重要な役割を果たしてきた．1940年代後半の戦後再建，50年代に始まる経済成長，60年代の各種の社会保障制度の整備などは，いずれも政労使の協調関係に支えられて可能になった．60年代末から80年代初頭にかけては，労使対立の先鋭化などによりこの政労使間の協調は困難に直面するが，制度自体は存続し，82年のワセナール合意のような三者合意を再び可能とした．現代のオランダの政治経済体制を論ずる場合，その起源ともいうべき戦後期の政労使関係の展開を理解することは重要な意味を持っているといえよう．

本書は，この戦後オランダにおいて機能してきた政労使の協調体制，すなわちネオ・コーポラティズムを取り上げ，戦後約20年の期間を対象として，その構造と展開を明らかにしようとするものである．オランダではこの時期，特に1945年から67年に至る22年間は，労使の協力に基づいて賃金の抑制と平準化を軸とする公式の所得政策が厳格に行われ，高度に制度化の進んだネオ・コーポラティズムが成立してきた．オランダでヨーロッパでもまれにみる安定的な労使関係が実現したこと，北欧諸国とならぶ福祉国家化が進展したことなどは，このネオ・コーポラティズムの存在を抜きにしては語れない．本書では，労使協議機関や各労使組織の議事録など，ネオ・コーポラティズムに関わる諸機関の一次資料を積極的に利用し，所得政策の形成過程を軸にその具体的な構造を明らかにすることで，戦後のオランダの政治経済体制の特質を解明する試みがなされる予定である．

なお叙述のさい，次の2点について特に配慮を行いたいと考えている．第1はオランダが「小国」であること，すなわちその「小国性」に着目する点である．オランダのネオ・コーポラティズムを理解する場合，小国オランダの政治経済が絶えず国際的な制約のもとに置かれていたことが，決定的な意味を持つ．第2は，比較を重視する点である．同時期の他のヨーロッパ諸国と政治的・経済的な展開との比較を交えつつ，このオランダ政治の特質を解明していくことで，ヨーロッパ比較政治研究への新たな貢献をなすことも，本研究のめざすところである．

2 小国研究の意義

ところで，近年発展しつつあるとはいえ，オランダをはじめとする「小国」政治の研究が政治学全体のなかで占めるプレゼンスは，まだまだ低い．伝統的な政治学が前提としてきた国家とは，一定規模の領土と国民を持ち，自律した経済力と軍事力を保持する国民国家，すなわち「大国」だったからである．そうだとすれば，「小国」を研究対象とすることについて，あらかじめその意義を明らかにしておくことが必要だろう．そこで以下では，まず政治学の発展において小国政治の研究一般が果たしてきた役割について簡単に振り返ったうえで，戦後のオランダ政治を扱うことの持つ意味について考えてみたい．

「大国」を重視する従来の常識を代表するものとしては，かつて E. H. カーが『平和の条件』において述べた小国批判がよく知られている．彼は軍事技術の発達，経済力の集中により，小国が軍事的独立や国民経済を維持することは不可能となったと論じ，第一次世界大戦後に民族自決の名の下に次々と小国が独立した現象を批判する[4]．小国が存立するとすれば，それは軍事的独立を放棄して大国と「永久的連合」を結び，その庇護のもとでのみ可能だろう，というのである．このような大国と小国の間の圧倒的な格差が前提とされるなかで，政治学や政治史研究の多くは研究対象として「大国」を選択することを当然とし，小国の存在に関心を向けることが少なかった．たとえばヨーロッパ政治ではイギリス・フランス・ドイツの3大国に研究が集中し，これにイタリア・スペインを加えた5ヵ国で政治学研究の圧倒的多数を占めてきた．個別研究はもちろん，概説書でもその傾向は強い[5]．

しかしそのような大国中心の傾向にもかかわらず，以下でみるように小国政治の研究は，政治学の中でも無視できない役割を果たしてきた．特に小国政治の示す独自性を抽出することは，「大国」中心の政治学に対するアンチテーゼを提出し，政治史や国際政治，比較政治研究に大きな貢献をなしてきたといってよい．

まず国際政治のレベルでは，小国が大国と異なる行動様式をとってきたこと

---

4) E. H. カー著（高橋甫訳）『平和の条件――安全保障問題の理論と実際』（建民社，1954年）．
5) たとえば升味準之輔『比較政治　西欧と日本』（東京大学出版会，1990年），中木康夫・河合秀和・山口定『現代西ヨーロッパ政治史』（有斐閣，1990年）を参照．

がしばしば指摘される．百瀬宏が『小国』で詳しく示したように，19世紀に入り，軍事力が各国の国際政治上の地位に決定的な影響を及ぼすようになると，軍事力による自国の独立の保障を困難と認識したヨーロッパの小国は，相次いで中立政策を採用して大国間の紛争から距離を置き，大国と異なる外交戦略を選択する[6]．大国中心に描かれがちな19世紀のヨーロッパ国際政治は，実は大国間の軍事的なバランスからなる「勢力均衡」と，中立を守る小国群からなる二層構造でもあった[7]．20世紀に入り中立政策の維持が次第に困難となり，第二次世界大戦後に小国がそれぞれ東西両陣営に「系列化」されていったさいにも，小国はその独自な立場と利益を守りつつ外交政策を進めたのであり，決して一方的に米ソの支配下に組み込まれていったわけではない[8]．しかも，このように大国の軍事的対立から一歩身を引いてきた小国は，オランダを典型として国際法や国際機構を重視し，大国の行動に国際的な枠組みを課すことで自国の地位の保全を図る戦略をとってきた[9]．小国には大国と異なる独自の外交論理があったのである．

次に国内政治のレベルでも，小国の示す独特な内政のありかたは多くの政治学，とりわけ比較政治学の研究者の注目を集めてきた．確かに，市民革命や社会主義革命，あるいは民主政の崩壊・ファシズムの成立といった華々しい体制変動の舞台となったのはほとんどが小国ではなく，大国だったことは否定できない．ムーアの『独裁と民主政治の社会的起源』[10]やスコッチポルの『国家と社会革命』[11]をはじめとする画期的な比較政治研究は，豊富な大国研究の蓄積

---

6) 百瀬宏『小国——歴史にみる理念と現実』（岩波書店，1988年）．
7) もっとも小国の中でも，海外に植民地を有していたオランダなどの場合には，対ヨーロッパ政策では中立と「無関心」を保つ一方，植民地経営を始めとする対アジア政策では，中立の枠にとどまらない積極的な外交を展開していたことが指摘されている．小暮実徳「幕末期のオランダ対日外交の可能性——オランダの対外政策の基本姿勢を理解して」『日蘭学会会誌』第25巻第1号（2000年10月），47-67頁．
8) オランダ・ベルギーやポーランドなど，東西両陣営内の小国の外交政策の特質については，百瀬宏編『ヨーロッパ小国の国際政治』（東京大学出版会，1990年）所収の諸論文を参照．
9) オランダについては，小久保康之「ベネルックス三国——欧州統合と小国外交」百瀬編，前掲書，19-57頁．J. C. Boogman, "Achtergronden, tendenties en tradities van het buitenlands beleid van Nederland (eind zestiende eeuw-1940)," in N. C. F. van Sas ed., *De kracht van Nederland : Internationale positie en buitenlands beleid* (Haarlem : H. J. W. Becht, 1991), pp. 16-35.
10) Barrinton Moore Jr., *Social Origins of Dictatorship and Democracy : Lord and Peasant in the Making of the Modern World* (Harmondsworth : Penguin, 1966). バリントン・ムーア著（宮崎隆次ほか訳）『独裁と民主政治の社会的起源』I・II（岩波書店，1986-87年）．

を活用しながら，大国特有の巨大な体制変動を鮮やかに分析した．これに対して小国では，政治体制の変化は概して漸進的だった．革命の成否や民主政の存立の条件を解明するような研究材料を期待する研究者にとって，小国政治は魅力を欠いたものに映ったとしても不思議はなかろう．

しかし1960年代の末にレイプハルトの『妥協の政治』がオランダ政治研究を発展させて「多極共存民主主義」モデルを提示した頃から，状況は大きく変化する[12]．小国政治はむしろ高度な安定によって特徴づけられる，独自の政治パターンを持つものとして積極的に位置づけられ，多くの注目を集める．そして「多極共存民主主義」に加え，オーストリア・オランダ・北欧などの政治経済体制研究に大きく依拠するネオ・コーポラティズム論，主として北欧諸国の経験が色濃く反映している福祉国家論など，小国政治研究を活用した比較政治学が1970年代以降大きな発展をみた．

確かに小国の多くは，大国で往々にしてみられた社会革命のような巨大なマグニチュードをもつ体制変動とは無縁だった．しかし70年代以降ヨーロッパで戦後デモクラシーが成熟をみせ，すでに自明の原理となった民主主義の内実を問う意識が強まってきたとき，アカデミックな関心は独自の民主主義の深化をみせる小国に向いていったといえるだろう．特にオランダは，「多極共存民主主義」論以外でもコーポラティズム論，福祉国家論，あるいは世界システム論（第1章第1節参照），そして近年の「オランダ・モデル」論に至るまで小国の中でもとりわけ興味深い特徴を持ち，比較政治学に豊かな材料を提供してきた．

また現実政治でも，小国の存在感は高まっている．特にEUでは，現在加盟国15ヵ国のうち10ヵ国を小国が占めているばかりか，議長国の輪番制，閣僚理事会における全会一致制や特定多数決制をはじめとして，小国に相対的に有利な制度が随所に置かれており，意思決定過程における小国のプレゼンスはきわめて大きい[13]．もはや現在では，小国を無視した大国のみのヨーロッパ政

---

11) T. Skocpol, *States and Social Revolutions: A Comparative Analysis of France, Russia, and China* (Cambridge: Cambridge University Press, 1979).

12) Arend Lijphart, *The Politics of Accomodation: Pluralism and Democracy in the Netherlands* (Berkeley: University of California Press, 1968).

13) EUにおける小国の地位を論じたものとして，Baldur Thorhallsson, *The Role of Small States in the European Union* (Aldershot: Ashgate, 2000); Laurent Goetschel ed., *Small States in and outside the European Union* (Boston: Kluwer, 1998).

治の叙述は困難となっている[14].

このように，70年代以降の小国政治研究の発展は，国際政治と国内政治の2つの領域で小国のみせる独自なあり方を明らかにすることで，比較政治学や政治学理論の発展に大きな貢献をしてきた．そしてヨーロッパ統合の進展も，ヨーロッパの小国に対する関心を高める結果となった．小国政治の研究は，もはや政治学のなかで無視できない重みを持つものとなったといえるだろう．

3 「2つの統合」のはざまで

それでは次に，戦後のヨーロッパ政治の展開の中で，特にオランダ政治を扱うことにはいかなる意味があるのか，考えてみたい．

20世紀前半のヨーロッパは，2度にわたる世界大戦によって隣国同士が殺戮し合う惨禍の舞台となったばかりか，各国の内部でも多くの場合，左右勢力による挑戦によって政治・社会紛争が生じ，場合によっては革命や内戦も生じている．ヨーロッパの諸国は，国家間の戦争に加えて国内の紛争という，いわば「2つの分裂」を体験したのである．

この痛切な経験を経た戦後の西ヨーロッパでは，民主政の安定的な復活と経済再建を成功させるためには，この2つの分裂を克服することがその最も重要な前提であるということが強く認識されていた．そのため，その克服の試みが，戦後のヨーロッパ政治の展開を彩る重要な要因となった．

まず国家間の対立の克服に関しては，戦間期の排他的経済ブロックの形成や近隣窮乏化政策のエスカレーションが相互に多大な経済的不利益をもたらし，結果的に第二次世界大戦を招いてしまったとの意識から，戦後の西ヨーロッパでは軍事面よりもむしろ経済面に重点を置いて各国間の協調を進める方式が採られた．マーシャル・プランに促されて設立されたヨーロッパ経済協力機構のもとで貿易自由化が開始され，1950年代に入ると石炭・鉄鋼の共同管理，そしてヨーロッパ共同市場の創設と，ヨーロッパは経済面での統合を次々と進めていった．この経済統合の深化の結果，各国の経済は今やわかちがたく結びつけられ，通貨主権と金融政策の独立性を放棄する通貨統合も現実化している．

---

14) たとえば小川有美編『EU諸国』(自由国民社，1999年).馬場康雄・平島健司編『ヨーロッパ政治ハンドブック』(東京大学出版会，2000年).

少なくともヨーロッパにおいては，戦争は各国間の紛争の解決方法として完全にその意味を失ったといってよい．

この国家間の統合の試みと並んで，各国はそれぞれ国内の社会的統合にも全力を注いできた．その最大の焦点は，やはり国内の階級的な対立の克服だった．戦後の西ヨーロッパ諸国の政治は多くの場合，キリスト教民主主義ないしは社会民主主義を掲げる政党が中心的な役割を果たすことになったが，この両勢力は共に保守主義や革命的な変革の両極を批判し，階級協調的な立場から社会政策にも積極的に取り組んで，福祉国家化を実現した．その結果，戦後の各国では国内の対立状況は大幅に緩和され，かなりの程度社会的な統合が達成された．すなわち，20世紀後半のヨーロッパは，国家間のレベルと国内の2つのレベルにおいて統合を実現することに成功し，これにより世紀前半の「2つの分裂」は，「2つの統合」によって克服をみたということができるであろう[15]．

このヨーロッパにおける「2つの統合」を考えるとき，見逃すことができないのがオランダの果たしてきた役割である．

まずオランダは，小国であるにもかかわらず，ヨーロッパ統合に関してきわめて重要な位置を占めてきた．早くも1948年には，ベルギー・ルクセンブルクと共にベネルクス関税同盟を設立して共通域外関税の導入と域内関税の撤廃を実現させたばかりか，1960年にはこの関税同盟を経済同盟にまで発展させることに成功する．このベネルクスの成功が以後のヨーロッパ経済統合に重要なモデルを提供したことは，しばしば指摘されるところである．これに加えて，オランダのベイエン外相の提出したヨーロッパ共通市場の提案が，ヨーロッパ経済共同体の設立に向けて具体的な道筋をつけるものとなったことも知られている．他のヨーロッパ諸国に対する経済依存度の高いオランダにとっては，原材料・食料の輸入を保証し，あわせて輸出市場を確保するうえで，ヨーロッパの経済統合の持つ意味はとりわけ大きかった．ヨーロッパの通貨統合に関しても，通貨価値の安定を重視する立場からオランダは一貫してその支持者であり，国内の財政金融政策はこの目的を優先して進められてきた．

---

[15] 「2つの統合」に果たしたキリスト教民主主義と社会民主主義勢力の役割を検討し，その歴史的背景にも触れたものとして，水島治郎「ヨーロッパ政治の歴史的位相——『二つの民主主義』の視点から」樺山紘一・長尾龍一編『ヨーロッパのアイデンティティ』(新曜社，1993年)，77—94頁．

しかもオランダは，国内の政治・社会的統合に関してもかなりの程度成功を収めている．政治的には，カトリック政党をはじめとするキリスト教民主主義政党と社会民主主義政党の二大勢力が議会の大半を占めた結果，政治的対立は先鋭化することなく，合意の上で福祉国家化が進められてきた．また社会レベルでも，労使関係はヨーロッパで最高水準の安定を示し，ストライキなどの労使紛争が最も少ない国に数えられており，近年の「オランダ・モデル」もその延長線上にある．以上のことを考え合わせるとオランダは，いわば「2つの統合」を進める戦後ヨーロッパにおいて象徴的な存在である．オランダを見ることは，戦後のヨーロッパ政治の展開を理解するうえで重要な鍵を握るものであるといえるのではないだろうか．

4　本書の構成

以上で示された「小国」であるオランダを研究することの意義を踏まえたうえで，本書は，次のような構成で議論を進めていく予定である．

まず第1章では，全体の理論的な位置づけを行う．最初に従来のオランダ史・オランダ政治に関する研究の展開を略述し，本論文で用いる視角を提示する．次にコーポラティズムをめぐる政治学上の議論を簡単に整理したうえで，本論文で採用する概念として，所得政策を軸とする「ネオ・コーポラティズム」の構造を明らかにする．続いてオランダにおけるネオ・コーポラティズムに基づく所得政策の位置づけを検討する．そして所得政策が賃金コストの抑制を通じて1940年代後半の経済再建に貢献したこと，また経済の開放的な小国であるオランダでは，通貨価値の安定が重要な政策目標であり，特に1950年代には，国際収支の不均衡対策として平価切下げを用いることなく，緊縮的な経済政策，とりわけ所得抑制政策が積極的に動員されていたことを示す．加えて，オランダで最も主要な政治勢力として階級協調を重視するキリスト教民主主義が存在していたことが，このネオ・コーポラティズムを円滑に機能させる上で重要な影響を与えたことを，イギリスと比較しつつ明らかにする．

第2章では，オランダにおけるネオ・コーポラティズムの成立の前史を扱う．そして戦間期までキリスト教民主主義政権のもとで労使の政策参加がある程度進められていたこと，ドイツ占領下に国家の賃金介入などの制度的発展が生じ

ていたことなどを示す．

　第3章では，戦後初期のオランダの政治・経済の展開を検討する．まず政治面では，戦前と同様の「柱」社会に支えられ，中道のキリスト教民主主義優位の政治体制が復活したことを示す．そして経済面では，戦後再建の中で物資の不足と国際収支の赤字が深刻化するなかで，政労使の協調に基づくネオ・コーポラティズム的な所得政策が成立していく過程が検討される．

　第4章では，ネオ・コーポラティズムの成立と同時期に社会民主主義勢力が導入を図った，「労働プラン」に由来するプラニスムの試みとその失敗が描かれる．

　続いて第5章から第7章では，一次史料を利用しつつ，1950年代末までのネオ・コーポラティズム的所得政策の展開を明らかにする．そしてこの時期のオランダでは，国際収支の危機に対して競争的切下げや輸入制限措置による対応ではなく，緊縮的なマクロ経済政策が採用され，ネオ・コーポラティズムを利用した所得政策がそのさい重要な役割を果たしていたことが明らかにされる．

　第8章では，1960年代半ばに政治・経済的な変動の中で政労使の協調が次第に困難になり，ネオ・コーポラティズムに支えられる公式の所得政策が失敗するに至る過程が検討される．

　結びでは，以上のようなオランダのネオ・コーポラティズムを研究することによって，統合の進む現代のヨーロッパ政治を展望するうえで，どのような示唆が得られるかにふれる予定である．

第1章　オランダ政治への視角とネオ・コーポラティズム

第1節　オランダ政治研究の展開

1　近代オランダと国際環境

まず本節では，本書が対象とするオランダ政治史について，いくつか従来の議論を簡単に整理したうえで，本書で用いる基本的な視角について考えることとする．

オランダは，小国でありながら，近現代のヨーロッパ史を見るうえできわめて興味深い特徴を持つ国である．もともとオランダは16世紀末，他のヨーロッパ諸国で絶対主義化が進む中，ほぼ唯一の例外である共和国として成立した経緯を持つ．現在のベネルクスに相当する低地地方（ネーデルラント）は1568年，ハプスブルク・スペインの進める中央集権化，厳しい異端審問，徴税強化に対し，「ネーデルラントの反乱」を起こして抵抗を開始した[1]．低地地方の南部はスペインの政治的・軍事的圧力の前に脱落したが，最後まで抵抗を続けた北部は国際的承認を受けて独立に成功し，オランダが成立する．

このオランダは17世紀，「黄金の世紀」と呼ばれる経済的繁栄の時期を迎える．すなわち，毛織物生産，漁業・農業，中継貿易から金融業に至るまでオランダは圧倒的な強さを誇り，18世紀にその座をイギリスに明け渡すまで，ウォーラーステインのいう「ヘゲモニー国家」として世界経済の頂点に立った．しかも国内の政治体制は，中世以来の州主権を温存した分権的体制であり，常備軍や強力な官僚制・徴税機構を持つことはなく，集権化を進める周囲のイギリス・フランスなど絶対主義国家とは好対照をなしていた．

---

[1]　ネーデルラントの反乱に関する日本における最近の研究成果として，川口博『身分制国家とオランダの反乱』（彩流社，1995年）参照．

ウォーラーステインはこれを次のように解する[2]. すなわち, オランダのように経済的に圧倒的優位に立つヘゲモニー国家の場合, 国家の役割は民間の経済活動に適した条件の整備にとどまるのであって, 集権的な国家機構を建設する必要はない. 反対に周辺諸国はこのヘゲモニー国家の優位に対抗するため, 集権的な絶対主義化を進める必要に迫られたという. もっとも, 経済的優位と国家機構の強弱の因果関係については論者の意見は一致しない. スコッチポルのように, オランダがヘゲモニー国家となりえたのは, 常備軍や官僚制といった絶対主義国家の桎梏を偶然免れたために, 官僚主義的政府による干渉を受けずに商業ブルジョアジーが経済活動に専念しえたからである, と論理的には反対の解釈をする立場もある[3].

日本の歴史学においても, この近代オランダ経済の展開は注目の対象となった. その代表は, 大塚久雄をはじめとするいわゆる比較経済史学派である[4].

大塚は, イギリスとオランダを比較しながら, 次のように論ずる. まずイギリスでは, 都市ギルドの束縛を脱した独立小生産者層に担われる農村家内工業が「唯一無比の」順調な発展を遂げ, 近代資本主義と市民革命を準備する. しかしこれに対しオランダでは, 中継貿易に依存する, 実質は封建的な都市貴族層が共和国の政治を牛耳り, 中小の生産者層を圧迫してその自律的な発展を阻害し, 資本主義発展の道を阻害したとする. その結果18世紀にはイギリスと対照的に, オランダ経済は衰退の一途をたどることになるという.

つまり, 中小生産者が中心となり, マニュファクチャーによる国内生産が原動力となって産業資本の発達を促した「内部成長型」のイギリスとは逆に, オランダは, アムステルダムの大商人が他国から輸入したものを別の国に輸出す

---

2) Immanuel Wallerstein, *The Modern World System II: Mercantilism and the Consolidation of the European World-Economy, 1600-1750* (San Diego: Academic Press, 1980).

3) Theda Skocpol, "Wallerstein's Modern World System: A Theoretical and Historical Critique," *American Journal of Sociology*, vol. 82, no. 5 (1977), pp. 1083-1089. また経済史家のイズラエルの場合は, この時期のオランダ国家が規制や監督, 通貨の信認確保などを通して民間経済活動の発展に積極的な役割を果たしたと高く評価する. Jonathan I. Israel, *Dutch Primacy in World Trade, 1585-1740* (Oxford: Clarendon Press, 1989).

4) 大塚久雄がオランダ経済を正面から論じたものとしては,『大塚久雄著作集』第2, 6, 11巻(岩波書店, 第2, 6巻1969年, 第11巻86年). 石坂昭雄『オランダ型貿易国家の経済構造』(未来社, 1971年) もこの立場に立つ. 大塚史学をめぐる論争の概略については, 近藤和彦『文明の表象 英国』(山川出版社, 1998年), 71-101頁.

ることで利を稼ぐ「中継貿易型」の国家にすぎず，国内産業の発展の芽は摘まれ，18世紀には「後進資本主義のオランダ型」と呼ばれる姿に陥ってしまったというのである[5]．

　大塚の「イギリス＝理念型としての近代市民社会」を描き出した以上の議論は，戦後日本の歴史学のみならず，社会科学全般に大きく影響を与えた．しかし1960年代以降，この大塚史学の基本的なテーゼに対してはさまざまな立場から批判が寄せられ，現在ではほとんど維持されていない．イギリス史研究のなかでは，ジェントルマンが経済・社会・文化において果たしてきた役割を強調する，越智武臣らによる大塚史学批判[6]がよく知られているが，実証的なオランダ経済史研究からも問題が指摘されている．

　例えば佐藤弘幸は，17世紀のオランダ経済における中継貿易の意義を過度に強調することはできないと指摘する[7]．この時期のオランダにおける最大の輸出品目は，典型的な国内産業であった毛織物であり，中継貿易の象徴ともいうべきバルト海沿岸から輸入された穀物の再輸出の占める比率はむしろ低かった．しかも大塚によってそのギルド的閉鎖性を批判された都市工業についても，中小の生産者を主体としたオランダの都市職人組合は，ギルドよりも「はるかに開放的であり，資本主義的性格を持つものであった」という[8]．オランダの経済社会構造から，単純にオランダ経済のもつ限界性を導き出すことは困難なのである．しかしそれでは，「オランダの衰退」を必然と考えた大塚史学の問題点は何だったのだろうか．

　しばしば指摘されるように，大塚史学の難点は，国民経済を前提としたその一国主義的な視点にある．イギリスを，「広大な国内市場」の発展に依拠して「内部成長」型の健全な国民経済を実現したモデルとする一方で，国外の市場に一方的に依存するオランダの経済構造は，「不自然な」歪みをもつものとさ

---

5) 『大塚久雄著作集』，第11巻，255頁．
6) 代表的なものとして，越智武臣『近代英国の起源』（ミネルヴァ書房，1966年）．柴田三千雄・松浦高嶺編『近代イギリス史の再検討』（御茶の水書房，1972年）所収の諸論文も参照．
7) 佐藤弘幸「穀物と毛織物──17世紀のオランダ経済」『東京外国語大学論集』第40巻（1990年），261-280頁．
8) 佐藤弘幸「16世紀のネーデルラント移民と都市経済」『都市におけるエスニシティと文化』（東京外国語大学海外事情研究所，1988年），10頁．

れる[9]．しかしイギリス経済史研究者の船山栄一が示したように，この当時のイギリスの中心的産業であった毛織物は実は海外市場の需要に大きく依存し，一種の国際分業に組み込まれた形で存在しておりオランダなどと市場をめぐる激しい競争を展開していた．この競争に勝利することによって初めてイギリスは以後の発展を約束されたのであり，「国際競争……という決定的契機」という事情を抜きにして「内部事情からのみ，語ることは到底許されない」という[10]．

それでは，イギリスとオランダの明暗を分けたものは何だったのか．その点を考える上で必要なことは，この「国際競争」という問題を，単に経済的な競争のみならず，国家形成を進める近代初期の国家間の，軍事を含む国際政治上の競争という観点から考えることであろう．これについては，ティリーの研究が有用である．

近代初期には都市国家から帝国まで様々な形態をとっていたヨーロッパの諸国家が，国家間の競争を経て，基本的に国民国家という枠に収束していったのはなぜか．ティリーは次のように考える[11]．

まず都市国家型の国家は，商業活動に依存して富を蓄積する「資本集約型」の国家形成を進める．しかしこれは近代に入ると，小国ゆえに戦争形態の変化によって不可欠となった強力な常備軍を保持することができず，軍事的に劣位に立たされる．また帝国型の国家は，軍事的征服活動と領土支配に依存する「強制力集約型」の国家形成を進めるが，これは経済発展には不利に働き国内に緊張を内包して瓦解に至りやすい．これに対し，中心都市と農村後背地を程よく兼ね備えた国民国家の場合，この資本（富）と強制力（軍事力）の双方を効果的に動員することにより，経済的にも軍事的にも他の国家を圧倒して，ヨーロッパの国家形態の主流となることができた，というのである（図1を参照）．

「資本集約型」国家の典型例として挙げられるオランダについて，この分析は鋭い点をついている．実際，17世紀のオランダの経済的繁栄は，世紀後半

---

9) 『大塚久雄著作集』第6巻，182-206頁．
10) 船山栄一『イギリスにおける経済構成の転換』（未来社，1967年），9-81頁．彼はまた，イギリス毛織物工業を一旦は圧倒したオランダ毛織物工業が没落した理由を，大塚のようにその都市工業という内在的制約に求めることはできないと批判する．同書77-79頁．
11) Charles Tilly, *Coercion, Capital, and European States, AD 990-1990* (Oxford: Basil Blackwell, 1990)，特に第1章，第5章を参照．

図1 近代国家の政治発展のパターン

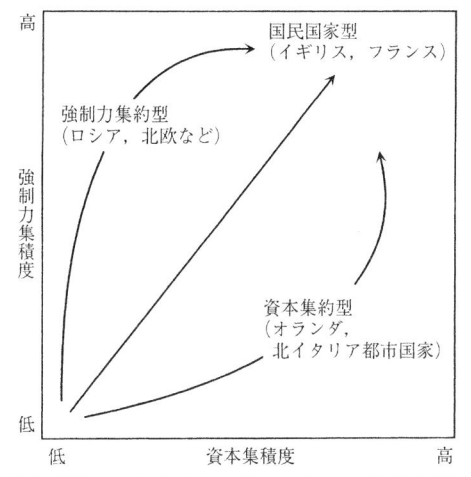

出典 Tilly, *Coercion, Capital, and European States*, pp.56, 60 などから作成．

[図の軸・ラベル：縦軸「強制力集積度」（低〜高），横軸「資本集積度」（低〜高）．強制力集約型（ロシア，北欧など），国民国家型（イギリス，フランス），資本集約型（オランダ，北イタリア都市国家）]

以降にイギリス・フランスとの軍事的な対抗関係が強まる中で，その限界を露にしていった．共和政体のもと，分権的で弱体なままにとどまった国家機構は，先に述べたように商業活動への負担を最低限に抑え，富を蓄積する上で大きく貢献したが，資本と強制力を集権的に動員して国民国家が挑戦してくるにおよび，各州ごとに軍事指揮権が分割されているような分権体制は，むしろ桎梏となった[12]．こうしてオランダは，「国民国家」化を進める諸国，なかんずくイギリスとの「市場の覇権」をめぐる「運命をかけた死闘」[13]に敗北し，18世紀には経済的に停滞期を迎えることになる．大塚のように「オランダの衰退」を国内経済構造という内在的な制約から説明するのではなく，経済・政治・軍事の多面にわたる国際競争の結果として理解する方が，実際の歴史的な展開を説得的に説明できるといえよう．

以上のように，この近代初期のオランダは，世界システム論から日本の西洋経済史研究に至るまで格好の研究対象となっており，そこから単にオランダ史研究のみにとどまらない，社会科学や歴史学一般への示唆も引き出されてきた．

---

12) オランダ共和国の分権的体制については，Marjolein 't Hart, "Cities and Statemaking in the Dutch Republic, 1580-1680," *Theory and Society*, vol. 18, no. 5 (September, 1989), pp. 663-668.

13) 船山，前掲書，78頁．

しかもここまでの議論から，オランダを考える上ではその国際政治・経済上の地位を考慮すること，すなわち国際環境を踏まえて議論することが特に重要であるということも明らかであろう．貿易・金融を通じて国際経済に強く依存してきたばかりか，大国＝国民国家のはざまにあって「資本集約型」の小国として政治的・軍事的に厳しい綱渡りを強いられてきたオランダについては，一国主義的な考察は意味を持たない．この点は，20世紀のオランダについても基本的に通底する特徴である．本書の叙述においても，ヨーロッパ統合や国際通貨制度，国際市場といった国際環境を特に重視し，オランダを取り巻く国際政治・経済の状況がオランダ国内の政治と経済にいかに影響を及ぼし，また制約を課していたのかを念頭に置きながら議論を進めていきたいと考えている．

2　オランダ政治と「多極共存民主主義」

次に，20世紀のオランダ政治史を論ずるうえで避けて通ることのできない，「多極共存民主主義」(consociational democracy) 論を検討してみよう．19世紀末から1960年代に至るオランダでは，カトリックとプロテスタントの両宗派勢力が，政党から労働組合，新聞，放送局，学校に至るまで系列組織化を進めた．この宗派別の独自の社会集団はそれぞれ柱状に並列していることから「柱(ザイル) (zuil)」と呼ばれ，信徒は日常生活のほとんどをこの「柱」の中で送ることができたともされている[14]．

この「柱」が併存し，鋭いクリーヴィッジが社会の内部に走っているかに見えるオランダで，どうして民主主義の維持が可能なのか．この問題意識から「多極共存民主主義」論を生み出したのがレイプハルトである[15]．彼によれば，

---

14) この「柱」の成立するプロセス，あるいは「柱」の並列状態は verzuiling と呼ばれる．日本語訳としては「柱形成」「柱状化」などがある．各都市レベルの柱形成を実証的に研究したものとして，J. C. H. Blom, C. J. Misset eds., *Broeders, sluit U aan: Aspecten van verzuiling in zeven Hollandse gemeenten* ('s-Gravenhage: De Bataafsche Leeuw, 1985). 個別セクターの歴史・現状に関する実証研究も多い．たとえば放送分野に関しては，John L. Heemstra, *Worldviews on the Air: The Struggle to Create a Pluralistic Broadcasting System in the Netherlands* (Lanham: University Press of America, 1997). 教育分野に関しては Anne Bert Dijkstra, Jaap Dronkers, Roelande Hofman eds., *Verzuiling in het onderwijs: Actuele verklaring en analyse* (Groningen: Wolters Noordhoff, 1997). しかし近年では，この「柱」の役割が従来過大評価されていたのではないかとする批判的見解も出されている．たとえば J. C. H. Blom, "Pillarisation in Perspective," in *West European Politics*, vol. 23, no. 3 (July 2000), pp. 153-164.

15) Arend Lijphart, *The Politics of Accomodation: Pluralism and Democracy in the Netherlands*

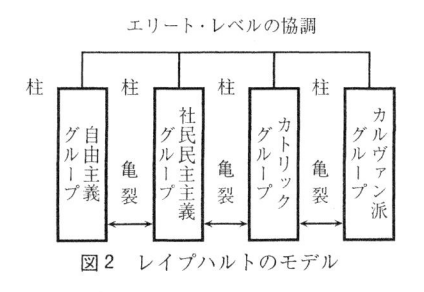

図2のモデル説明（エリート・レベルの協調、柱：自由主義グループ、社民民主主義グループ、カトリックグループ、カルヴァン派グループ、各柱間に亀裂）

図2　レイプハルトのモデル

　オランダの「柱」に属する人々はおのおの独自の世界観を有し，「柱」相互には鋭い緊張と対立が走っているため，内戦の一歩手前の状況にある．しかしオランダには，自らの属する「柱」の利害を越え，民主主義の維持のために相互の妥協と合意によって政治を進めていくエリートが存在し，彼らが大連合政権や争点の非政治化といった手法を多用することで高度の政治的安定が支えられてきた，とする．彼のモデルを図式化すれば，図2のようになろう．そして1917年，「柱」相互の対立を一挙に解決した憲法改正，すなわち「和約」は，エリートによる巧みな妥協の典型例とされる[16]．彼の理論は，このオランダにおける柱状化社会の存在を世界に広く知らしめたばかりか，従来政治学の議論で有力だった英米型の二大政党制モデル[17]——特に社会的同質性を政治的安定の前提とし，社会的亀裂を抱えた国における政党の分立，ひいては政治的な不安定を自明視する発想——に根本的な疑問を突きつけ，70年代以降の政治理論や比較政治学に多大な影響を与えることになった[18]．

(Berkeley: University of California Press, 1968). オランダ語版は A. Lijphart, *Verzuiling, pacificatie, en kentering van de Nederlandse politiek* (Amsterdam: De Bussy, 1968).

16)　この憲法改正はオランダでは Pacificatie と呼ばれる．通常 pacificatie は国内の紛争，内戦の終結にさいし締結されるものであり，日本語訳としては「和約」「和平」が適切と思われる．オランダ史においては，1576年の「ヘント（ガン）の和約」（Pacificatie van Ghent）が有名．

17)　たとえばアーモンドの次の論文を参照．G. Almond, "Comparative Political Studies," *Journal of Politics*, vol. 18, no. 33 (August 1956), pp. 389-399.

18)　その後，彼は研究対象を拡げ，先進国の民主主義を「多数代表型モデル」と，多極共存民主主義を含む「合意形成型モデル」の2つのモデルに分類して比較分析し，社会レベルの亀裂を抱える後者の国々が政治制度上のさまざまな工夫により，政治的安定を実現しえていることを示した．Arend Lijphart, *Democracies: Patterns of Majoritarian and Concensus Government in Twenty-One Countries* (New Haven: Yale University Press, 1984). 最近の著作では彼は，マクロ経済指標や女性の政治参加などのさまざまなデータを用い，「合意形成型モデル」の諸国が「多数代表型モデル」の諸国より良好な経済的・社会的パフォーマンスを示していると主張する．A. Lijphart, *Patterns of Democracy: Government Forms and Performance in Thirty-Six Countries*, (New Haven and

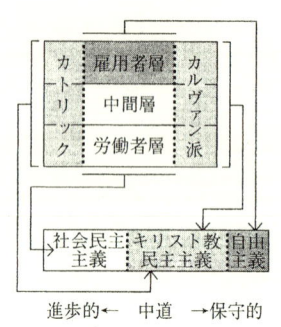

出典　F. L. van Holthoon, "Verzuiling in Nederland," in F.L. van Holthoon ed., *Nederlandse samenleving sinds 1815* (Assen: Van Gorcum, 1985), p. 161 より作成.

図3　政治・社会構造に即した「柱」モデル

しかしレイプハルトの議論に対しては，さまざまな疑問が寄せられている．筆者自身も，かつて包括的な批判を行ったことがある[19]．その要点は，①「柱」はもともと階級融和志向の宗派勢力が，雇用者や中間層，穏健な労働者層を階級横断的に包摂して築いたものであり（図3の上部を参照），「柱」の存在自体が産業社会の階級対立を抑制し，安定を促す機能を持っていたこと[20]．この点でレイプハルトの研究対象は政治エリートの行動様式に限定され，このような政治社会学的な構造は捨象されている．また②「柱」に支えられるキリスト教民主主義政党も，階級協調をめざす立場から福祉国家やコーポラティズム的な労使協調を促進し，長年にわたって中道志向の強力な与党としてやはり政治的安定・統合を進めたこと（図3の下部を参照）．すなわち「柱」自身に政治・社会的な統合と安定化機能が存在していたのであって，オランダ政治の安定性はむしろ自然な結果ともいえる．さらに③史実に照らしても，20世紀初

London: Yale University Press, 1999). このレイプハルトの2つのモデルを論じた邦語文献も多い．岩崎正洋『政党システムの理論』（東海大学出版会，1999年）などを参照．

19) 水島治郎「伝統と革新――オランダ型政治体制の形成とキリスト教民主主義」『国家学会雑誌』第106巻7・8号（1993年8月），685-744頁．

20) Siep Stuurman, *Verzuiling, kapitalisme, en patriarchaat : Aspecten van de ontwikkeling van de moderne staat in Nederland* (Nijmegen: Socialistiese Uitgeverij, 1983) も参照．他にも，「多極共存民主主義の論者は，宗教的クリーヴィッジがオランダの政治システムに対して与える，直接の脅威の程度を誇張している……カルヴァン派政党は，社会主義者をはじめとする反システム的勢力への対抗勢力を動員する上で重要な意味を持った」との指摘もある．Ranald A. Kieve, "Pillars of Sand: A Marxist Critique of Consociational Democracy in the Netherlands," *Comparative Politics* vol. 13, no. 3 (April 1981), pp. 313-337.

頭のオランダで「柱」相互による内戦の危機が生じていたとは認められないこと．この時期の主要な争点と各政治勢力の対応を詳しく分析したスポールマンスが明らかにしたように，レイプハルトが主要な対立としてあげている教育問題，男子普通選挙導入問題についての各勢力間の立場は，「和約」以前にすでにかなり接近していたのであり，深刻な政治社会紛争の危険が存在していたとはいえない[21]．レイプハルトの歴史認識自体に問題があったのである．

また次のことも指摘できる．20世紀のオランダで出現した反体制勢力，すなわち戦間期にファシズムを掲げて伸張した国家社会主義運動や，戦後直後に急成長した共産勢力は，「エリートによる妥協」へと招かれるどころか，既存の主要政党から徹底的な排除を受けた（第3章4節参照）．「多極共存民主主義」はその点で，左右の両翼を排除したうえで，自由民主主義体制の維持という点で基本的立場の一致する諸勢力（すなわち自由主義・キリスト教民主主義・社会民主主義の三勢力）が相互に協調する体制にすぎないともいえ，やはり「敵対する勢力のエリートによる和解」とは大きく異なっている．

実はレイプハルトのように政治エリートに関心を集中し，政治社会のあり方や政治経済体制にはあまり触れない研究手法は，伝統的にはオランダの政治学の主流をなしていた．第二次世界大戦前まではオランダ政治学の研究対象は政治思想や政治制度が中心であり，戦後も研究対象を政治エリートや政党・議会など，狭い意味における「政治」に集中してきた傾向が強い．具体的には，①閣僚や議員などの政治エリート研究[22]，②議会史研究[23]，③選挙・投票行動研究[24]，④政党・議会研究[25]，などが特に発達している．

---

21) Huub Spoormans, *'Met uitsluiting van voorregt': Het ontstaan van liberale democratie in Nederland* (Amsterdam: SUA, 1988).

22) 閣僚や議員の出身やキャリアパターンに関する詳細な研究がいくつも出されている．たとえば，J. Th. J. van den Berg, *De toegang tot het Binnenhof: De maatschappelijke herkomst van de Tweede Kamerleden tussen 1849 en 1970* (Weesp, 1983); W. P. Secker, *Ministers in beeld: De sociale en functionele herkomst van de Nederlandse ministers (1848-1990)* (Leiden: DSWO Press, 1991).

23) たとえば，P. J. Oud and Bosmans, *Staatkundige vormgeving* (Assen: Van Gorcum, 1979).

24) たとえば，R. Andeweg, *Dutch Voters Adrift* (Leiden: 1982); S. Toonen, *Op zoek naar charisma: Nederlandse politieke partijen en hun lijsttrekkers 1963-1986* (Amsterdam: VU Uitgeverij, 1992).

25) 政党・議会研究に関しては，個別の政党史はもちろん，政党組織，議会における政党の機能，政権・与党関係など，他のヨーロッパ諸国との比較も加えながら行う研究が多い．たとえば，R. Koole, *De opkomst van de moderne kaderpartij: Veranderende partijorganisatie in Nederland 1960-*

ただその一方，政治社会構造や政治経済体制，社会運動など，いわば広義の「政治」に関わる部分が政治学の対象とされることは少なかった．たとえば「柱」の展開に関しては社会経済史が[26]，労使関係については社会学が，政策研究については行政学が，それぞれの観点から研究を行ってきており，政治学との接点は少なかった．その結果，レイプハルトの議論を政治学内部から批判しようという契機は乏しかったといえよう．

本書で扱われる時期は「多極共存民主主義」の最盛期でもあるが，議会やネオ・コーポラティズム構造におけるアクターの行動についても，以上の批判のゆえに，「敵対するエリートの和解」とするレイプハルトの見解は問題があると考える．むしろ共産勢力など，ネオ・コーポラティズムのシステムから完全に排除される勢力も存在していたことにも注目したい．

3　1990年代の理論的展開

もっとも1970年代末以降は，現実のオランダ政治の変容により，「多極共存民主主義」のモデル自体はいずれにせよ翳りを見せた．オランダでは世俗化や都市化の進展により各宗派の系列組織は次々と消滅し，「柱」の融解，すなわち「脱柱状化（ontzuiling）」(オントザイリング)が生じて，政治・社会的対立が表面化するようになった．しかも70年代後半以降のオランダは，失業とインフレ，財政危機などの深刻な経済問題に直面した．もはやオランダをかつてのような安定的な「多極共存民主主義」として特徴づけることは不可能となった[27]．

周知のようにこの時期には，ネオ・コーポラティズム論が世界的に流行している（本章第2節参照）．しかし，オランダでは戦後精緻な政労使の三者協議システムが形成されていたにもかかわらず，北欧諸国などと比べると，このネオ・コーポラティズム研究でオランダが扱われることはきわめて少なかった．

 1990 (Utrecht: Het Spectrum, 1993); R. Hillebrand, *De Antichambre van het parlement: Kandidaatsstelling in Nederlandse politieke partijen* (Leiden: DSWO Press, 1992). またフローニンゲン大学には政党資料センターも開設され，主要政党の関連資料を収集・公開するとともに研究活動を進めている．

26)　Hans Righart, *De katholieke zuil in Europa: Het ontstaan van verzuiling onder Katholieken in Oostenrijk, Zwitserland, België en Nederland* (Meppel: Boom, 1986).

27)　田口晃「文化変容と政治変動——1970年前後のオランダ」犬童一男ほか編『戦後デモクラシーの安定』（岩波書店，1989年），233-300頁．

その背景には，同時期のオランダの困難な経済状況に鑑みて，ネオ・コーポラティズムの成功例としてオランダを扱うことが難しいとみなされたことがあったように思われる．同様に，オランダの進めた高度の福祉国家化についても，財政危機をもたらした原因として否定的に捉えられることが多かった．むしろネオ・コーポラティズムや福祉国家が，政策の迅速な転換を妨げるイモビリスムの原因と位置づけられることもあった[28]．

しかし1990年代になると変化が生じてきた．現実のオランダはルベルス（キリスト教民主アピール）を首班とする長期政権（1982-94年）下の引き締め中心の経済政策によって物価安定と財政赤字の削減に成功し，最終的には失業率の低下も達成した．しかもオランダはヨーロッパの経済統合の積極的な担い手として活躍し，特に通貨ギルダーをドイツ・マルクと並ぶきわめて安定的な通貨として維持することで，通貨統合の実現に大きな役割を果たした．この状況のもと，オランダ政治に対する新たな視角が内外で次々と発表される．

たとえば①ネオ・コーポラティズムに関しては，フィセルとヘメレイクにより，オランダにおける1980年代以降のネオ・コーポラティズムの復活を指摘し，労使の積極的な協力のもとで賃金抑制や社会保障給付の削減，労働市場の柔軟化による雇用の改善が可能になったと論じる著作が出版され，注目を浴びた[29]．また②福祉国家に関しても，1994年に至るまで長年政権の座にあったキリスト教民主主義政党が，その理念に基づき独自の形式を持つ福祉国家を形成してきたことを比較の観点から論じたファン・ケルスベルヘンの著作が出る[30]．キリスト教民主主義の歴史・政治的役割そのものに関しても研究は急速に進んでいる．③さらにオランダがEMS（ヨーロッパ通貨制度）のような国際政治経済的枠組みの中で占める位置に着目しつつ，スウェーデンなどと比較して，通貨安定・固定相場制を最重視するオランダが完全雇用よりも物価・賃金の抑制を優先し，通貨統合の推進者として機能してきたことを明らかにした

---

28) Anton C. Hemerijck, "Corporatist Immobility in the Netherlands," in Colin Crouch and Franz Traxler eds., *Organized Industrial Relations in Europe: What Future?* (Aldershot: Avebury, 1995), pp. 183-226.

29) Jelle Visser and Anton Hemerijck, '*A Dutch Miracle,*': *Job Growth, Welfare Reform and Corporatism in the Netherlands* (Amsterdam: Amsterdam University Press, 1997).

30) Kees van Kersbergen, *Social Capitalism: A Study of Christian Democracy and the Welfare State* (London: Routledge, 1995).

カーツァーの研究も特筆に値する[31].「多極共存民主主義」論の衰退した現在においても,オランダは「ネオ・コーポラティズム」「福祉国家」そして「ヨーロッパ統合」など,政治学者にとってきわめて興味深い研究材料を提供し続けているといえよう.本書の分析にあたっても,これら 90 年代に入って出されている研究成果を積極的に取り入れたいと考える.

第 2 節　コーポラティズムとネオ・コーポラティズム

1　コーポラティズムの理論的整理

次に本節では,従来のコーポラティズムに関する議論を簡単に整理し,基本的な定義を明確にして,本書の主要な分析道具を確定する作業を行う.

コーポラティズム論が一躍脚光を浴びるようになったのは 1970 年代である.この背景には,コーポラティズム論がこの時期の政治学が抱えていた問題意識に呼応したものであったこと,さらに,現実政治上の展開もコーポラティズム論の有効性を裏付けるものと認識されたことがあった.すなわち,政治学理論では 60 年代に全盛を誇った多元主義理論が,特定の利益集団の政策決定過程への排他的なアクセスが指摘されることによって説明力を失うなかで,コーポラティズム論は有効な多元主義批判の論拠を提供することに成功する.また現実政治においても,政労使の協調に支えられた政策運営としてイギリスの「社会契約」や西ドイツの「協調行動」のような新たな展開が生じ,コーポラティズム論に具体例を添えた.

この結果,一時はコーポラティズムは多元主義やマルクス主義とも並立する新たなパラダイムと見なされた.1970 年代から 80 年代にかけて,多数の研究がコーポラティズム概念を活用して進められ,「コーポラティズム的アプローチは比較政治学の分野で最も刺激的な,そして最も革新的なアプローチとなった」[32]とさえ評された.

ただ,これほど有力な概念でありながら,同時にこれほど論者によって定義

---

31) Paulette Kurzer, *Business and Banking : Political Change and Economic Integration in Western Europe* (Ithaca : Cornell University Press, 1993).
32) Howard J. Wiarda, *Corporatism and Comparative Politics : The Other Great "Ism"* (Armonk, New York, London : M. E. Sharpe, 1997), pp. 65-66.

や用法が一致しない概念も珍しい．しかもコーポラティズムの分析対象は，いまや一国レベルから産業・企業・都市レベル，あるいはヨーロッパレベルにまで拡散し，対象地域も先進工業諸国から第三世界まで多様である[33]．

おおまかにみれば，コーポラティズムをめぐる議論は2つの立場に分類される．

まず第1の立場は，国家と社会団体の緊密な関係に着目してコーポラティズムを定義する立場である．この立場をとる研究者としては，シュミッターやウィーアルダ，コーソンなどが代表的である．シュミッターの有名な定義にあるように，この見方によれば，コーポラティズムとは国家が特定の団体を承認し，その団体に独占的・排他的地位を与えて社会集団内における唯一の代表権を認め，政策決定過程に包摂する一方，その見返りとして，団体の側は政策の執行に協力し，当該社会集団に対する国家のコントロールを確保する利益媒介構造のことである[34]．この場合の団体には，労働組合，農民団体，雇用者団体，業界団体のような経済関係団体の他，教員団体，専門職団体，宗教団体なども含まれ，その適用範囲はきわめて幅広い．

これに対して第2の立場は，社会団体の中でも特に労働組合と雇用者（経営者）団体の果たす役割に着目し，しばしばネオ・コーポラティズムという呼称を用いる[35]．レームブルッフやクラウチの他，オッフェやパニッチもこの立場に属する．この見方によれば，コーポラティズムとは労働組合と雇用者団体の頂上団体による労使間，あるいは政府も加えた政労使間の協調体制（concertation）を指す．すなわち労使の頂上団体により制度的な協調関係が形成され，

---

33) コーポラティズムをめぐるさまざまな立場の概略については，Alan Cawson, *Corporatism and Political Theory* (Oxford: Basil Blackwell, 1986), pp. 68-125 ; Peter J. Williamson, *Corporatism in Perspective: An Introductory Guide to Corporatist Theory* (London: Sage, 1989), pp. 1-20.

34) P. C. Schmitter, "Still the Century of Corporatism," in P. C. Schmitter and G. Lehmbruch eds., *Trends toward Corporatist Intermediation* (London: Sage, 1979). (シュミッター「いまもなおコーポラティズムの世紀なのか？」P. シュミッター, G. レームブルッフ編〔山口定監訳〕『現代コーポラティズム』I（木鐸社，1984年））．

35) G. Lehmbruch, "Liberal Corporatism and Party Government," *ibid.* (ゲルハルト・レームブルッフ「リベラル・コーポラティズムと政党政治」『現代コーポラティズム』I）；C. Crouch, *Industrial Relations and European State Traditions* (Oxford: Oxford University Press, 1992) ; John H. Goldthorpe ed., *Order and Conflict in Contemporary Capitalism* (Oxford: Clarendon Press 1984). (ゴールドソープ〔稲上毅他訳〕『収斂の終焉——現代西欧社会のコーポラティズムとデュアリズム』（有信堂，1987年））．

労使間の頂上交渉が進められる他,政策形成にも参加する.ここで扱われる対象は賃金,社会保障,雇用をはじめとする社会経済政策が中心である.具体的には「社会契約」「協調行動」に見られるように,労組が賃金要求を抑制し,戦闘的な行動を控える見返りとして雇用の保障,物価の安定などが約束され,結果として安定的な経済成長をめざすというパターンがその内容となる.

コーポラティズムをめぐるこの2つの見解は,必ずしも相互に排他的な概念ではない.しかし分析のレベルは相当に異なっており,以後の議論で少なからぬ混乱を招く原因ともなった.前者の場合,コーポラティズム研究の対象は社会を構成するさまざまな集団に及ぶのに対し,後者の場合には,その対象は基本的に政労使三者にとどまる.また,前者のコーポラティズムは,民主的な政治体制の有無にかかわらず成立しうるものであり,実際それに応じて「国家コーポラティズム」と「社会コーポラティズム」の2つの下位類型が考案されている.しかしそれに対し後者のコーポラティズムは,民主体制を当然の前提とする.この結果,2つの見解のいずれを採用するかによって,分析対象が大きく左右される状況が生じてしまう.

それでは,なぜこのような2つの捉え方が並立する状況が生まれたのだろうか.その最大の原因は,それぞれのコーポラティズム理解の生まれた学問的土壌の相違にあると考えられる.

まず,国家と社会団体の関係を重視するコーポラティズム理解は,その先駆者がシュミッターとウィーアルダだったことから明らかなように,アメリカ政治学におけるラテンアメリカ研究から生まれたものだった.しかもそこには,アメリカ政治学に支配的だった多元主義理論への批判という意味あいが強く込められていた.実際シュミッターによれば,コーポラティズムという一般モデルを開発した目的の1つは,「政治分析研究者に対して,北米政治学をこれまで完全に支配してきた利益政治パラダイムすなわち『多元主義』に対する明示的な代替パラダイムを提示すること」にあった[36].

1960年代から70年代にかけ,シュミッターはブラジルやポルトガル,ウィーアルダはドミニカやブラジル,メキシコなどの政治構造の研究を進めていた.

---

36) Schmitter, "Still the Century of Corporatism," in Schmitter et al. eds., *op. cit.* (シュミッター「いまもなおコーポラティズムの世紀なのか?」『現代コーポラティズム』I, 36頁).

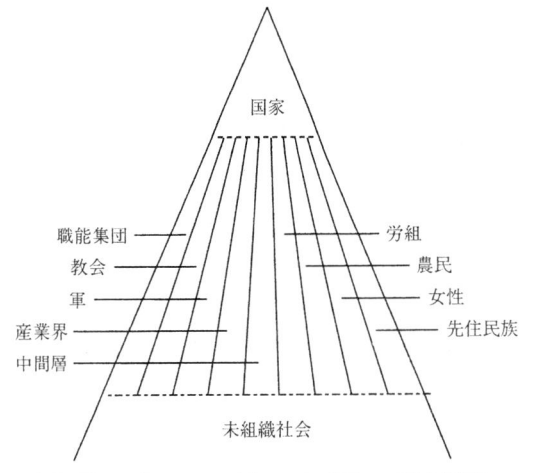

出典 Wiarda, *Corporatism and Comparative Politics*, p. 117 より作成.
図4 シュミッター，ウィーアルダらの提示するラテンアメリカの社団構造

そして彼らはこれらラテンアメリカ諸国が，従来アメリカ政治学が想定していた多元主義とは大きく異なる政治体制を歴史的に形成してきたことを明らかにする．彼らの研究によれば，ラテンアメリカにはカトリック社会思想を色濃く反映しつつ，国家を頂点とし社団が階層的に配置された政治支配構造が強固に制度化されている．図4で示されるように，労使はもちろん業界団体，専門家団体，農民，軍，女性，先住民族などのあらゆる社会集団が国家の統制下に配置される．そして各集団を代表する団体は国家との特権的な関係を結んで便宜を供与され，また国家に協力する．彼らはこの体制をコーポラティズムと呼び，多元主義に代わるものとして位置づけた[37]．そのもくろみは成功し，コーポラティズムの「発見」は主としてアメリカ政治学において，多元主義理解に挑戦するものとして比較政治学や政治理論上の多大な関心を集めることになった．

しかし，このようにして登場したコーポラティズム論は，ヨーロッパ系の政治学においては相当異なるニュアンスをもって受容された．もともとヨーロッパにおいては多元主義理論はアメリカほど一般化していなかったため，アカデ

---

37) たとえば H. Wiarda, *Corporatism and National Development in Latin America* (Boulder : Westview Press, 1981) ; Philippe C. Schmitter, *Interest Conflict and Political Change in Brazil* (Stanford : Stanford University Press, 1971).

ミックな多元主義批判としてのコーポラティズム論の衝撃は大きくなかった．実際，ラテンアメリカ諸国の権威主義体制に由来するコーポラティズム・モデルをそのままヨーロッパ政治に応用することも不可能だった．むしろヨーロッパでコーポラティズム論が脚光を浴びたのは，現実のヨーロッパ政治の展開を分析し，特に政策形成において労働組合の果たす役割を評価するうえで，コーポラティズムという分析概念が格好の論拠を提供した点にあったと思われる．

レームブルッフやオッフェ，パニッチらヨーロッパの研究者は，労働組合と雇用者団体の役割に注目し，北欧のように労使の頂上団体が政策形成に深く関与してきた政治体制や，「協調行動」「社会契約」にみられるイギリス・西ドイツにおける新たな展開を説明するための概念としてネオ・コーポラティズムを利用した．そこではコーポラティズムとは政労使の制度的な協調関係のことであり，賃金・社会政策など，労使に関わる社会経済政策全般がその主要な舞台となった[38]．特に彼らは，現実のヨーロッパにおける労働組合の占めてきた地位を念頭に置きつつ，オイル・ショック後の経済危機の中で，いかに社会民主主義勢力である労働組合が政府や雇用者と協力し，経済全体の危機打開のために役割を果たしうるかということに関心を寄せていた．そのため，労働組合を社会経済政策形成に積極的に参加する主要アクターとして位置づけたネオ・コーポラティズム・モデルは，単なる分析枠組みにとどまらず，一種のあるべき姿として位置づけられることもあった．ジェソップがリベラル・コーポラティズムを「社会民主主義の最高の段階」と呼んだのもその表れである[39]．

このように1980年代に入るまでに，コーポラティズムをめぐる2つのアプローチがほぼ確立する．しかし80年代になると，アメリカ政治学とヨーロッパ政治学という，それぞれの議論を生んだ背景を次第に離れ，コーポラティズム論は新たな展開を見せる．メゾ・コーポラティズム論はその代表例である．

メゾコーポラティズム論とは，コーポラティズムに関する前者の立場を受け継ぎつつ，議論のレベルを政治体制全体ではなく，主としてセクターのレベル

---

[38] これに対し，社会民主主義政党が事実上存在せず，労働組合の全国的な影響力も弱いアメリカでは，自国内にレームブルッフらの考えるコーポラティズム・モデルの対応物を見いだすことは困難だった．

[39] ジェソップ「コーポラティズム，議会主義，社会民主主義」前掲『現代コーポラティズム』I 230頁．

に置き,個々のセクターについてみられる国家と利益団体の緊密な関係を分析するものである[40]. すなわちあるセクターを代表する利益団体は,独占的・特権的な地位を国家から認められるのと引き換えに,そのセクターに関する政策執行を国家に代わって担う. その結果,当該セクターでは国家と利益団体の間に排他的な交換関係が成立する. この交換関係は農業のような保護産業や衰退産業,あるいは医師・教員組合のような専門業務において成立しやすい.

ただ,あくまでこのメゾ・コーポラティズムは個別のセクターに限定されて生ずる現象である. 今日の先進諸国においてはセクターによって国家と利益団体の関係はそれぞれ異なり,メゾ・コーポラティズムの存在するセクターと存在しないセクターが並存しているのが通常である[41]. その意味でメゾ・コーポラティズムという概念は,政治体制全体を位置づけるうえでは必ずしも有用な手がかりを提供するものではなく,個別研究の積み重ねによりいずれの国にも一定程度のメゾ・コーポラティズムが存在することを確認するにとどまってしまったきらいもある[42].

それでは,このコーポラティズムをめぐる2つの見解の関係をどう理解すべきであろうか. 図4で見たように,前者のコーポラティズムは社会全体を貫く統治原理である. すなわちコーポラティズムは,多様な利益集団が活動する多

---

[40] A. Cawson, "Introduction," A. Cawson ed., *Organized Interests and the State: Studies in Meso-Corporatism* (London: Sage, 1985), pp. 1-18; Williamson, *op. cit.*, pp. 156-163; W. Streeck and P. Schmitter eds., *Private Interest Government: Beyond Market and State* (London: Sage, 1985). オランダにおけるメゾ・コーポラティズムの代表的な研究としては,Frans van Waarden, *Organisatiemacht van belangenverenigingen: De ondernemersorganisaties in de bouwnijverheid als voorbeeld* (Amersfoort: Acco, 1989).

[41] たとえば M. Atkinson and W. Coleman, "Corporatism and Industrial Policy," in *Organized Interests*, pp. 22-44 は,カナダにおける酪農セクターや製薬セクターなど個別の業界の研究を通じ,セクターによって国家と利益団体の関係が大きく異なっていることを明らかにした.

[42] メゾ・コーポラティズムよりさらに下位のレベルに着目したコーポラティズム論として,ミクロ・コーポラティズムやローカル・コーポラティズムに関する研究も存在する. ミクロ・コーポラティズムとは,国家と個別企業の協調関係のことであり,企業が国家の意に添う投資や雇用活動を行い,その見返りとして国から補助金や保護を引き出す交換関係を指すとされる. またローカル・コーポラティズムは,地域レベルにおける都市計画や企業誘致などの地域レベルで生ずる問題に関して,地方当局,地域の産業界,労働組合が協力しつつ政策決定と執行を行うシステムを指す. Gudmund Hernes and Arne Selvik, "Local Corporatism," in S. Berger ed., *Organizing Interests in Western Europe: Pluralism, Corporatism and the Transformation of Politics* (Cambridge: Cambridge University Press, 1981), pp. 103-119. しかしメゾ・コーポラティズムに比べると,この2つの「コーポラティズム」研究はあまり広がりを持つことはなかった.

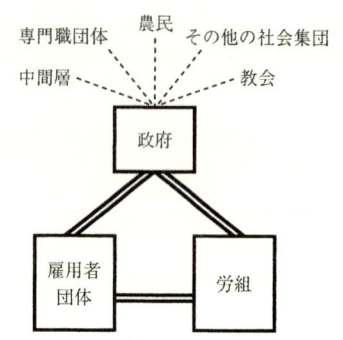

図5 西ヨーロッパにおけるネオ・コーポラティズム

元主義や，ソ連型システムを代表とする一元主義のような政治体制とは異なる，独自の政治体制の類型として位置づけられている．

これに対して後者の場合，図5に示すとおり，ネオ・コーポラティズムの対象は基本的には政労使関係である．扱われる政策も労使の利益に関わる社会経済政策がほとんどであって，労使に関連のない教育政策や農業政策が問題になることはまずない．政労使の協調関係が制度化され，ネオ・コーポラティズムが高度に発達していても，労使が関係しない分野では多元主義的な利益媒介関係が有力である，ということも十分ありうる．その意味でレームブルッフらの提唱したネオ・コーポラティズムは，政治体制全体に関わる原理とはいえず，部分システムにすぎない．言い換えればネオ・コーポラティズムは，労使組織という特定の団体を対象とし，賃金や物価，社会政策など労使の関わる特定の政策に関してのみ国家が協調関係を結ぶ，一種のメゾ・コーポラティズムとしての性格を持っているといえる．

しかし，ネオ・コーポラティズムが単に労使を相手とした部分システムにすぎないとすれば，なぜこれまで，先進諸国におけるネオ・コーポラティズムが他のメゾ・コーポラティズムと異なり，政治経済体制を特徴づけるものとして重視されてきたのであろうか．

その理由は，容易に想像できるように，ネオ・コーポラティズムによる労使の頂上団体と政府との協力関係の国民経済に及ぼす影響が，通常のメゾ・コーポラティズムと比較してはるかに大きいからである．労働組合や雇用者団体は，国によって組織率に開きがあるとはいえ，国内で最大規模の組織力と影響力を

持つ．しかも雇用者は経営者を兼ね，また労働者は消費者としての側面も同時に持っている．そして政労使の協議内容は，雇用や賃金，物価から社会政策・福祉政策にも及ぶ．協議が合意に至り，政労使が協調的に社会経済政策を運営することに成功した場合には，それは国民経済全体に多大な影響を与えるものとなろう．その結果ネオ・コーポラティズムは，当該国の政治経済体制の重要な特徴として位置づけられてきたのである．

以上の検討を踏まえると，本書では次のような用語法を採用するのが妥当と思われる．まず，戦後のヨーロッパに存在した政労使の協調体制を分析するさいには後者のコーポラティズム，すなわち「ネオ・コーポラティズム」を用いる．それゆえ以下では，オランダの政治経済体制の特徴である政労使の協調体制については，「ネオ・コーポラティズム」として言及される．しかしこのことは，前者のコーポラティズム概念がヨーロッパ政治分析にとって無用であることを意味しない．なぜなら前者の「コーポラティズム」が，ヨーロッパでも政治運動や社会思想の中でめざすべき社会秩序として構想され，特にカトリック系の政治社会運動を通して，現実のネオ・コーポラティズム成立のうえで一定の役割を果たしているからである．そこで以下では，実際に形成された政労使の協調関係を「ネオ・コーポラティズム」と呼びつつ，運動や思想における「あるべき社会秩序像」については「コーポラティズム」も用いることとしたい．

2 ネオ・コーポラティズムと所得政策

ところで「ネオ・コーポラティズム」自体に関しても，論者によってその概念に与える内容に相違があるのが現実である．そこでここでは，その定義を「所得政策を中心とする社会経済政策に関して存在する，政労使の制度的な協調関係」とする[43]．所得政策の成功は，ネオ・コーポラティズムにとって欠かすことのできない要素なのである．その構図は以下のように示すことができる．

---

43) 1940-60年代のオランダでは，所得政策 (inkomenspolitiek) ではなく賃金政策 (loonpolitiek) の語が一般的である．しかし本書では，基本的に「所得政策」の語を用いたい．政労使間の協議では，狭義の賃金 (loon) のみならず児童手当 (kinderbijslag) のような賃金に付随する所得や，その他の社会保障給付なども賃金交渉と一体で扱われることが多いため，「賃金政策」より広い概念である「所得政策」の方が実体を反映していると思われるからである．

ネオ・コーポラティズムにおいては、まず労組は所得政策を受容する[44]。すなわち労組は、労働市場における個別の団体交渉ではなく、政労使の交渉チャネルを通じた賃金の設定を受け入れるのである。しかしこの所得政策は、通常は賃上げに抑制的な傾向を持つ。政府や雇用者は、労組による賃金の抑制、ストライキの自制を期待して所得政策を支持・実施するからである。もし所得政策が自由な団体交渉より高い賃金上昇をもたらすのであれば、政府や雇用者にとって所得政策を導入する意味はほとんどない。

それではなぜ労組は、賃金要求を自制してまで所得政策に参加するのか。それは所得政策への参加が、別の分野における便益を労組にもたらす、言い換えれば「政治的交換」を可能とすると考えられるからである[45]。もし労組が賃金抑制に応じるのみに終わるのであれば、一般組合員は何の見返りもない一方的な賃金抑制に反発し、労組指導部への信認を崩して所得政策を崩壊させるのは確実であろう。

政治的交換によって労組が得る可能性のある便益は多岐にわたる。阪野智一が整理しているように、それは、①社会保障の拡充、物価の抑制や雇用創出のような経済的便益をはじめとして、②政策決定・執行への制度的なアクセス確保といった政治的便益、③競合する他組織に対する優位確保などの組織的便益にまで及ぶ[46]。政府や雇用者は、賃金抑制に対する協力と引き換えに、他の政策分野において労組側の要求に譲歩し、ここに「政治的交換」が実現する。逆に、もし所得政策が成立しなければ「政治的交換」は不可能となり、他の分野が政労使間の協議対象になることは困難となる。その意味でネオ・コーポラティズムにおいては、所得政策が中心的な位置を占めているのである[47]。

ところで、なぜ所得政策の実施にあたって労組の同意をとりつけることが必

---

44) 以下の叙述については、阪野智一「低成長下における政治過程――ウィルソン・キャラハン労働党政権からサッチャー保守党政権への転換」(三)『社会科学研究』第42巻第2号 (1990年9月), 1-68頁などを参考にした.

45) 政治的交換については、A. Pizzorno, "Political Exchange and Collective Identity in Industrial Conflict," in C. Crouch and A. Pizzorno eds., *The Resurgence of Class Conflict in Western Europe since 1968*, vol. 2 (London: Macmillan, 1978), pp. 277-298, および真柄秀子「『政治的交換』論の射程」『思想』770号 (1988年8月).

46) 阪野, 前掲論文, 4-6頁.

47) 逆に所得政策を一切除外した政労使の制度的協調が存在したとしても、それをネオ・コーポラティズムと呼ぶことは難しい.

要なのか，との疑問が生ずるかもしれない．通常の政策の執行においては，政策に密接な利害を有する団体の同意は望ましいものではあるが，不可欠の条件ではない．政府が賃金抑制を必要と認識するのであれば，労組の譲歩，そして他の分野における労組への便益提供といった煩雑な手順を用いなくとも，一方的に政策を実施することが可能ではないか，との疑問は一見自然である．この点に関しては，他の社会経済政策と異なる所得政策の特殊性を指摘しておく必要があろう．

通常の政策は，政策形成の段階で労組や雇用者団体などが関与する場合はあるにせよ，執行主体は政府である．財政政策や金融政策のようなマクロ経済政策はもとより，福祉政策や産業政策のような社会経済政策のほとんどは，中央政府・地方政府，中央銀行といった政府機関の一方的な実施によって執行される．労組などの団体が政策内容に同意できない場合にも，政策の実現を直接妨害する手段はきわめて限られている．

しかしこれに対し，所得政策は執行段階における労使の積極的な関与・協力を必要とする．所得政策は，執行の主体が基本的に労使に委ねられた政策なのである．中央で一定の新賃金が設定されたとしても，その賃金改定を実施する手段は，産業・企業レベルの労使によって締結される労働協約にほかならない．このことは，当事者である労使の協力が政策の実効性には不可欠であること，また労使（あるいはその一方）が，政策の実施に対し実質的な拒否権を保持しているということでもある．

もちろん，労組や雇用者団体の同意が確保できない場合でも，立法や賃金規則の制定により，政府が賃金を一方的に決定することは不可能ではない．しかし賃金交渉は通常，労使間の最も重要な交渉課題であるため，政府による一方的な設定には労使の強い反発が生じ，混乱を招く危険性が強い[48]．しかも労使は，共同で闇賃金の支給などの手段を用いて，所得政策の実質的な骨抜きを行うことも可能である．民主的な政治体制において，政府による一方的な所得政

---

48) たとえばパニッチは，イギリスにおける戦後直後の所得政策について，「もし政府がそのような政策［政府による一方的な賃金の押さえ込み——筆者註］を直接実行したならば，……間違いなく大規模な労使紛争を引き起こしていただろう」とする．Leo Panitch, *Social Democracy and Industrial Militancy: The Labour Party, the Trade Unions and Incomes Policy, 1945-1974* (Cambridge: Cambridge University Press, 1976), p. 26.

策の試みは，中長期的にはほとんど成功の見込みはない．ここから，所得政策を円滑に実施するうえでは労使組織，とりわけ労働組合の自発的な同意・参加を引き出す必要性があり，そのためには労組への見返りとして他の政策分野における便益提供の必要性も生じてくる，という構造が理解できよう．

以上により，ネオ・コーポラティズムとは，所得政策における労組の譲歩を引き金として政治的交換を実現していく政労使の制度的な協調関係であること，しかも労使の積極的な執行段階の協力を必要とする所得政策の特殊性が，他の政策分野を巻き込んだ政治的交換を必要ならしめる，という仕組みが明らかになった．本書の叙述でも，戦後のオランダで成立したネオ・コーポラティズムにおいて，所得政策を中心としてさまざまな政治的交換が展開される構図が明らかになるであろう．しかし次に第3節では，視点を少し変え，ネオ・コーポラティズムの根幹をなすこの所得政策の役割について，今度は国際環境という別の視角から検討を加えてみたい．

第3節　国際収支問題と所得政策

1　オランダの所得政策と国際収支問題

オランダでは，戦後20年にわたってネオ・コーポラティズムに基づく所得政策が行われ，賃金水準の抑制が積極的に進められてきた．しかもこの所得政策には，労使協議機関である労働協会や，政府の最高諮問機関である社会経済協議会などさまざまな機関が関与し，政労使の合意した賃金水準には法令上の根拠も与えられ，公式度という点ではスウェーデンの例をはるかにしのいでいる[49]．そこで以下では，オランダにおけるこの所得政策が社会経済政策全体の中で，どのような役割を果たしてきたのかを考えてみたい．

オランダで所得政策が導入された直接の契機は，戦後再建である．戦争により多数の生産設備や輸送手段が失われた結果，戦後は生産活動を早期に軌道に

---

[49]　スウェーデンのネオ・コーポラティズムにおける政府の役割は基本的に非公式なものにとどまっており，所得政策の制度化の程度も低い．C. P. Terlouw, *Het korporatisme in de wereld: De achtergronden van de korporatistische loonpolitiek in 14 rijke landen* (Rotterdam: Erasmus Universiteit Rotterdam, 1986).

乗せ，経済復興を進めていくことが最大の課題となった．そのさい消費支出を抑えつつ，乏しい資源を投資に振り向けるうえで，賃金抑制は大きく貢献した．

ただ，戦後再建がほぼ終了し，各種の経済統制が緩和された1940年代末以降も，この所得政策は継続する．むしろ50年代には，所得政策をめぐるネオ・コーポラティズム的諸制度は高度の発達をみている．これはなぜだろうか．

一般的には，所得政策の政策目標として，インフレの抑制とともに，賃金コストの削減による雇用の確保，輸出の促進などが挙げられてきた．特に1970年代，失業とインフレの併存するスタグフレーションに襲われた先進諸国では，失業とインフレ対策の切り札として，所得政策の導入がさかんに議論された．

戦後のオランダの所得政策をみる場合にも，このインフレ抑制と雇用確保という政策目標を考えることは必要である．ただ，通貨改革の実施によって過剰流動性が除去された1945年末から60年代後半に至るまで，インフレがオランダで重要な経済問題として意識されることは少なかった．また戦後復興とそれに続く経済成長の中で失業率は全般的に低かったことから，雇用確保のために賃金抑制が必要との意識もあまりなかった．そうだとすれば，開放的な経済を持つ「小国」オランダで，経済再建のほぼ終了した1940年代末以降も所得政策が継続した背景として，物価安定や雇用確保といった国内目標に加えて，対外的な政策目標も考慮する必要があろう．

その政策目標とは，この時期のオランダが重視していた対外政策目標，具体的には対外通貨価値の安定，すなわち国際収支問題であった．実際，第二次世界大戦後から1960年代前半に至るまで，オランダの社会経済政策において国際収支の均衡は，ときとして雇用や物価安定以上に重要な短期政策目標とされていた．オランダは戦後国際収支の赤字に直面することが多く，金外貨準備の不足に陥ることもしばしば生じていた．

特に1951年，および1957年には，それぞれ国内外の諸要因から輸入額が急増し，オランダの国際収支が大きな赤字を示した．しかしオランダの政府・雇用者・労組の三者はこの両年の国際収支問題に協調して対処し，労組の了解に支えられて，実質賃金の引下げを含む政策プログラムによって赤字の解消を図った．その結果1951年には約5％，そして1957年には約1％の実質賃金の引下げが実現し，国際収支赤字の解消によってギルダーの防衛に成功する．この

両年の賃金抑制策は，オランダにおける所得政策の中でも特に成功例とされた．他方でこの政策プログラムには公共支出の削減や割引率の引上げなど，緊縮的な財政金融政策も含まれており，これは景気の悪化を通じて失業の増加を招いたが，失業は国際収支危機の克服に必要な犠牲として放置された．国際収支の均衡はこの時期のオランダにおいて，しばしば国内目標に優先し，所得政策もこの政策目的に寄与すべき手段として重要な位置づけを与えられていたのである[50]．本書でも，これまであまり関心の向けられていなかったこの国際収支の問題に特に注目していきたいと考える．

それでは，なぜ国際収支の不均衡がこの時期のオランダで重要な問題として認識され，財政金融政策から所得政策に至るさまざまな政策手段が動員されたのか[51]．国内目標を犠牲にしてまで通貨価値の安定に固執することは，オランダの政治経済体制にとってどのような意味を持っていたのか．そこで以下ではこの問題を，①国際通貨体制，③オランダとヨーロッパ統合，②オランダ国内の政治経済構造の3つのレベルに分けたうえで考えてみたい．

2 ブレトン・ウッズ体制下の国際収支問題

まず本項は準備作業として，この時期の国際通貨体制，具体的にはブレトン・ウッズ体制下の固定相場制を概観したうえで，オランダを含む各国の国内経済政策との関連について検討し，オランダにおける国際収支問題の位置づけを明らかにすることを試みる．

周知のようにブレトン・ウッズ体制は，1944年7月にアメリカのニューハンプシャー州で開かれた連合国通貨金融会議で戦後の国際通貨システムの基礎が据えられ，IMFと世界銀行が設立されたことに始まる．戦間期の為替切下

---

50) 所得政策は，雇用の維持と物価安定を図ることが主たる目的と理解されることが多いが，「現実には国際収支の危機に際してとられることが多かった」こと，また，この国際収支対策として用いられた賃金抑制政策のうち，「なかでも代表的なものはイギリスとオランダにおける所得政策であった」ことが指摘されている．『経済学大辞典』I（東洋経済新報社，1980年），648-655頁．
51) 戦後のオランダでは，経済政策の目標として次の5つ，すなわち輸出主導による経済再建を成し遂げ，完全雇用，物価安定，分配の平等，国際収支の均衡を維持していくことが掲げられた．しかし現実には，国際収支の赤字が深刻化するたびにそれは最大の課題となり，他の経済政策は強くこれに規定された．

げ競争，関税障壁による輸入の相互制限，貿易ブロックの結成などが不況をいっそう深刻化させ，世界大戦へとつながっていったことへの反省を踏まえ，安定的な国際通貨制度を築こうとしたものである[52]．

この体制の柱は固定相場制である．すなわち1944年7月1日を基準として各国の通貨には金または米ドルによる平価が設定され，各国は平価維持を義務づけられて一方的な相場の離脱や切下げが禁止された．なかでもIMF協定の第4条第3項は，加盟国間の為替相場を平価の上下それぞれ1%以内の範囲にとどめるよう定め，加盟国政府は為替相場に介入するなど対策を講じて平価を維持する必要があった．為替相場の安定により，経済的な不確実性を減じ，世界貿易を順調に拡大させていくことが期待されたのである．

しかもこの固定相場制を円滑に維持するため，IMFは国際収支の不均衡に対して一定の解決策を与えていた．国際収支の赤字が続くと，赤字国では外貨需要が外貨供給を上回り，通貨の対外価値が1%を超えて下落することが予想されるが，この場合も加盟国はIMFから一定額までの短期融資を受け，これを用いて国際収支の不均衡に対処することが認められた．そしてこの制度を維持するため，加盟国はあらかじめ国別に割り当てられた出資金をIMFに払い込むことが義務づけられていた[53]．

しかしながら，このブレトン・ウッズ体制はその大幅な改善にもかかわらず，国際的な流動性の供給は十分とはいえず，依然として国内のマクロ経済政策に対して少なからぬ制約を課していた．それは戦後の国際通貨体制をめぐってイギリス側のケインズ案とアメリカ側のホワイト案が対立し，ホワイト案の方に

---

[52] かつての金本位制においても，各国通貨に金平価が設定され，外国通貨との交換比率もこれに応じて固定されていたため，為替相場の安定には優れた機能を発揮していた．しかしながら，この体制では金の産出量によって世界的な通貨供給量が制約され，また国際収支の変動が国内の通貨供給に大きく影響するという点で，重大な問題をはらんでいた．たとえば，国際収支が赤字となった場合には金がそれに応じて国外に流出し，国内の通貨供給量の減少をもたらすため，物価や雇用といった国内の経済目標が一方的に犠牲となるなど，各国のマクロ経済政策は強く拘束された．また金本位制下では通貨問題を処理する多角的な機関も存在しなかった．その結果，戦間期には大恐慌の中でデフレ圧力の拡大と短期資金の流出を受け，各国は次々と金本位制を停止して通貨ブロックの形成，競争的な為替切下げ，輸入制限といった近隣窮乏化政策に走り，世界貿易の大幅な縮小と失業の蔓延を招いてしまう．石見徹『国際通貨・金融システムの歴史』（有斐閣，1995年），23-91頁，山本栄治『国際通貨システム』（岩波書店，1997年），55-77頁．

[53] 石見，前掲書，93-101頁．

ほぼ沿った形で決着をみたことでも明らかである[54]．

　戦後の国際通貨体制は，よく知られているように，戦時中からイギリスの大蔵省でケインズ，アメリカの財務省でホワイトを中心としてそれぞれ青写真が作られ，その競合の結果として成立したものであった．このホワイト案は，国際連合安定基金を創設し，基本資金の50億ドルは各国が払い込む．そして加盟国の国際収支が赤字となったときに短期融資を行うが，そのさい基金からも一定の条件を加盟国に課し，不均衡是正措置を要求できるとするもので，IMFも基本的にこの発想を受け継いでいた[55]．

　この結果，実際に成立したブレトン・ウッズ体制は，特に赤字国の側に依然として制約を課すものとなった．しかもIMFの活動は発足後しばらくのあいだ，きわめて抑制的であった[56]．1960年代から進められたIMF増資や，SDR（特別引出し権）の創設により融資枠が拡大するまでは，国際収支の不均衡是正におけるIMFの役割は小さく，他の手段による対策を併用することが不可欠だった[57]．

　原則としては，このブレトン・ウッズ体制においては，国際収支不均衡を生じた国は黒字であると赤字であるとを問わず，その不均衡の是正政策をとるこ

---

54) 第二次世界大戦直後のブレトン・ウッズ体制の形成をめぐる交渉については，リチャード・N・ガードナー［村瀬孝・加瀬正一訳］『国際通貨体制成立史——英米の抗争と協力』上・下（東洋経済新報社，1973年）が詳しい．

55) これに対しケインズ案で提案された国際清算同盟 (International Clearing Union) では，加盟国は資金を払い込む必要はない．しかも加盟国の赤字と黒字は国際清算同盟の貸方と借方に計上されるのみで，総借り越し枠の限度も260億ドルときわめて緩やかに設定されるなど，国際流動性の点ではホワイト案を格段に凌ぐものであった．ただそのために赤字国の経済政策に対する制約は弱く，むしろ黒字国に是正の責任を負わせていた．この背景には，イギリスにおける戦間期のデフレの経験や，戦後イギリスが債務国化するという予測を踏まえ，国際収支に制約されずに国内の経済政策，とりわけ完全雇用を追求することが可能な通貨体制を建設しておきたい，というケインズやイギリス当局者の思惑があった．しかしこの案はアメリカ側から，黒字国，すなわち戦後のアメリカに一方的な負担を課すものであり，不均衡の是正を黒字国の拡大政策に依存することで世界的なインフレを招きかねないと見なされ，容れるところとはならなかった．

56) ダイソンは，ブレトン・ウッズ体制がその十分な意味において活動し得たのは，通貨の交換性が回復した1958年から68年までの間にすぎないと指摘する．Kenneth Dyson, *Elusive Union: The Process of Economic and Monetary Union in Europe* (London and New York: Longman, 1994), p. 43.

57) 国際収支の赤字のファイナンス方法の展開については，Benjamin J. Cohen, "Balance of Payments Financing: Evolution of a Regime," in Stephen D. Krasner ed., *International Regimes* (Ithaca: Cornell University Press, 1983), pp. 315-336.

とが想定されていた[58]．しかし，この国際収支問題が各国の国内政策に及ぼした影響は，各国の置かれた状況によって違ってくる．

まず，国際収支の黒字国と赤字国では対応方法が大きく異なっていた．各国は国際収支が黒字になった場合にも，これを積極的に解消する政策をとることは少なく，現実に不均衡調整の負担を強いられるのは基本的には赤字国の側だった．

黒字国の場合，自国通貨の相場が限度を越えて上昇する場合にも，当面は外貨準備の増加により容易に対処できるため，国内経済政策，この場合は拡張政策を採用する必然性はない[59]．たとえば輸出を軸に経済発展を遂げたスウェーデン，順調な戦後復興を遂げた西ドイツなどは，1950年代を通じて黒字基調にあったが，この黒字是正を目的として国内政策を動員した形跡はほとんどない．むしろこれらの国は，国際収支問題という対外的制約を受けること少なく，国内目標を優先して財政金融政策を動員しえた．

たとえばスウェーデンでは，財政金融政策は国際収支に対して基本的に独立して発動された．大陸ヨーロッパ諸国に較べると戦災による被害は少なく，マーシャル・プランによる援助も1億300万ドル程度で済んだスウェーデンでは（オランダへの援助額は8億900万ドル，ベルギー・ルクセンブルクは5億3700万ドル），大陸諸国のように大幅な国際収支の赤字に悩まされることはほとんどなかった．またヨーロッパの経済統合にも距離を置き，国内産業の保護に重点を置いた結果，経済的に小国であるにもかかわらず，数量制限や関税を用いて国際経済の影響をある程度緩和することに成功した．しかも政権は，ほぼ一貫して完全雇用を重視する社会民主労働者党に握られていた．その結果，社会民主労働者党政権は，国際収支の問題に悩まされること少なく，国内経済にプライオリティを置いて，ケインズ主義に基づき景気循環に対応した財政金融政策を進めることが可能だった[60]．労働市場庁による投資基金などの手段を

---

58) ブレトン・ウッズ体制と変動相場制を比較しつつ国際収支不均衡の是正問題について論じたものとして，古城佳子『国際的相互依存と国家』（木鐸社，1996年）．本節の記述も同書に多くを負っている．
59) ただし国内の通貨供給量の増大を招くため，無制限に外貨準備を増加させることはできない．
60) Michael Michaely, *The Responsiveness of Demand Policies to Balance of Payments : Postwar Patterns* (New York : National Bureau of Economic Research, 1971), pp. 199–210.

用い,完全雇用をめざして雇用状況に応じた裁量的な需要喚起政策が行われた[61].

また西ドイツも,国際収支黒字の解消に国内経済政策を用いることには消極的だった.特に戦間期のハイパー・インフレを経験した西ドイツではインフレに対する警戒感が強く,戦後は緊縮的な金融政策が基調となった.そして実際インフレを抑制し,国内物価の安定に成功したことにより,国際競争力の強化と安定的な高い経済成長を達成することができた.この物価抑制政策の結果,1950年代に国際収支の黒字が続いたさいも,これを解消するために拡張的なマクロ政策を選択することはなく,1961年に平価を切り上げる方法で対処している[62].

これに対して赤字国の場合,十分な外貨準備の保有がない場合には問題は深刻である.先述のようにIMF融資には限度があり,しかも多くの場合,融資額が増加するに従ってIMFコンディショナリティと呼ばれる経済政策に対する監督が強化されるため,加盟国は融資額をできる限り抑えるために他の手段を必要とした.具体的には,資本流出の制限,資本流入の促進,輸出の拡大と輸入制限,緊縮的な経済政策の採用,場合によっては平価切下げなどの諸手段が赤字幅縮小のために用いられた.

この点でオランダの場合,国際収支の赤字は重要な問題であった.大戦中にドイツに占領され,空襲や生産設備・輸送手段の接収などによって甚大な被害を被ったオランダは,復興のため戦後しばらくは特に大幅な国際収支の赤字を計上した.ミルウォードも指摘するように,「戦後初期,オランダは西ヨーロッパで最も手に負えない国際収支の赤字を抱えていた」[63].小国のため戦後再建のための投資活動は,国内生産量の増加以上に輸入の増加を招き,1947年に対外準備が底をついたのをはじめ,1951年,1957年にも大幅な赤字が国内経済の最大の負担となった.

---

61) ただ戦後のスウェーデンにおける完全雇用政策が,単なるマクロ的な需要喚起政策にとどまるものではなく,セクター間の労働力移動を促進するミクロ的な労働市場政策をもう1つの重要な柱としていたことは,宮本太郎が繰り返し指摘している.宮本太郎『福祉国家という戦略――スウェーデンモデルの政治経済学』(法律文化社,1999年).

62) Christopher S. Allen, "The Underdevelopment of Keynesianism in the Federal Republic of Germany," in Peter A. Hall ed., *The Political Power of Economic Ideas: Keynesianism across Nations* (Princeton: Princeton University Press, 1989), pp. 263-289.

63) Alan S. Milward, *The European Rescue of the Nation-State* (London: Routledge, 1992), p. 179.

しかしオランダの場合，国際収支の赤字解消のために採用できる手段は限定されていた．もともと国際資本移動が強く制限されていた1960年代まで，資本移動に制限を課すことによる国際収支への影響はおのずから限界があり，しかもその効果は比較的短期的なものであった．また管理貿易の復活による輸入制限も，GATTやヨーロッパ経済協力機構（OEEC）の枠組みの中で戦後進められてきた貿易自由化に反するものであり，さまざまなマイナスを伴っていた．

　しかもオランダでは，そのヨーロッパ経済統合促進政策により，管理貿易による輸入制限の発動により国際収支を改善する方法が選択肢からはずされていた．経済の開放性がきわめて高い小国であり，とりわけヨーロッパ市場に対する依存度が高いオランダは，ヨーロッパ内の貿易の自由化を積極的に進めることを対外経済政策の重要な柱としており，輸入制限を用いて国際収支の改善を図ることが最も困難な立場にあった．戦後のオランダはベネルクス関税同盟を1948年に発足させて相互の関税の撤廃や，他のヨーロッパ諸国に比して低率の共通域外関税の設定を進めると同時に，フランスやイギリスなど周辺諸国に対しては非関税障壁，すなわち輸入数量制限の撤廃を働きかける外交努力を行ってきた．このオランダの積極的な働きかけが結実したのが，1958年のヨーロッパ共同市場の発足だった．

　その結果オランダでは，自らの進めてきた貿易自由化や共同市場への流れに逆行するような貿易障壁の復活に自ら道を開くことは困難であり，むしろ他国の報復措置が輸出に打撃を与えるとの懸念が支配的だった．朝鮮戦争時など管理貿易を一時的に再導入した国は存在するが，貿易障壁の撤廃を支持してきたベネルクスなどの小国にはそれも困難であった．実際，貿易制限という手法はドイツやフランスのような一定の経済規模を持った国で利用されることが多く，その意味で「大国型」の対応だったともいえる．

3　平価切下げオプション

　しかし輸入制限が選択できない場合にも，国際収支の赤字の解消方法として優れた効果を発揮する方法として，平価の切下げがある．この平価切下げは国際競争力を強化し，輸出の増加を通じて国際収支の改善に大きく貢献する．実際戦間期の各国は，金本位制の離脱とともに大幅な平価切下げによって国際収

支の改善を図った．ただブレトン・ウッズ体制のもとでは平価の変更は，当該国の国際収支が「基礎的不均衡」を生じた場合に限り，IMFの承認を条件に認められるとされ，あくまでも例外的な事態と考えられていた．切下げはそれまでの経済政策が失敗したという印象を与え，政治的なリスクも大きかった．しかし実際には平価の切下げを頻繁に行ったり，IMFの承認を受けずに切下げを断行した国もある．その点で，切下げの採否は最終的にはその国の政策選択の結果とみることができる．

まずフランスは，戦後再三にわたって国際収支の危機に直面しているが，この赤字対策として，平価の切下げがしばしば用いられている．たとえば1957年や1958年には，大幅な国際収支の赤字とフラン危機に見舞われたフランスは，それぞれ約20%と約18%の切下げを断行した．これと並行して緊縮的なマクロ経済政策も導入されてはいるものの，国際収支の改善のためにこれだけ大規模な平価切下げが行われることは，ブレトン・ウッズ体制下の大国では際だっている[64]．

この背景には，戦後のフランスが，西ドイツへの「キャッチ・アップ」をめざし，経済の近代化と生産力の増強を進めることを国家目標としてきたことがあった．しかも国内では分権的で非妥協的な労働組合が労働運動の主流を占め，賃上げと雇用維持を第1に戦闘的な活動を進めていた．その結果，経済運営は国内の経済成長と雇用拡大・賃金引上げを優先するケインズ主義的経済政策が中心となったが，これがインフレと経常収支の赤字を容易に招いて平価維持を困難とすることはいうまでもない．周期的な平価切下げにより国際競争力を回復させることが不可欠だったのである．景気・雇用といった国内目標が平価維持という国際的な義務より優先したのであって，対外不均衡の調整コストを国内に負担させることは受容されていなかった．

また北欧諸国のように，完全雇用の維持といった重要な経済政策の目標が国内に存在している場合にも，雇用を犠牲にして平価の維持に固執することは政治的に困難である．その最も極端な例としては，フィンランドが挙げられる[65]．

---

64) Margaret Garritsen de Vries, *Balance of Payments Adjustment, 1945 to 1986 : The IMF Experience* (Washington : International Monetary Fund, 1988), pp. 47-51.

65) 戦間期にも，フィンランドは同様の平価切下げ政策により，他のヨーロッパ諸国と異なり恐

フィンランドはブレトン・ウッズ体制下でも4回に及ぶ大幅な平価切下げを行い，平価の維持より国内景気の回復と雇用の確保を優先した．そして平価の切下げは木材や紙といった主要な輸出産業の国際競争力を高め，輸出の増加を通じた国内経済の回復を可能とした．またスウェーデンも，ブレトン・ウッズ体制のもとでは経常黒字を背景に平価を維持することができたものの，1970年代以降はたびたび切下げを行い，完全雇用の維持を優先した[66]．北欧の場合，労働運動に支持された社会民主主義政党が政治的優位を確保してきたことが，この雇用優先の経済運営を可能にした．

以上のように，フランスや北欧諸国など，景気・雇用といった国内目標を優先する国の場合には，やはり国際収支の赤字を平価切下げによって解消する選択肢が存在していたといえる．このパターンは，輸入制限の発動によって対処する「大国型」の対応策とならぶ，ケインズ主義・社会民主主義的な対応策とみることができよう．

4 通貨安定優先路線──イギリスとオランダ

これに対し，輸入制限や平価切下げといった手段を選択しなかった国々の場合は，国際収支の赤字を解消する主たる手段として緊縮的なマクロ経済政策が活用された．国内経済の引き締めは，内需の抑制を通じて輸入需要を減らすとともに，景気の悪化・失業の増加を通じて賃金・物価の低下を誘発し，輸出品の国際競争力を強化して国際収支の赤字の解消に貢献することが期待できるからである[67]．

この典型的な例が，イギリスとオランダである．この二国は1960年代までしばしば国際収支の大幅な赤字に直面したにもかかわらず，49年のヨーロッ

慌の影響を抑制することに成功する．Jonathon W. Moses, "Finland and EMU," in Erik Jones, Jeffry Frieden, and Francisco Torres, *Joining Europe's Monetary Club : The Challenges for Smaller Member States* (London : Macmillan, 1998), pp. 83-104.
66) スウェーデンについては，Jonathon W. Moses, "Sweden and EMU," *ibid.*, pp. 203-224.
67) なお変動相場制では，原則として，以上のような平価維持・国際収支不均衡是正の義務は存在しない．為替相場の安定は望ましいものであるにせよ，守るべき平価水準を決定する国際ルールは存在していない．また二国間の貿易収支・経常収支の不均衡が問題とされることはしばしば生じているが，それはすぐれて政治的な問題であり，固定相場制における国際収支の不均衡の問題とは基本的に異なっている．

パ諸国が相次いで行った切下げを例外として,平価を維持しつつ国際収支の均衡の回復をめざす緊縮政策を選択し,国内の生産や雇用にこれを優先させた.両国のこの姿勢は,フランスのように平価切下げを赤字解消に積極的に利用した国と対照的である.

この二国の場合,通貨価値の安定は特に重視すべき政策目標とされ,平価切下げが政策オプションに上ることはほとんどなかった.

まずイギリスについては,ポンドの防衛にきわめて重要な意味が与えられていたことがあげられる[68].その最大の理由は,準備通貨や取引通貨としてポンドが依然として保持していた国際的な地位にあった.ポンドは1960年代まで,スターリング地域を中心に幅広く利用され,世界経済の中で無視しえない割合を占めていたのである.ポンド防衛政策の直接の支持者は,金融セクター(シティー)やイングランド銀行だった.しかし,ポンドの通貨価値を維持することがポンドを保有する英連邦諸国に対する一種の「国際的責務」であるという意識は,保守党のみならず労働党の政治家や,官僚にも幅広く共有されていた[69].そのためイギリス政府は,自国経済自体の弱体化と経常収支の悪化にもかかわらず,67年に至るまでポンドの切下げを可能な限り回避し,緊縮政策によって対応を試みた.しかしポンド防衛を優先し,国際収支が赤字になるたびにデフレ政策で対処する方法は,戦後導入されたケインズ主義的な経済政策としばしば衝突し,ストップ・ゴー (stop-go) の繰り返しを招いてしまう.

オランダでも歴史的に,固定相場制の維持・為替相場の安定が優先すべき目標と位置づけられ,国際収支の赤字解消のために平価切下げを行うことは稀であった.1930年代の恐慌下においても,オランダは金本位制に基づく固定相場制に強く固執し,デフレ政策により平価の維持を最優先して景気の悪化・大量失業を放置した.オランダが平価を切り下げて金本位制を離脱したのは,ヨーロッパ諸国で最も遅い1936年の9月のことだった[70].

---

68) ポンド防衛をめぐる戦後のイギリスの通貨政策については,スーザン・ストレンジ〔本山美彦訳〕『国際通貨没落過程の政治学——ポンドとイギリスの政策』(三嶺書房,1989年) を参照.

69) Peter A. Hall, *Governing the Economy: The Politics of State Intervention in Britain and France* (Cambridge: Polity Press, 1986), pp. 49-51, 58-59, 76-79.

70) 戦間期のヨーロッパ各国における国内の政治的配置と通貨政策の関係を比較しつつ論じたものとして,Beth A. Simmons, *Who Adjusts?: Domestic Sources of Foreign Economic Policy during the Interwar Years* (Princeton: Princeton University Press, 1994).

この姿勢は，戦後にも一貫して継続していた[71]．たとえば1954年に当時の財務相が次のように述べた認識は，オランダの政策当局者のみならず労使においてさえ共有されていた．「オランダのような，その繁栄が大部分外国に由来するような国にとっては，固定相場を維持することは譬えようもないほどの重要性をもつものである．国内において必要な調整は，それがいかなるものであっても，原則として相場の変更によって実現されるものであってはならない」[72]．

　オランダが通貨安定を重視した理由については，以下の3つのレベル，すなわち，①経済の開放性，②金融セクターと中央銀行の役割，③政治勢力の配置，から考えることができる．

　第1の理由として挙げられるのは，オランダにおける経済の開放性である．経済の開放的な小国は，通貨政策としては通貨価値の安定，固定相場制の維持を選好しやすい．実際，貿易依存度の高いオランダにとっては，国際収支の赤字に直面した場合，平価切下げのもたらすメリットがフランスのような大国に比べて少なく，緊縮政策の方がより効果的である．このことは次のように説明できる[73]．

　通常，マーシャル・ラーナー条件[74]が満たされている限り，平価切下げは経常収支の改善に貢献する．すなわち平価切下げは輸出財の外貨建ての価格を低下させ，国際競争力を高めて輸出額を増加させる．また輸入財の国内価格上昇によって輸入財需要が減少し，輸入額の減少をもたらすと予想される．Jカー

---

71) 1950年の雇用政策に関する政府覚書は，次のように述べる．「雇用問題は政策の中でますます考慮すべき事柄になっているにせよ，次のことは特に強調しておくことが必要である．すなわち，わが国の雇用状況がいかなる展開をみようとも，国際収支の問題は常に死活的な問題として理解されなければならないということ，しかも国際収支の問題は，雇用との関連でも死活的な問題であるということである．国際収支の不均衡は，我々の生存のまさに根底を脅かす恐れがある．なぜなら，国際収支の不均衡は，必要な原材料や食糧の輸入を危うくし，現時点よりもはるかに深刻な失業が生じせしめる可能性があるからである．いま現実に可能な目標としては，国際収支問題を考慮にいれた雇用政策以外にはない」．C. Weststrate, *Economic Policy in Practice: The Netherlands 1950-57* (Leiden: H. E. Stenfert Kroese N. V., 1959), p. 113.

72) James Goodear Abert, *Economic Policy and Planning in the Netherlands 1950-1965* (New Haven and London: Yale University Press, 1969), pp. 160-161.

73) ポール・ド・グロウベ『通貨統合の経済学』（文真堂，1995年），53-56頁．Paul Krugman, "Policy Problems of a Monetary Union," in Paul De Grauwe and Lucas Papademos eds., *The European Monetary System in the 1990's* (London and New York: Longman, 1990), pp. 48-64 も参照．

74) マーシャル・ラーナー条件とは，自国品に対する外国の輸入需要の価格弾力性と，外国品に対する自国の輸入需要の価格弾力性の和が1より大きい状態を指す．

ブ効果により一時的に経常収支は悪化するものの,中期的には平価切下げが経常収支の改善を促すことは広く認められている.

しかし経済の開放的な小国にとっては,大国と異なって平価切下げの効果は小さい.なぜなら,平価切下げは一時的には輸出の増加に貢献するが,平価切下げによる輸入品価格の上昇は,すみやかに国内物価水準の上昇を誘発するからである.その結果,自国の生産量の増加に結びつかず,経常収支は以前とあまり変わらない水準にとどまる可能性が強い.むしろ国内のマクロ経済政策を利用した方が,より有効に国際収支の不均衡に対処できる.平価切下げより国内の緊縮政策が選好されることが明らかであろう.

とはいえ輸出入への依存度の高い小国が,自動的に固定相場制への積極的なコミットメントを選択するとは限らない.平価切下げは国際収支の赤字解消に一定の効果を持つのも事実であり,他の手段と併用しながら行うことが排除されているわけではないからである.先述のフィンランドのように,対外依存度の高い小国であっても,完全雇用といった国内の政策目標が対外通貨価値の安定に優先する場合には,国際収支の不均衡解消策として平価切下げを選択することで,国内目標を優先する可能性は十分ある.

そこで第2の理由として挙げられるのは,オランダ経済で強力な地位を占める金融セクターが固定相場制を強く選好していたこと[75],そしてその姿勢が中央銀行であるオランダ銀行にも共有されていたことである.

オランダでは歴史的にアムステルダムを中心に金融業が大きな発展を見せており,国内の貯蓄率の高さを背景に対外投資を積極的に行ってきた.20世紀を通じてオランダの対外投資額は,英米(後に日本)に次ぐ高さを示している[76].また国内の経済規模に比してきわめて豊富な資産額を有する銀行も複数存在し,幅広く国際業務を手がけている.この国際的に活動する金融セクターは為替相場の安定,とりわけ固定相場制を強く志向し,インフレの抑制,国際収支の均衡によるギルダーの通貨価値の維持を経済政策として優先するよう主

---

[75] 国内のセクター別の通貨制度の選好を論じたものとして,Carsten Hefeker, *Interest Groups and Monetary Integration: The Political Economy of Exchange Regime Choice* (Boulder: Westview Press, 1997).

[76] オランダにおける金融業の展開については,Marjolein 't Hart, Joost Jonker and Jan Luiten van Zanden, *A Financial History of the Netherlands* (Cambridge: Cambridge University Press, 1997).

張してきた.

　しかもこの姿勢の背景には，オランダの産業構造，具体的には金融セクターと産業セクターとの一種の分離があった．オランダの商業銀行は伝統的に国内の製造業に投資を向けることに消極的であり，貸付のほとんどは短期で規模も小さく，新たな産業育成を目的とした長期の産業金融とは無縁だった．銀行と企業の間の人的ネットワークも薄く，この結果，オランダの金融界と産業界は資金的にも人的にも分断された関係に置かれてきた[77]．このことは，国内の輸出産業には必ずしも有利とはいえない「強いギルダー」の維持を，金融セクターが追求することを可能とした[78].

　この金融セクターと足並みをそろえ，ギルダーの安定政策を一貫して強力に進めてきたのがオランダ銀行（Nederlandsche Bank）である．戦間期にも，オランダ銀行は恐慌の波及してきた1931年から1936年まで，割引率を頻繁に引き上げてギルダーの防衛を最優先し，景気と雇用はその犠牲となった[79]．1948年にオランダ銀行は国有化されたものの，目標として「通貨価値の安定」を明文上で規定され（同年の銀行法），金融政策に関する高い独立性を与えられた．総裁や理事の任期は7年であり，政権交代や政策転換による影響を最小限にとどめている．また財務相にはオランダ銀行の決定に変更を命じる命令権が与えられたが，現実にこの命令権が利用されたことはない[80]．この環境に恵まれ，戦後のオランダ銀行の歴代総裁であるホルトロップ，ツェイルストラ，ダイセンベルフはいずれも物価安定と対外通貨価値の維持を重視する保守的な金融政策を進めることに成功した．

　しかも注目すべきことは，このオランダ銀行が高い独立性を有していたのみ

---

77) Kurzer, *op. cit.*, pp. 145-148. イギリスにおける金融セクターと産業セクターの分離については，Hall, *Governing the Economy*.

78) オランダでかなりの比重を占める多国籍企業も対外直接投資を活発に行い，「強いギルダー」を背景に外国企業の買収や資本参加を積極的に進めてきたが，その反面で国内産業の発展が犠牲になってきたことも指摘されている．René Belderbos, "Buitenlandse investeringen en internationalisering van de Nederlandse ekonomie," *Tijdschrift voor Politieke Ekonomie*, vol. 12, no. 2 (October, 1989), pp. 14-38.

79) この時期にオランダ銀行総裁を務めたフィセリングとトリップも，ともに金本位制下の固定相場制の堅持を強く志向していた．'t Hart et al., *op. cit.*, pp. 147-151.

80) 中央銀行の独立性と物価安定との関係については，Sylvester C. W. Eijffinger and Jakob de Haan, *The Political Economy of Central-Bank Independence* (Princeton: International Finance Section, Department of Economics, Princeton University, 1996).

ならず，社会経済協議会のようなオランダのネオ・コーポラティズムにおける主要な政策形成の場に参加し，影響力を行使しうる立場にあったということである．たとえばオランダ銀行の総裁は，社会経済協議会の政府任命委員として労使や専門委員とともにしばしば答申の作成にあたっていたが，そのさい専門知識や経済データを積極的に活用し，物価安定と為替相場の維持の必要性を主張して議論に影響を与えた．彼らはこの場を利用し，「賃金交渉が為替相場や物価安定に対してどのような影響を与えるのか考慮するよう，労使を促す」ことができたのである．その結果，ネオ・コーポラティズムの中心をなす所得政策に関しても，単に労働者の購買力の維持といった観点のみならず，賃上げが国内物価や国際収支に及ぼす影響がしばしば議論のテーマとして設定され，労使双方が賃上げに抑制的に行動する誘因となった．こうしてオランダの金融セクターと中央銀行はともに通貨の安定を最重要視する立場から，平価切下げなどのオプションを選ぶことなく，国内の緊縮政策による通貨価値の維持を選好し，しかもその選好を労使など他の社会集団に対して主張することで一定の影響を与えた[81]．

第3に，オランダにおける政治勢力の配置，具体的には社会民主主義勢力の弱体さも挙げておく必要があろう．

国際収支の赤字に直面した国が，輸入制限や競争的切下げを行わずに緊縮政策や賃金抑制で対処することを選択する場合，それは不況と失業の増大，所得の減少を招くことが予想される．とりわけ，失業の危険と所得の減少に直面する労働者層に対し，相対的に重い負担が課せられる可能性は否定できない．雇用を重視する社会民主主義政党や系列労組にとっては，この政策を受け入れることは自らの基盤を掘り崩す危険を抱え込むことになる．北欧の社会民主主義政権が，雇用を犠牲にしてまで通貨価値の維持を優先することを認めなかったのは自然な成り行きだろう．

後に示すように，オランダでも労働党からは，国際収支赤字対策として，緊縮政策のみに依存せず，輸入制限の強化など他の措置も採用すべきだとする主張が出されている．また社会民主主義系の労組も，一方的な所得抑制と雇用切

---

81) Kurzer, *op. cit.*, pp. 140-151; Paulettte Kurzer, "Unemployment in Open Economies," *Comparative Political Studies*, vol. 24 (1991), pp. 3-30 も参照．

捨ては認めがたいとして，やはり緊縮政策への警戒感を示していた．

しかし戦後労働党と12年にわたって連合政権を構成した，中道政党のカトリック人民党は，「強いギルダー」政策を堅持し，この見解を共有しなかった．プロテスタント政党や右派自由主義政党も同様の立場に立ち，緊縮政策による国際収支の均衡回復を選好する．その結果，労働党の主張は内閣や議会で多数を占めることは不可能となり，政策として採用されることはなかった．キリスト教民主主義系の労組がギルダー価値の安定を支持する中で，社会民主主義系の労組も結局は緊縮路線の支持に回る．ストなどの実力行使も辞さずに賃上げを要求する，フランス型の戦闘的な労働運動もほとんど存在しなかった．その結果，オランダではケインズ主義的・社会民主主義的対応を選好する勢力が弱体であり，金融セクターや通貨当局の志向する通貨価値の安定路線が経済政策の基本線を彩ることを許容する結果になった．

以上を小括すれば，戦後のオランダでは，①国際収支が大幅な赤字に直面し，②ヨーロッパ統合路線を志向する小国ゆえに管理貿易による輸入制限という大国型の対応は不可能であり，③しかも通貨価値の安定を優先する立場から，雇用を重視して平価切下げを通じた赤字解消を行う対応策も採用されることはなかった．その結果，国際収支の赤字に対しては基本的に緊縮政策を柱とする対応が選択された．

5　所得政策と国際収支不均衡是正

それでは所得政策は，この国際収支の赤字対策として，オランダでは具体的にどのような役割を与えられていたのだろうか．

緊縮政策の中心となるのは，他の国と同様に金融政策である[82]．金融政策の柱は割引率であり，割引率の変更は国際収支の状況に応じて弾力的に行われてきた．また，中央銀行であるオランダ銀行には，1952年に制定された信用システム監督法により，市中銀行に対する強い規制権限が与えられた．オランダ銀行はこの権限を利用して最低準備率の設定，特定の信用に対する認可制度の

---

[82] ここでマクロ経済政策のなかで財政政策より金融政策が好まれるのは，金融政策が中央銀行などの金融当局者によって迅速に執行できるのに対し，財政政策は税制や財政支出を利用する以上，立法府の承認が必要であり，政治問題化して時間がかかる可能性が高いことによる．古城，前掲書，99-102頁．

導入，信用供与の増加率規制などを行い，国際収支に機動的に対応した[83]．

しかしながら，金融政策のみに依存して国際収支問題を解決することは容易ではなかった．金融政策は民間投資に影響を与えることを通じて間接的に経済全体をコントロールするものであり，民間消費支出に直接の影響を及ぼすものではない．オランダの経済政策担当者の以下の見解は，国際収支問題に対応するためになぜマクロ政策では不十分であり，所得政策が必要であるかという認識を率直に示しており，興味深い．56年末の国際収支赤字に対する対策が模索される中で，この政策担当者は次のように述べる．

金本位制のもとでは，国内支出の低下を誘発するうえで金融政策に依存することが可能だった．しかし戦後は金融政策を通じて通貨供給量を減少させたとしても，それが必ずしも物価・賃金の低下につながるとは限らない．物価・賃金が低下しないのであれば，緊縮政策をより強力に進め，民間投資を一方的に削減する方法によって国内支出の削減を達成するほかないが，投資を大幅に削減することは将来の生産能力を低下させ，やがては雇用にも悪影響を及ぼす．金融政策と同時に財政政策を動員しても，効果は不十分である．それゆえ，物価政策，賃金政策も国際収支対策の重要な手段として活用する必要があり，それにより初めて国内均衡と国際均衡を同時に達成できるであろう，という[84]．戦後のオランダでは，国際収支の不均衡対策として所得政策も役割を与えられていたことがわかる．

では所得政策による賃金の抑制が，なぜ国際収支の均衡に役立つのか．オランダで理解されていたところに従えば，その仕組みは次の2つのレベルで考えることができる[85]．

まず第1は，所得抑制を通じた国内需要の抑制である．よく知られているように，経常収支は国民総生産から内需の合計を引くことで算出できる．内需は消費支出，投資支出，政府支出からなるが，この内需が国民総生産の水準を越えると，その超過分が経常収支の赤字となる．そのため，もし赤字国が国内政

---

83) Michaely, *op. cit.*, pp. 180-198.
84) rede, 14-12-1956, Algemeen Rijksarchief, s'-Gravenhage, *Archieven van de Persdienst en van de Directie Externe Betrekkingen van het Ministerie van Economische Zaken, 1941-87*, inv. nr. 31.
85) このような認識を明確に示したオランダの社会経済協議会の答申として，Sociaal-Economische Raad, *Advies in de naaste toekomst te voeren loon-en prijspolitiek* (1951), pp. 20-22.

策で国際収支の均衡を是正しようとすれば，政府支出の削減による財政赤字の縮小（財政政策），民間投資の抑制（金融政策や直接規制）が用いられるのが普通である．これに対してオランダにおける所得政策は，内需の最大の構成要素である消費支出へのコントロールを通して，財政金融政策と並んで内需の調節を行う手段として用いられていたと見ることができる[86]．所得をコントロールすることで，消費支出という内需の中でも相当の割合を占める要素に直接的な影響を与えることができれば，財政金融政策では不十分であった内需の調整がより効果的な形で可能になることが予想されよう．

なおこの消費の抑制は，投資の確保にも有用とされた．特に戦後直後，復興期には生産設備が多く失われ，また輸送手段も破壊されていたため，投資を積極的に進め，資本財を購入して生産活動を軌道に乗せることが経済再建の最優先の課題であった．しかし消費支出が大幅に伸びるならば，それは復興に必要な投資の幅を狭め，復興の遅滞を招くであろう．投資に乏しい資源を振り向けるためには，消費抑制が不可欠であると見られていた．

第2は，労働コストの抑制を通じた物価水準の抑制である．とりわけ輸出財の価格の抑制に成功すれば，それは国際競争力の強化を通して輸出需要を増大させ，経常収支の改善に貢献するであろう．

ところで貿易依存度の高い小国においては，国際競争力の強化を通じて経済発展を促すため，政労使の協調によるネオ・コーポラティズム的な賃金抑制の制度が発達しやすいということは，既にカッツェンシュタインなども指摘している[87]．ただ先に示唆したように，貿易依存度の高い小国であることと賃金抑制とは必ずしも直線的に結びつくわけではない．国際的な通貨制度や，各国の採用する通貨政策のあり方を考慮に入れる必要があるように思われる．たとえば変動相場制に比して固定相場制では，物価・賃金の抑制の必要性が格段に高くなることが予想される[88]．

---

86) Abert, *op. cit.*, p.133. このことは次のように説明される．所得は，貯蓄に回される以外は定義上消費に向けられる．そして消費支出の増加は内需を増加させる．しかしオランダのように貿易依存度の高い国ではこれはただちに輸入需要の増加をもたらす．たとえば1961年の経済構造から試算した場合，消費支出が10％増加すればそれは輸入を7％増加させると見込まれている．

87) Peter Katzenstein, *Small States in World Markets: Industrial Policy in Europe* (Ithaca: Cornell University Press, 1985).

88) 固定相場制と変動相場制がそれぞれ各国の経済政策に与える影響の相違については，田中素

まず変動相場制のもとでは，経済成長を重視して拡大政策が採られたり，賃金が大幅に上昇した結果としてインフレが生じたとしても，それに応じて為替相場が下落することで国際競争力が回復することが期待される．そのため政府は不人気な緊縮政策より拡大政策を許容する傾向があり，労組や雇用者は為替相場の下落を見越して高い賃上げを容認する方向に向かう．もちろん現実には為替相場の調整は必ずしも迅速に行われず，また資本流出を招く危険性もあるため，インフレが無制限に許容されるわけではない．しかし変動相場制が為替相場の変動を通じ，国際競争力の低下を緩和するという期待が政府・労組・雇用者の各経済主体に共有されていれば，それが各国に国内優先の経済政策を選好させる重要なインセンティブとなることは否定できない．

　また固定相場制のもとであってもフランス，あるいはフィンランドのように，インフレと国際収支の赤字，そして平価切下げによる国際競争力の回復というサイクルを許容している場合には，やはり変動相場制と同様の期待が働き，賃金抑制を積極的に行うインセンティブが少ないと考えられる．

　しかし固定相場制のもとにあり，しかも通貨価値の安定を重視する国では状況は異なる．為替相場の変動を通じた調整経路が基本的に存在しないため，労働生産性の上昇に基づかない賃金の引上げは，輸出価格の上昇を通じて国際競争力の低下を招くことが予想される．拡大政策や賃金の大幅な引上げによるインフレは，平価の維持を困難とする可能性はきわめて高い．これを避けるため，各国政府は賃金・物価抑制を主眼とする規律ある経済政策の実行を選好する．また労使の側も，賃金の安易な引上げが容易に国際競争力の低下と国際収支の赤字をもたらすこと，そして平価切下げよりも通貨安定を重視する政府のもとでは，将来的により厳しい引締め政策による国際収支の不均衡是正策が導入され，景気と雇用に重大な影響を及ぼすことが予想されるため，むしろ最初から賃金・物価の安定を通じた国際競争力の強化を狙う方向に傾きやすい．

　金融セクターと通貨当局が平価の維持に固執するオランダで，輸出依存度の高い国内産業の労使がこの賃金と物価の抑制方針を選択したのは，その意味では自然なことでもあった．先述のように，オランダ銀行の当局者もネオ・コー

香『EMS（欧州通貨制度）　欧州通貨統合の焦点』(有斐閣，1996年)，84-86，122-124頁．

ポラティズム機関を通じて労使にこの必要性を強く主張し，影響を及ぼした．オランダにおける所得政策を支えた背景としては，以上のようなオランダ経済の位置づけを考えることが必要であろう．

第4節　キリスト教民主主義と政労使協調体制の形成

1　所得政策の明暗――イギリスとオランダ

　以上のように通貨価値の安定を重視し，所得政策が積極的に活用されたオランダの状況は，基本的にイギリスでも共通していた．旧植民地を中心に保有・使用されていたポンドの防衛に威信をかけたイギリスの場合も，政府は国際収支の赤字のたびに労使に協力を求め，所得政策を試みている．この時期，ヨーロッパで積極的な所得政策を試みた国としてイギリスとオランダの両国が挙げられるのは，偶然ではない．しかもイギリスでは，国際収支の状況に応じてマクロ政策が拡大と引き締めを繰り返すストップ・ゴー政策が経済成長に有害であるとの認識から，過度の緊縮政策を回避するためにも所得政策が必要であることが強調されている[89]．

　しかし，ほぼ同時期に政府主導の所得政策が試みられたにもかかわらず，オランダとは異なり，イギリスでは導入された所得政策の大半は短期間で失敗する．

　イギリスではまず1948年，労働党のアトリー政権により，国際収支の赤字とインフレの解決策として賃金の抑制の呼びかけが行われた[90]．その前年の1947年にイギリスは，燃料危機による生産・輸出の大幅な落ち込みを経験し，7月のポンドの交換性の回復はポンドの莫大な流出を招いてわずか1ヵ月で交換性の停止に追い込まれるなど，経済は困難な局面を迎えていた．政府の呼びかけに労使は当初好意的に反応し，TUC加盟の各労組は賃金の要求を自制す

---

[89]　Panitch, *Social Democracy and Industrial Militancy*, p. 47.
[90]　イギリスにおける所得政策の試みについては，*ibid.*; William Brown, "Incomes Policy in Britain: Lessons from Experience," Ronale Dore, Robert Boyer and Zoë Mars eds., *The Return to Incomes Policy* (London: Pinter, 1994), pp. 31-46. 奥野博幸『所得政策の経済分析』（中央経済社，1982年）．成廣孝「アトリー政権期の経済政策『計画をめぐる政治』の帰趨」『国家学会雑誌』第113巻7・8号（2000年8月），717-774頁．

る行動をとったため，賃金の抑制は成功する．しかし企業利潤や配当に制限が設けられなかったこと，物価も自由化されていったことから，労組の間では次第に不満が高まっていった．そして TUC の路線変更により，わずか2年で所得政策は失敗する．

1950年代から60年代前半にかけての保守党政権下においても，極端なデフレ政策のみを国際収支対策の手段とすることは経済に有害との観点から，数度にわたり所得政策の呼びかけが行われた．国民所得委員会 (National Incomes Commission) の設置もその1つである．しかし TUC 側は，ポンド維持のための賃金抑制を，労働者の生活水準を低下させてまで外国の投機家の利益を優先するものとみなして警戒し，国民所得委員会への参加もボイコットし，所得政策は完全に失敗する．

1964年に再び誕生した労働党政権は，大幅な国際収支の赤字によりポンド危機が深刻化する状況に直面した．政府は再び労使に呼びかけて所得政策を試み，当初は TUC 側も自発的な賃上げ要求の抑制という形でこれに協力した．実際，1965年にはこれが一定の成果をあげる．しかし1966年以降再び国際収支は悪化の一途をたどり，67年にはポンドの切下げに追い込まれるなど，経済状況は困難をきわめた．そこで政府は労組の自主的な協力に依存する方法に見切りをつけ，価格所得法 (Prices and Incomes Acts) を成立させて，賃金凍結を含む賃金の押さえ込みを強引に図る方法に移行する．しかしこの手法は TUC 側の反発を招き，加盟労組や組合員の強い反対運動を惹起する結果となった．労働党政権の所得政策は成功とはほど遠く，1970年に労働党が総選挙で敗北する一因ともなった．

イギリスの経験は，政府が所得政策の必要性を認識することと，所得政策が現実に成功することとは別次元の問題であることを示している．通貨価値の安定という対外経済政策目標の存在自体は，具体的な国内政策の成功を約束するものではない．先に示したように，労組が所得政策を受け入れるためには国内における「政治的交換」が不可欠である．すなわち労組への補償としての便益提供が確保されない限り，労組が積極的にネオ・コーポラティズム的所得政策に協力することは期待できない．

イギリスの場合，所得政策の成功を妨げる悪条件がいくつも重なっていた．

まず，所得政策には制度化がほとんど伴っていなかった．労組の側には，賃金をはじめとする労使間の問題は，本来労使の自由な団体交渉によって解決するものであり，政府の介入は避けるべきだとするイギリスの労使関係に伝統的な観念，いわゆる「ヴォランタリズム」が根強く残っていた[91]．そのため賃金の抑制はあくまでも自発的に（voluntarily）行われるものとされ，ガイドラインのような形で具体的な賃金水準が設定されることも拒否された．また雇用者側も，価格や利潤，配当に規制が加わることを嫌悪し，政府による物価統制にはその骨抜きを図ることで対抗した．その結果，労組が自主的に賃上げを抑制した場合も，それに対する具体的な見返りは何ら保障されていなかった．このため労組は，賃上げ抑制により一方的な負担が課せられていると認識しても，物価や利潤，配当への統制を求める回路や手段を欠いていたため，賃上げ抑制の撤回という方法を選択するほかなかった．

この状況は，オランダとは大きく異なっていた．オランダでは20世紀初頭以来労使の政策過程への包摂が進み，ドイツによる占領期には国家による賃金介入が開始される．さらに戦後は労使や政労使の協議機関が次々と設立・維持されたため，労組はさまざまな政策要求をこれらの協議機関を通じて表出し，一定程度実現させることができた．労組側の賃上げ抑制に対し，他の分野における便益を提供する「政治的交換」の回路が存在していた．そして第3章以下で詳しく示されるように，労組は所得政策に応ずる見返りとして物価抑制，福祉政策の充実，政策決定・執行への発言権の強化，競合他組織への差別待遇の固定化などさまざまな要求を提示し，政府や雇用者の妥協を引き出してきた．

また社会民主主義系であるTUCがイギリスの労働運動において圧倒的地位を確保していたのに対し，オランダでは社会民主主義系の労組連合は，ほぼ同規模の階級協調的なキリスト教民主主義系労組連合の動向に配慮せざるをえず，孤立を避けるために対決的な独自路線を断念し，政府や雇用者との協調を選択することも多かった．

しかしそれでは，イギリスと異なり，オランダにおいてこの政労使の制度的

---

91) ヴォランタリズムの問題については，成廣，前掲論文，738-749頁，小野塚知二「労使関係政策——ヴォランタリズムとその変容」毛利健三編著『イギリス社会政策史 1945-1990』（ミネルヴァ書房，1999年），323-393頁．

な協調を支えてきた背景は何だったのか．イギリスでは遅々として進まなかった労使の政策参加が早期に進展していたのはなぜか．ここでは特に，オランダにおけるキリスト教民主主義勢力の果たしてきた役割に注目し，考えてみたい．

2 キリスト教民主主義研究とオランダ政治

1980年代まで，ヨーロッパのキリスト教民主主義に関する政治学研究はきわめて手薄な状況にあった．一般的な射程を持つキリスト教民主主義研究として参照されるものは，フォガーティとアーヴィングのおのおのの著作2冊にほとんど限定されていた[92]．キリスト教民主主義政党が戦後のヨーロッパ各国において，多くの場合，与党として強い影響力を発揮してきたこと，また社会民主主義政党が頻繁に研究対象とされてきたことを考えると，このことは意外の感を免れない．

しかし1990年代に入ると，この状況に顕著な変化が生ずる．ハンレー，ブキャナンとコンウェー，キャリヴァスらの研究は，ヨーロッパ各国のキリスト教民主主義の歴史や構造を比較の視座から論じたり，従来の研究では無視されてきた北欧・イギリスなどの北部ヨーロッパのキリスト教民主主義にも視野を広げるなど，新たな試みを行っている[93]．

オランダ国内でも，キリスト教民主主義研究は90年代に大きな広がりをみせた．リヒハルトやテン・ナーペル，ファン・ケルスベルヘンらにより，オランダのキリスト教民主主義の歴史や現状をさまざまな観点から扱った単著や論文集が次々と刊行された[94]．オランダのキリスト教民主主義政党が選挙で敗れ，76年ぶりに政権を離れた1994年前後には，キリスト教民主主義の過去を回顧

---

92) Michael Fogarty, *Christian Democracy in Western Europe, 1820-1953* (London: Routledge & Kegan Paul, 1957); R. E. M. Irving, *The Christian Democratic Parties of Western Europe* (London: George Allen & Unwin, 1979).

93) David Hanley ed., *Christian Democracy in Europe* (London: Pinter, 1994); T. Buchanan and M. Conway eds., *Political Catholicism in Europe, 1918-1965* (Oxford: Oxford University Press, 1996); Stathis Kalyvas, *The Rise of Christian Democracy in Europe* (Ithaca: Cornell University Press, 1996). 日本でも近年，中山洋平によりキリスト教民主主義政党の組織化の問題が比較の視点を用いて検討されている．中山「フランス第四共和制と『組織政党』——フランス議会体制の革新とその隘路」(一)『国家学会雑誌』第110巻第9・10号 (1997年10月), 699-768頁.

94) Paul Luykx and Hans Righart eds., *Van de pastorie naar het Torentje*; K. van Kersbergen, P. Lucardie, H. M. Th. D. ten Napel eds., *Geloven in macht: De christen-democratie in Nederland* (Amsterdam: Het Spinhuis, 1993).

し,その歴史的役割を論ずる研究が盛んに出されている.

これらの近年の研究に見られる共通点の1つは,単にこれまで関心の薄かったヨーロッパの重要な政治潮流を正面から研究対象に据えただけでなく,むしろキリスト教民主主義の持つ独自の特質を積極的に明らかにすることを志向している点である.従来,キリスト教民主主義は政治イデオロギーとしては扱われることがないか,保守主義の一種として位置づけられるに過ぎなかった[95].しかし最近の研究は,キリスト教民主主義が保守主義や自由主義,社会民主主義などと並ぶ独自のイデオロギーを持った政治運動であり,他のそれと等値することはできないことを明らかにしている.また個別の政策研究においても,キリスト教民主主義の政策形成に果たしてきた独特の役割に光が当てられている[96].

それでは,キリスト教民主主義の特質とは何だろうか.以下,図6を参照しながら考えてみたい.

図6は,経済軸と倫理軸という2つの軸をとって,自由主義,社会民主主義,キリスト教民主主義という3つの政治潮流を位置づけたものである.経済軸は企業活動に対する統制や,福祉政策や社会労働政策など,主として富の分配に関する軸であり,倫理軸は,妊娠中絶の是非,同性愛といった,主として自己決定権をめぐる軸である.

まず自由主義は,個人の自由・自立を重んずる立場から,倫理軸では進歩的立場に立つことが多い.しかし同時に,市場原理に対する信頼に基づき,企業の経済活動の自由を尊重することから,所得分配には消極的であり,経済軸では保守的である.次に社会民主主義は,福祉政策・社会政策などの所得分配に積極的であるばかりか,倫理面でも個人の自由を重視する傾向が強いことから,経済軸と倫理軸の双方で進歩的である.

これに対してキリスト教民主主義は,倫理軸における保守性を重要な特徴とする.キリスト教民主主義においては,人間同士の相互依存を本質的なものと考えるところから(＝連帯主義),家族や地域社会,職能団体といったコミュ

---

95) たとえば Andrew Heywood, *Political Ideologies : An Introduction* (London : Macmillan, 1992).
96) H. J. van de Streek, H. -M. Th. D. ten Napel, R. S. Zwart, *Christelijke politiek en democratie* ('s-Gravenhage : SDU, 1995) ; Van Kersbergen, *Social Capitalism*.

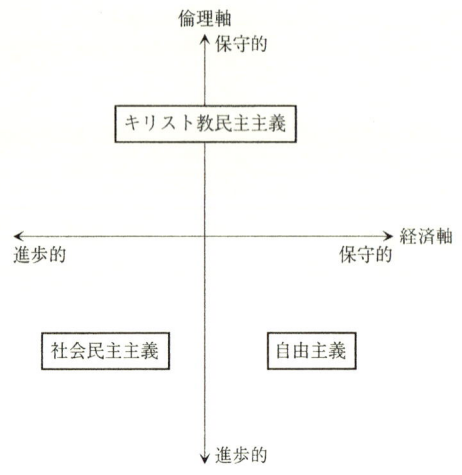

```
              倫理軸
              ↑ 保守的

         ┌──────────────┐
         │ キリスト教民主主義 │
         └──────────────┘

                │                              経済軸
  ←─────────────┼─────────────→
    進歩的       │      保守的

   ┌──────────┐    ┌──────────┐
   │ 社会民主主義 │    │  自由主義  │
   └──────────┘    └──────────┘

              ↓ 進歩的
```

図6　三大政治潮流の二次元モデル

ニティが重要な価値を持つ．このコミュニティの集団的価値は，個人の自由，自己決定権に優先する．そのため妊娠中絶，安楽死，同性愛などの倫理的問題については，キリスト教民主主義は一貫して批判的立場に立ってきた．

しかしこの倫理面の保守性は，経済面における保守性を意味しない．キリスト教民主主義は，市場原理では社会問題の解決は困難として自由主義を批判し，一定の社会政策的配慮を主張する．その一方で，階級闘争は否定し，労働者と雇用者の間の階級間の連帯，すなわち階級協調を重視することで，自由主義と社会主義の間の「第三の道」を主張してきた．その結果経済軸においては，キリスト教民主主義は中道付近に位置づけることができよう[97]．自由主義が個人，社会民主主義が階級を重視してきたとすれば，キリスト教民主主義は国家と個人の間に存在するコミュニティを基礎におく，独自の政治イデオロギーとして発展してきたといえる．

このキリスト教民主主義の独特の役割に注目することは，20世紀のオランダ政治を考えるうえで重要な意味を持っている．オランダでは，世紀初頭以降

[97) ただし国により，キリスト教民主主義政党の位置は少しずつ異なる．ドイツやオーストリアのキリスト教民主主義政党は経済軸でもやや右寄りであるのに対し，ベネルクス三国やイタリアのそれは中道付近に位置する．イタリアについては，伊藤武「『政党支配体制』再考――キリスト教民主党優位の形成過程（1949-1956）」『国家学会雑誌』第112巻第9・10号（1999年10月），1004-1064頁．

カトリック政党を中心とするキリスト教民主主義政党が強力な中道勢力を形成しており，1918年以降76年間にわたり，ほぼ全ての政権に閣僚を送りだしてきた．その背景には，オランダのキリスト教民主主義が政党のみならず，労働運動，雇用者団体，農業団体，中間層団体にも強いネットワークを張り巡らしていたことが挙げられる．

たとえば労働組合では，第二次世界大戦終結後から1960年代に至るまで，カトリック系とプロテスタント系の組織労働者数の合計は，社会民主主義系労組の組合員数をしのいでいた[98]．農業関係でも，両宗派系の農民組織は圧倒的な組織率を誇っていた．このさまざまな階層を横断的に組織化する「柱」に支えられ，キリスト教民主主義政党は選挙で強みを発揮した．さらに政党システムにおいても，経済軸では中道に位置するキリスト教民主主義政党は，連合政権のパートナーを保守派の自由主義政党と進歩派の社会民主主義政党の間で必要に応じて組み替えながら，絶えず政権の座を占め続けた．キリスト教民主主義政党が与党の座を離れたのは，選挙で歴史的な大敗を喫した1994年のことであった．

このキリスト教民主主義勢力は，オランダにおける政治経済体制の形成にも大きな役割を果たしてきた．その1つの表れが，彼らの階級協調的社会観にも沿うコーポラティズム的な政労使の協調体制であった．第2章で検討するように，当初はカルヴァン派政党，のちにはカトリック政党が，与党として政労使の協調の制度化，政策過程への包摂を積極的に進めてきた．政党のみならず，キリスト教民主主義系の労働組合も階級協調的色彩が強く，雇用者との協議や政策決定への包摂に積極的であった．彼らは戦後のネオ・コーポラティズム的所得政策の遂行にあたっても，これに進んで参加し，政府や雇用者との協力や取引に向かった．また，国際収支の赤字にさいしても，雇用者団体とキリスト教民主主義系労組がこぞって協調的な所得抑制路線を堅持する状況に直面した社会民主主義系の労組は，下部からの批判を受けつつも，結局は孤立を恐れ，所得政策，そしてネオ・コーポラティズム的な政策過程への包摂の道を選択す

---

[98] 1950年の時点で，社会民主主義系のオランダ労働組合連合の組合員数が約38万人だったのに対し，宗派系二労組連合の合計は約45万人（カトリック系労組30万人，カルヴァン派労組15万人）だった．J. P. Windmuller, C. de Galen, A. F. van Zweeden, *Arbeidsverhoudingen in Nederland* (Utrecht: Het Spectrum, 1990), p. 104.

ることになる．このようにキリスト教民主主義が歴史的に政治・社会で重要な地位を確保し，政労使の協調体制の形成を促進してきたオランダでは，イギリスとは対照的に，ネオ・コーポラティズムを支える政治社会的な条件が存在していたといえよう．

第5節 「ケインズ主義なき福祉国家」
―― オランダ政治経済体制の特質 ――

ところで戦後のオランダについては，そのネオ・コーポラティズムの発達，そして同時期に急速に進んだ高度の福祉国家化に着目し，スウェーデンに代表される北欧型政治経済体制との類似が指摘される．そこで最後に本節では，以上で論じたキリスト教民主主義の役割を踏まえたうえで，ケインズ主義や福祉国家との関連にも視野を広げながら，社会民主主義優位の北欧型の政治経済体制と異なる，もう1つの政治経済体制類型としてのオランダの特質を簡潔に示してみたい．

従来ネオ・コーポラティズムや福祉国家は，政治勢力としては社会民主主義，経済政策としてはケインズ主義と結び付けて論じられることが多かった．この見方によれば，穏健で強力な労働運動を背景とする社会民主主義勢力は，賃上げよりも雇用者との協調による雇用の確保を選好し，ネオ・コーポラティズム的な労使協調の制度化を推進する．またやはり雇用を重視する立場から，財政政策などのケインズ主義的な経済政策を裁量的に行うことで失業を救済し，完全雇用の維持を図ろうとする．これとあわせて福祉国家化も実現し，労働市場に包摂しえない層に対しては所得の再配分による救済を進めていく[99]．さらに社会民主主義政権は，多くの場合，マクロ政策のみならず，産業政策などミクロレベルの経済政策にも国家が関与し，経済の成長を進める「計画の政治」を推進する．その典型的な例はスウェーデンをはじめとする北欧諸国である[100]．

---

[99] 完全雇用，福祉政策と関連させつつネオ・コーポラティズムの成立と衰退を論じたものとして，L. Lewin, "The Rise and Decline of Corporatism: The Case of Sweden," *European Journal of Political Research*, vol. 26, no. 1 (July 1994), pp. 59-79. 宮本，前掲書も参照．

[100] 北欧諸国における「計画の政治」の展開を戦間期から戦後再建期まで跡づけたものとして，小川有美「『計画の政治』と北欧社会民主主義体制の形成」『千葉大学法学論集』第10巻第1号

第5節 「ケインズ主義なき福祉国家」 59

　この北欧型の政治経済体制とオランダのそれとは，以下の点で質的に異なると考えられる．

　まずネオ・コーポラティズムの位置づけについて．前節でも示されたように，オランダではカトリック政党を代表とするキリスト教民主主義政党が，階級協調的な社会観を背景にコーポラティズム的な各種機関の制度化を進めてきたことが，ネオ・コーポラティズムの成立において重要な意味を持ってきた．そもそも政労使の協調体制を志向するのは社会民主主義勢力に限られない．労組から賃金の抑制を引き出すため，むしろ政府や雇用者の側がネオ・コーポラティズム的諸制度の形成を積極的に推進することも十分にあり得るだろう[101]．社会民主主義勢力が相対的に弱体であり，中道のキリスト教民主主義政党が優位を占めてきたオランダで発達したネオ・コーポラティズムについては，北欧型のモデルと同一に論じることは難しい．

　次に福祉国家のあり方を比較すると，その違いはより際だってくる．かつてエスピン＝アナセンが，福祉国家の3類型として北欧型の社会民主主義型福祉国家，大陸ヨーロッパの保守主義型福祉国家，そして北米を中心とする自由主義型福祉国家の3つを提示し，それぞれ分析したことはよく知られている[102]．特に，労働力の「脱商品化」が進み，普遍主義的な給付構造を持つ北欧型の福祉国家の特質を明確に示したことは画期的だった．ただその一方，キリスト教民主主義の影響の濃いドイツやオランダの福祉国家については，「保守主義的」と規定して論じている点に不満が残る．

　彼は次のように論ずる[103]．キリスト教民主主義政党の強力だった国々では，社会民主主義政党の強力な国々における福祉国家に匹敵する水準の福祉国家化が実現されている．しかしキリスト教民主主義は他の政治潮流のどれとも異なる独自の思想的・社会的背景を持つ政治運動であり，キリスト教民主主義系の

　　　(1995年7月)，111-216頁．
101)　雇用者団体側がネオ・コーポラティズムの成立に関して果たした役割を評価する研究としては，たとえば P. Swenson, "Bringing Capital Back In, or Social Democracy Reconsidered: Employer Power, Cross-Class Alliances, and Centralizaion of Industrial Relations in Denmark and Sweden," *World Politics*, vol. 43, no. 4 (July 1991), pp. 513-544.
102)　G. Esping-Andersen, *The Three Worlds of Welfare Capitalism* (Princeton: Princeton University Press, 1990).
103)　Van Kersbergen, *op. cit.*, pp. 128-136.

福祉国家も,社会民主主義系や自由主義系の福祉国家とは基本的に異なった制度と実質を有する,独自の存在である[104].

この制度的な相違点のうち,特に重要なものとして次の3点があげられる.第1点は,家族の重視である[105].具体的には,男性勤労者が家計維持者,妻が主婦として家庭にとどまる家族が標準世帯として想定され,給付面における優遇措置や,家計維持の観点から給付額が比較的高めに設定されていることなどがその表れである.第2点は階級的差異の存在の肯定である.給付額は給付前の収入額に対応して設定されるため,既存の貧富の格差を是正する度合いは弱い.第3は分権的福祉制度である.国家が一元的に管理する福祉制度ではなく,中間団体・地方政府・半公的機関が制度の運用を担う傾向が強い.

以上の特徴は,社会民主主義系の福祉国家におけるような,①個人を単位とし,男女差もない給付システム(個人主義),②収入額に依存しない平等な給付額の設定(平等主義),③国家主体の一元的な制度管理(普遍主義)とは鋭い対照をなすとされる.このような区分から見れば,オランダにおける福祉国家は,1950年代の社会立法には労働党の影響もある程度反映し,平等主義的・普遍主義的な制度も入り込んでいるものの,家族重視をはじめとして,全体としてはかなりキリスト教民主主義の影響力の濃い福祉国家として発展を遂げてきたと考えることができる[106].

さらにケインズ主義や経済計画の位置づけに関しても,北欧とオランダにおける違いは明白である.戦後のオランダでは,ネオ・コーポラティズムや福祉国家は高度の発達をとげた一方で,ケインズ主義的経済政策やプラニスム的な経済の計画化はほとんど実現しなかった.

従来,ケインズ主義と福祉国家は「ケインズ主義的福祉国家」という形で,対になるべき存在として位置づけられてきた[107].この見方によれば,戦後の

---

104) オランダにおける福祉国家の発展については,R. H. Cox, *The Development of the Dutch Welfare State: From Workers' Insurance to Universal Entitlement* (Pittsburgh and London: University of Pittsburgh Press, 1993).

105) Hillie van de Streek, "Moeder in het gezin: De invloed van opvattingen over vrouwen op beleid en samenleving," in Van Kersbergen et al. eds., *op. cit.*, pp. 187-208 も参照.

106) 同様にオランダの福祉制度におけるキリスト教民主主義の影響を指摘するものとして,Mirjam Hertogh, '*Geene wet, maar de Heer!': De confessionele ordening van het Nederlandse socialzekerheidsstelsel (1870-1975)* ('s-Gravenhage: VUGA, 1998).

先進国，特に社会民主主義系の政権が成立した国では，社会主義国のような計画経済は避けつつも，政府が積極的に経済に介入する混合経済体制が成立し，ケインズ主義的経済政策による完全雇用の保障と福祉制度の整備による富の再配分が進められた．この混合経済体制においては，経済政策としてはケインズ主義，社会政策としては手厚い福祉政策といったかたちで，共に積極的な財政政策を手段として，雇用と生活水準の保障が進められる．こうしてケインズ主義と福祉国家を併せて実現した典型的な例としては，北欧やイギリスが挙げられる．

しかし，ケインズ主義と福祉国家は，必ずしも論理的に結びつくものではない．たとえば経済の開放的な小国の場合，ケインズ主義的経済政策によって需要を刺激しても，それは輸入の増加や，インフレによる輸出価格の上昇を招くことによって，雇用の促進どころか，むしろ国際収支の悪化や資本逃避を引き起こす可能性がある[108]．これに対し福祉国家は，国内の所得再配分に関わるものであって，経済の開放性との関連性は相対的には薄い．むしろ，経済の開放的な国の方が福祉国家化が進みやすいとする見方もある．ケインズ主義と福祉国家には論理的な連関があるというより，その両者が社会民主主義勢力のめざす政治経済体制の柱となる2つの政策体系であることが「ケインズ主義的福祉国家」との呼称を可能とした，とみる方が妥当と思われる．

オランダにも，「ケインズ主義的福祉国家」を志向する社会民主主義勢力は存在した．オランダの社会民主労働者党（戦後は労働党），および系列の労働組合は，北欧の社会民主主義政党と同様に，戦間期以降，ケインズ主義的経済政策の採用，普遍主義的福祉国家の建設，そして経済の計画化を掲げ，戦後は与党としてその実現を試みている．大恐慌期の大量の失業が，労働党に苦い記憶として残っていたこともその背景にあった．しかし戦後も30％前後の得票率にとどまった労働党は，カトリック人民党と並ぶ二大与党とはなったものの，中道に位置するカトリック人民党が右よりの自由主義政党やプロテスタント政

---

107) たとえば田口富久治編著『ケインズ主義的福祉国家――先進6ヵ国の危機と再編』（青木書店，1989年）．クラウス・オッフェ著［寿福真美編訳］『後期資本制社会システム――資本制的民主制の諸制度』（法政大学出版局，1988年），特に275-306頁．

108) P. Hall, "Conclusion: The Politics of Keynesian Ideas," in P. Hall ed., *The Political Power of Economic Ideas*, p. 372.

党を相手に連合を組み換えることも可能であったため，社会経済政策に関する主導権は多くの場合，カトリック人民党に握られてしまう．

このカトリック人民党は，先に見たようなキリスト教民主主義型福祉国家の建設には積極的に取り組む一方，他のヨーロッパのキリスト教民主主義政党同様，完全雇用重視の経済政策には否定的だった．しかも経済活動における民間のイニシャティブを重視する立場から，積極的な産業政策のような企業の投資活動に対する国家介入にも抑制的な姿勢をとり，むしろサプライ・サイド的な投資控除などの間接的手段で経済成長を促進する手法を選好した．ネオ・コーポラティズム的所得政策には積極的に関与したものの，その目的は完全雇用の維持というよりは，インフレと国際収支対策としての意味が強かった．

この結果，労働党は，カトリック人民党の支持が得られなかった政策，たとえば雇用を重視したケインズ主義的経済政策の実施，普遍主義的福祉制度の導入や，企業統制を狙ったプラニスムの導入などにはいずれも失敗する．そして国際収支が悪化すれば雇用は犠牲にされ，積極的な雇用創出政策はほとんど採用されなかった．同じようにネオ・コーポラティズムによって特徴づけられていても，北欧諸国の政治経済体制とはきわめて異なるあり方だったといえよう．

以上を小括すれば，次のようにいうことができよう．すなわち，通貨価値の安定を重視するオランダはイギリスと同様，第二次世界大戦後の国際収支の不均衡に対処して国内経済政策を用いる必要性にたびたび直面する．しかしイギリスとは対照的にオランダでは，緊縮的なマクロ政策に加えて，機動的にネオ・コーポラティズム的な所得政策を動員できる政治・社会的な制度化が進んでいた．この政労使の合意に基づく所得政策の成功や，福祉国家の建設という点から見れば，オランダはむしろ北欧型の政治経済体制とも似た側面を持つ．

しかしオランダではその一方，企業活動に国家が直接規制を加えるプラニスム的産業政策や，ケインズ主義的な財政出動などの裁量的なマクロ経済政策も欠如するなど，ある意味で自由主義的市場経済の特徴をとどめている面も強く，北欧とは大きく異なっている．また福祉国家の内実も北欧型とは質的に違う．すなわちオランダでは，一方で労使関係や福祉政策では，労使や福祉団体などの中間団体の関与を前提に政府の積極的な介入が行われたものの，他方では企

業活動の自由・市場原理を基本的に尊重し，積極的な産業政策や経済計画は控える，いわば「選択的介入」を特質とする政治経済体制が形成された．それはまた，結果的にはキリスト教民主主義の構想に近い，「プラニスムなきネオ・コーポラティズム」，「ケインズ主義なき福祉国家」でもあった．

　次章以下ではこのオランダ型のネオ・コーポラティズムの背景と形成，そしてその展開について，具体的に検討する．

第2章 第二次世界大戦期までのコーポラティズム構想と制度的展開

オランダでネオ・コーポラティズム的諸制度が本格的に成立したのは第二次世界大戦後のことである．しかしその背景を理解するためには，19世紀末以降のオランダにおける政治社会勢力の展開や，ネオ・コーポラティズムの成立につながる制度的発展を踏まえることが必要である．そこで，本章では，第二次世界大戦に至るオランダの政治史の文脈の中で各政治勢力とコーポラティズムとの関連を論じ，具体的にいかなる思想的・制度的な準備が行われてきたかを明らかにする．

第1節 戦間期のコーポラティズム構想

1 政治的背景——中道キリスト教民主主義の優位

19世紀後半のオランダ政治を支配していたのは，都市中間層や産業家層を中心とする自由主義者だった．オランィェ王室による寡頭的支配を打破し，1848年の体制変革を平和裡に実現した彼らは，議会を足場に諸自由権の拡大，責任内閣制の導入など「自由化」を積極的に進めていった．自由主義政権のもとで進められた市場制度の整備は，1870年代に開始される産業革命に有利な環境を提供し，以後の順調な工業化に貢献した．

しかし自由主義派は「自由化」には熱心に取り組んだものの，有産階級を支持基盤としていたために財産による制限選挙制の維持に固執し，体制変革以後1888年まで実に40年にわたり選挙権の拡大を拒否するなど，「民主化」には否定的だった．また19世紀末に先鋭化した労働問題や教育の世俗化問題に対しても効果的に対処できず，その影響力を減じていく．

これに対し19世紀末には，新たな政治勢力が次々と姿を現して自由主義派

に挑戦を開始した[1]．第1は産業革命の進展と労働問題の深刻化を背景に出現した社会主義勢力である．当初アナルコ・サンディカリスト的な性格を持っていた彼らは，議会主義を否定するなど体制への敵対的な姿勢が強かった．1903年に行われたゼネストの試みは，オランダの労働争議史上最大の規模となり，政府や経営者層に衝撃を与えた．ただこのゼネストが全面的な失敗に終わったため，アナルコ・サンディカリスト系の運動は一挙に凋落し，代わって議会主義に立つ社会民主労働者党，そしてこれと連携するオランダ労働組合連合（NVV）が社会主義運動の主流となった[2]．

第2は，教育の世俗化問題を契機として政治に参入した宗派勢力である．彼らは教育の世俗化に反対して宗派学校の維持を訴えるにとどまらず，キリスト教的社会観に基づいて自由主義と社会主義の双方と対決する視点を強調し，社会問題に対しては階級協調的な「第三の道」を主張して活動した．このさい，オランダのカトリック勢力とカルヴァン派（＝改革派教会）勢力は，それぞれ別に政党を組織はしたものの，多くの場合に政治的に共同戦線を張った．宗教・文化的問題に関してはキリスト教的価値観を擁護し，社会経済問題に関しては自由主義と社会主義との中道・階級協調路線をとるという点で，力点の置き方は異なるものの，両者の立場は基本的に一致していたからである[3]．

しかもこの両宗派勢力は同じ頃，政党のみならず，雇用者団体・中間層団体・労働組合をはじめ，メディアや文化サークルに至るまで，信徒の全生活に広がるような系列組織のネットワークづくりも開始する．これが20世紀のオランダの政治社会を特徴づけてきた「柱」であり，宗派政党の強固な支持基盤を形成した．

世紀転換期には，宗派連合と自由主義派の勢力は拮抗し，ほぼ交互に政権を

---

1) 19世紀末から20世紀初頭のオランダ政治史の概略については，田口晃「組閣危機と『大連合』──オランダ型平常の政治」篠原一編『連合政治Ⅰ──デモクラシーの安定を求めて』（岩波書店，1984年），127-143頁．
2) 世紀転換期頃のオランダの社会主義運動については，Tom van der Meer, Steven van Schuppen and Sjoerd Veen, *De SDAP en de kiesrechtsstrijd : De ontwikkeling van de Nederlandse sociaal-democratie* (Amsterdam : Van Gennep, 1981); Ger Harmsen and Bob Reinalda, *Voor de bevrijding van de arbeid : Beknopte geschiedenis van de Nederlandse vakbeweging* (Nijmegen : SUN, 1975), pp. 40-121.
3) 水島治郎「伝統と革新──オランダ型政治体制の形成とキリスト教民主主義」『国家学会雑誌』第106巻7・8号（1993年8月），704-732頁．

担当する[4]. しかし1917年, 憲法改正により男子普通選挙と比例代表制, 宗派学校への国庫補助が定められ, 1918年に最初の下院選挙が行われると, 制限選挙制のもとで富裕な有権者に支えられてきた自由主義派は一挙に凋落し, 得票率は20%程度に落ち込んだ. これに対し, 中間層や労働者層にも支持を持つ宗派政党, すなわちカトリック政党(ローマ・カトリック国家党)と2つのカルヴァン派政党(反革命党と反革命党から分党したキリスト教歴史同盟)はあわせて50%近い得票率を確保する. こうして宗派連合は戦間期には最大の中道勢力として政権構成の主軸となり, 主要閣僚のほとんどを独占した. 特にカトリック政党は, カルヴァン派政党が2つに分裂していたことにも助けられ, 宗派連合において優越的な位置を占めた. この結果, カトリック政党は中道キリスト教民主主義勢力の中核として, オランダ政治における「かなめ」の位置を占めることに成功し, 戦間期から戦後に至るまでほぼ全ての内閣に参加して影響力を行使することができた[5].

一方, 生産手段の公有化を唱え, 階級闘争色の残る社会民主労働者党と他政党との距離は大きかった. しかも労働者層のかなりの部分が宗派系の労組に吸収されたため, 社会民主労働者党とオランダ労働組合連合は共に労働者階級の包括的な支持を獲得することはできなかった. その結果, 男子普通選挙の達成後も社会民主労働者党の得票率は伸びなやみ, 戦間期を通じて20%強のレベルにとどまるなど, 西ヨーロッパで最も弱体な社会民主主義政党の1つだった. その政権参加も中道の宗派連合に阻まれてなかなか実現せず, 初めて閣僚(2

---

[4] 1888-1891年, 1901-1905年, 1909-1913年は宗派連合, 1891-1901年, 1905-1909年, 1913-1918年は自由主義派が政権についている.

[5] このことはオランダにおけるカトリックの歴史的な背景を考えると, 一見意外に思える現象である. 建国以来独立戦争を主導したカルヴァン派の優位のもとで, 人口比30%強のカトリックは劣位のマイノリティとして処遇され, 政治的・宗教的権利を回復したのは19世紀半ばのことだったからである. しかしカトリックは政治社会的にほぼ一体の勢力として行動することに成功し, 信徒の多数派を自らの「柱」に組織化して, その政治的支持を確保しえた. これに対し, カルヴァン派は世俗化問題への対応をめぐって教会組織が分裂し, カイペルのような強力な指導者を欠いた戦間期以降は政治的影響力を減少させた. しかも信徒の支持は, 自由主義政党や社会民主主義政党にも流出している. 信徒に対する社会的統制力の強さで共通する両宗派ではあるが, 一元的な教会ヒエラルキーが確立されたカトリックの方が, より強力な凝集性を利用することができたといえる. カルヴァン派とカトリックの「柱」形成の問題を, トレルチによるキルヘ型・ゼクテ型という教会組織形態の分類を利用して論じたものとしては, 水島, 前掲「伝統と革新」687-690頁参照. トレルチの議論については, E. Troeltsch, *Die Sozziallehren der christlichen Kirche und Gruppen* (Tübingen : J. C. B. Mohr, 1923), pp. 360-383.

名) を送ったのは，西ヨーロッパ諸国の中でやはり最も遅いグループに属する1939年のことだった．そして翌1940年にドイツ軍の侵入によりオランダ全土は占領され，デ・ヘール（キリスト教歴史同盟）を首班とするオランダ政府は，ウィルヘルミナ女王らと共にロンドンに亡命を余儀なくされた．

2 宗派勢力とコーポラティズム

それでは，19世紀末から政治に参入したこれらの政治勢力は，それぞれどのような社会秩序観を持ち，コーポラティズムの制度的発展に関わっていったのだろうか[6]．

まず最初にカルヴァン派を見てみたい．ここで大きな役割を果たしたのは，神学者でありながらカルヴァン主義に立つ反革命党を創設し，「柱」を構成する多種多様な系列組織の設立を主導していったカイペルである．彼は自由主義的個人主義と階級中心のマルクス主義の双方を批判し，中間団体の役割を重視する「個別領域主権論」（soevereiniteit in eigen kring）を展開して，諸階層や各社会集団の内部自治・相互協調に基づく社会を構想した．労使関係に関しては，労使の融和的な関係を望んでストを否定するとともに，漸進的な社会立法による社会問題の穏健な解決を主張する[7]．19世紀末，アナルコ・サンディカリストの闘争的な労働運動に対抗し，雇用者との協調を掲げるカルヴァン派労働組合が拡大していったのも彼の指導によるものだった．また彼の首相在任中に生じた1903年のゼネストを強権的に弾圧したことは，急進的労働運動の影響力を大きくそぎ，社会民主主義系の労組や宗派系の労組の伸張を促す結果をもたらした．彼のこの「個別領域主権論」は，以後のカルヴァン派政党の政治

---

6) この点に関する的確な要約として，田口晃「コーポラティズムと議会——オランダの場合」日本政治学会編『年報政治学　政治過程と議会の機能』（岩波書店，1988年），51-66頁．Roe Fernhout, "Incorporatie van belangengroeperingen in de sociale en economische wetgeving," in H. J. G. Verhallen et al. eds., *Corporatisme in Nederland : Belangengroepen en democratie* (Alphen aan den Rijn : Samsom, 1980), pp. 119-148; W. Albeda and M. D. ten Hove, *Neocorporatisme : Evolutie van een gedachte, verandering van een patroon* (Kampen : J. H. Kok, 1986), pp. 64-74. 各宗派勢力の社会経済認識の展開については，G. J. M. van Wissen, *De christen-democratische visie op de rol van de staat in het sociaal-economisch leven* (proefschrift, Universiteit van Amsterdam, 1982).

7) キリスト教的原理に基づいて社会の漸進的改革を進めようというこの立場は，キリスト教社会派（Christelijk-sociaal）とも呼ばれる．カルヴァン派ではカイペル，タルマ，戦間期に社会相などを歴任したスローテマーケル・デ・ブライネ，カトリックではスハープマン，アリエンスらが代表的である．

社会思想に大きな影響を与えている.

　ただ,カイペル政権のもとでは具体的な社会立法やコーポラティズム的制度の展開はほとんど進まず,むしろ1908年から1913年まで農工商相を務めた反革命党のタルマのもとで進捗をみた.牧師としてカルヴァン派労働運動の発展に深く関わってきたタルマは,農工商相に就任すると,老齢保険法,傷害保険法,疾病保険法などさまざまな社会立法の成立を主導したばかりか,労働協議会 (Raden van Arbeid) 設置法案を成立させ,コーポラティズム的な政労使の制度的な協調に先鞭をつけた[8].この労働協議会は地区別に置かれ,労使同数の委員と政府の任命による議長から構成される.その役割は社会保険に関連する事項に関して協議・執行を担うというものであり,タルマはその活動によって「社会平和」を促進することを期待していた.

　しかし戦間期に入ると,議会第一党の座を確保したローマ・カトリック国家党が宗派政権で主導権を握るようになり,カルヴァン派の二政党の影響力は低下した.また,カイペルやタルマの引退後,カルヴァン派では国家の経済社会に対する介入に警戒的な保守的立場が強くなる.そのため,カルヴァン派労働運動を指導する全国キリスト教労働組合連合 (CNV) が企業・産業内における労使協調の推進,労働協約の締結を進めたことなどを除けば,彼らはこれ以降,コーポラティズムの制度化に関してはカトリック政党に追随し,積極的な貢献は少なかった.

　次にカトリック勢力である.19世紀後半の時点では,産業化の遅れている南部を中心にカトリック保守層が優位に立ち,社会問題への関心は薄かった.カトリック政党の結成を訴え,カイペルと共に漸進的な社会改革を主張したキリスト教社会派の神父スハープマンなどは少数派であり,その点ではカルヴァン派が先んじていた.しかし1891年の回勅『レールム・ノヴァールム』でローマ教皇庁自ら教会が社会問題の解決に取り組む必要性を認めたこと,産業化につれてカトリック系労働組合が多数の組合員を擁するに至り,その影響力を増してきたことから,世紀転換期以降カトリック勢力も社会政策に積極的な姿勢を示すようになった.

---

[8]　タルマの活動については,Jan Meindert Vellinga, *Talma's sociale arbeid* (Hoorn: Drukkerij Edeces, 1941).

彼らの発想は，トマス・アキナスに遡る中世以来のカトリック教会の社会観を産業社会の現実に応用しようというものであり，カルヴァン派より一層コーポラティズム色の強いものだった．社会を有機的全体（organisch geheel）とみるこの立場は，社会の各構成要素，すなわち教会，国家，資本，労働などの諸要素をすべて相互に結合され，全体として1つの調和を形作るものと考える．労使の間にあるべきものは協調であり，労働者に対しては保護が与えられねばならない．しかしそれは階級闘争によるものであってはならず，私有財産制も侵してはならない．1931年の回勅『クアドラジェジモ・アンノ』も，同じ産業に働く労働者と雇用者は共に1つの「自然共同体」を形成しているとして，コーポラティズム的な社会像を明確に主張する．この回勅はさらに，国家は社会集団の必要に応じて支援を行うべきとする，いわゆる補完性原理（subsidiariteitsbeginsel）を打ち出し，限界を画しつつ国家の役割に対する積極的な位置づけも行っている[9]．その結果戦間期には，保守化したカルヴァン派政党に代わり，カトリック勢力の側がコーポラティズム的な構想や制度化のイニシャティブをとるようになった[10]．

カトリック政党で社会立法の成立に努力したアールベルセは，その代表的人物の1人である．カトリック社会運動の指導者だった彼は，1918年に初めてカトリック信徒を首班として成立したライス・デ・ベーレンブラウク宗派連合内閣に労働相として入閣する．彼は8時間労働や社会保障の拡充などの一連の社会法案を議会に提出し，これはロシア革命やドイツ革命の余波がオランダの労働者に及んでくることを恐れた議会によってすみやかに可決され，成立する．

このアールベルセによる諸措置のなかで特筆すべきは，社会労働政策に関する政府の諮問機関としてコーポラティズム的な構成による高等労働協議会（Hoge Raad van Arbeid）を設立したことである．この高等労働協議会では，労使代表と専門家，官僚からなる40-50名程度の委員により社会立法に関する審議が行われ，その結果は答申として政府に提出された．戦間期には「柱」別の

---

9) 補完性原理（助成原理）については，Albeda and ten Hove, *op. cit.* および野田昌吾『ドイツ戦後政治経済秩序の形成』（有斐閣，1998年）を参照．
10) カトリック政党におけるコーポラティズムをめぐる議論については，T. A. M. Salemink, "Debat over het corporatisme in RKSP en KVP, 1932-1960," in H. J. van de Streek et al. eds., *Christelijke politiek en democratie* ('s-Gravenhage : SDU, 1995), pp. 157-186.

労使組織の系列化がほぼ完成し，雇用者側ではカトリック・カルヴァン派各1つと自由主義系が2つの計4雇用者団体，労組側では社会民主労働者党系とカトリック・カルヴァン派が各1つの計3労組が主に活動していたが，高等労働協議会にはこれらの労使組織が全て参加した．また審議には社会相が陪席するのが慣例だった．

その結果，高等労働協議会の提出する答申は無視し得ない重みを持ち，戦間期の20年間に行った答申の80％は政府によって部分的にせよ採用されている．社会労働政策に限定されていたとはいえ，すでに戦間期に政府と労使代表の参加する協議機関が存在していたことは，戦後の政労使の協調関係の制度化のうえで重要な意味を持った．実際，戦後に設置された社会経済協議会は，高等労働協議会が経済協議会など他の諮問機関と合同する形で設立されている[11]．

また，カトリック経済学者のフェラールトによるコーポラティズム的な経済秩序の構想も見逃すことができない．1919年，第一次世界大戦後の労使関係の混乱を憂慮した彼は，資本主義経済の無秩序性を批判しつつも，社会主義的な国有化路線も否定し，それに代わる労使協調に基づく経済を具体化するものとして，産業組織構想を発表する．彼の考案した産業組織とは，各産業ごとに関係企業すべてを包括し，労使関係から価格設定に至るまで広範な権限を持つ組織である．その運営は労使おのおのの代表が共同で当たり，産業レベルの共同決定が導入される．これにより，経営参加を求める労組側の要求にも応えつつ，階級対立を階級協調へと転化することができるとフェラールトは考えていた[12]．

この構想は，宗派勢力のみならず他勢力にも賛否をめぐる議論を巻き起こした．この構想が最も反響を呼んだカトリック勢力では，第一次世界大戦直後の時期，系列の労組や農民・中間層から雇用者までがフェラールト案を支持し，ローマ・カトリック国家党も選挙綱領に産業組織構想を掲げるほどだった．しかし1920年代に入って労使関係が安定するに及び，雇用者団体などは産業組織構想への批判的立場に転換する．その結果，産業組織の実施のための立法化

---

11) J. P. Windmuller, C. de Galen and A. F. van Zweeden, *Arbeidsverhoudingen in Nederland* (Utrecht : Het Spectrum, 1990).

12) P. Fortuijn, *Sociaal-economische politiek in Nederland 1945-1949* (Proefschrift, Rijksuniversiteit te Groningen, 1980), pp. 11-24.

は遅々として進まず，1933年，ローマ・カトリック国家党のフェルスヒュール社会相のもとで成立した産業協議会法（Bedrijfsradenwet）も実質的な意味は小さかった[13]．むしろ産業組織をめぐる議論は戦後に持ち越され，1950年の公法産業組織法の成立で決着することになる．

3 社会民主主義勢力とコーポラティズム──ケインズ主義と秩序政策

以上の宗派勢力の動きに対し，社会民主主義勢力はどのように対応したのだろうか[14]．1894年に設立された社会民主労働者党は，アナーキズムに傾いていった社会民主同盟への反発がその設立契機だったことから明らかなように，基本的には比較的穏健な議会主義路線をとっていた．しかし党内には階級闘争に固執する左派も強く，1903年のゼネストには党をあげて参加するなど，協調志向の宗派労組や宗派政党とは相当な立場の相違があった．1918年には，創設以来指導者を長きにわたって務めたトルールストラがドイツ革命に促されてロッテルダムや議会で「革命」を呼びかけたが，支持者もなく完全に失敗する．

興味深いことに，社会民主主義の体制内化は労働組合の側から始まった．社会民主労働者党右派の組合により1905年に設立されたオランダ労働組合連合は，労働者の経済的利益の擁護を優先し，1903年のゼネストのような実力闘争を批判した．宗派労組や雇用者側との協力にも肯定的であり，その点で社会民主労働者党とは若干のずれがあった．戦間期に入るとオランダ労働組合連合は，高等労働協議会をはじめとする政府の諮問機関に積極的に参加する．

フェラールトの産業組織構想に対しては，当初社会民主労働者党とオランダ労働組合連合はともに批判的だった．彼らの目標はむしろ生産手段の公有化，すなわち「社会化（socialisatie）」だったからである．社会化は，資本家による労働者の搾取を根絶することで，社会主義を実現する最重要の手段として位置づけられていた．そして社会化により，資本主義下における収益追求のための生産ではなく，国民全体の利益にかなう計画的で合理的な生産が可能とな

---

13) Windmuller et al., *op. cit.*, p. 72.
14) 社会民主労働者党の成立期からの歴史を概観したものとして，J. Perry, P. J. Knegtmans, D. F. J. Bosscher, F. Becker and P. Kalma, *Honderd jaar sociaal-democratie in Nederland 1984-1994* (Amsterdam: Bert Bakker, 1994).

り，不労所得も消滅して平等が達成されると考えられた．1919年の社会民主労働者党の報告『社会化問題』には以上の主張がくわしく展開されている．もっとも社会化の前提として，まず議会主義に沿って合法的に政治権力を奪取することを置いていた点は，革命を主張する共産党と一線を画すものではあった[15]．

しかしこの社会化計画は，フェラールトの産業組織構想のように他の政治勢力に議論を起こしたり支持を広げることはなかった．そこで1920年代に入ると，社会民主主義勢力ではフェラールト案を意識しつつ，「社会化の準備段階」と位置づけたうえで，やはり産業組織を軸とした経済秩序も主張するようになる．産業組織に対する政府の介入を重視する点，また産業組織に生産調整など幅広い経済的権限を与える点で独自色を出していたとはいえ，フェラールト案への接近は明らかだった[16]．

さらに，1935年に社会民主労働者党とオランダ労働組合連合が共同で発表した「労働プラン」（Plan van de Arbeid）においては，社会化の対象は一部の産業に限定され，むしろ経済秩序の再編と経済計画の導入，すなわちプラニスム（planisme）がその主たる主張になった[17]．

社会民主主義勢力がプラニスムという新たな構想を打ち出した背景には，1930年代の国内外の情勢の急変があった．30年代に入ると，恐慌の波及によりオランダでも不況が広がり，生産は大幅に減少する．貿易依存度の高いオランダ経済の場合，恐慌による打撃は特に大きかった．輸出入はともに恐慌前の半分以下の水準にまで落ち込み，1933年末には失業率は33％という未曾有の規模に達した．

しかしこの深刻な経済状況に対して，ライス・デ・ベーレンブラウク（ローマ・カトリック国家党），次いでコレイン（反革命党）を首班とする宗派連合中心の内閣は，オランダ銀行とともに金本位制下の平価維持，そして財政均衡

---

[15] 社会化に関しては，Fortuijn, *op. cit.*, pp. 49-57; Perry et al., *op. cit.*, pp. 69-71.

[16] H. J. Langeveld,"Het NVV en de publiekrechtelijke bedrijfsorganisatie," in P. Boomgaard et al. eds., *Exercities in ons verleden : Twaalf opstellen over de economische en sociale geschiedenis van Nederland en Koloniën 1800-1950* (Assen : Van Gorcum, 1981).

[17] 労働プランの本文は，*Het Plan van de Arbeid. Rapport van de comissie uit N. V. V. en S. D. A. P.* (Amsterdam : De Arbeiderspers, 1935).

主義に固執して積極的な不況対策をとることはなかった．周辺諸国が次々と金本位制を離脱する状況下でもギルダー平価の維持を最優先し，金本位制離脱を求める声に対しては，ギルダー切下げは輸入物価の上昇によるインフレを招くなどと反論し，検討の可能性すら拒否し続けた[18]．むしろ政府が行ったのは，公務員給与の削減や失業手当の引下げなど，財政支出の削減を通じて賃金や物価の抑制を図るデフレ政策だった．オランダ銀行も割引率を頻繁に引き上げ，ギルダーの防衛に全力を尽くす．しかしこれらの財政金融政策が一層不況を深刻化させたことはいうまでもない．そしてポンド切下げから5年を経た1936年9月，最後まで金本位制を維持してきた二国のうちスイスも平価切下げに踏み切るに及び，オランダもついに金本位制を断念して平価切下げを決定する．

さらにこの深刻な不況と大量の失業の中で，オランダでもミュセルト率いる国民社会主義運動（NSB）が，議会制民主主義の無力さを攻撃して支持を伸ばしはじめていた[19]．隣国ドイツにおいてはナチズムが政権を獲得し，社会民主労働者党の友党の社会民主党は解散の憂き目を見る．

しかし，これらの動きに対して社会民主主義勢力は，政府の無策を批判しつつも不況や失業に対する有効な対案の提示ができなかった．ギルダー切下げ問題に関しても，自由主義派や宗派勢力のように平価維持に固執することはなかったものの，賛否相半ばして明確な主張は打ち出せなかった[20]．1933年の下院選挙では，得票率が前回の23.8％から21.4％に落ち込むという敗北を喫し，政権参加の見通しは一向に立たなかった[21]．

危機感を強めた社会民主労働者党では，現実的なアルタナティブを有権者に提示することが先決であるとの主張が強まり，1934年の党大会で，具体的な

---

18) 平価切下げ問題をめぐる議論については，R. J. Schotsman, *De parlementaire behandeling van het monetaire beleid in Nederland sinds 1863* (Den Haag: Staatsuitgeverij, 1987), pp. 121-126; J. L. Van Zanden and R. T. Griffiths, *Economische geschiedenis van Nederland in de 20e eeuw* (Utrecht: Het Spectrum, 1989), pp. 143-159. オランダで平価切下げを主張したグループとしては，経済学者のポラックをはじめとする「通貨価値安定協会」などが挙げられる．

19) 国家社会主義運動をはじめとする，戦間期のオランダにおける反民主主義勢力を概観したものとして，A. A. de Jonge, *Crisis en critiek der democratie: Anti-democratische stromingen en de daarin levende denkbeelden over de staat in Nederland tussen de wereldoorlogen* (Utrecht: HES, 1982).

20) C. J. van Laren and G. M. T. Trienekens, "De jaren dertig: Van liberale naar gemengde ekonomie?" in P. W. Klein et al. eds., *De jaren dertig: Aspecten van crisis en werkloosheid* (Amsterdam: Meulenhoff, 1979), pp. 53-55.

21) Perry et al., *op. cit.*, pp. 90-94.

改革プランと経済政策の立案を進めることが決定される．これを受けて社会民主労働者党とオランダ労働組合連合は共同で研究局を設置し，緊急プランの策定を開始した[22]．ここには，戦後のプラニスム的経済秩序の建設を試みるフォスや，後にノーベル賞を受賞するティンベルヘンなど，戦後の政治・経済を担う学者や政治家が集うことになった．彼らのモデルとなったのは1933年，隣国ベルギーの社会主義者デ・マンが中心となって作成した「労働プラン」であり，これはベルギー国内ばかりか他のヨーロッパの社会民主主義政党に強い反響を呼んでいた[23]．ベルギーに遅れること2年，オランダ版の「労働プラン」は1935年9月に公表された[24]．

この労働プランの目的は，国民に対し「適切な生活水準における生活保障」(Bestaanszekerheid bij een behoorlijk bestaanspeil) を創出することとされる．「生活保障」とは具体的には，失業者に仕事を確保し，賃労働者の雇用を安定させること，農民や中間層には適切な価格を保障すること，そして青年には「生活の見通し」(uitzicht op een leven) を与えることを意味する．そしてこの目的を実現するために必要な「根本的な経済改革」が，このプランの内容である[25]．

労働プランの主張する経済改革は，主として2つの内容に大別される．第1は景気循環への介入である．現在生じている大量失業と賃金の切下げ，中間層

---

[22] 労働プランに至る社会民主労働者党内の議論と労働プランの概略については，E. Hansen and P. A. Prosper, "Political Economy and Political Action: The Programmatic Response of Dutch Social Democracy to the Depression Crisis, 1929-39," *Journal of Contemporary History*, vol. 29 (1994), pp. 129-154.

[23] デ・マンとベルギーの労働プランについては，Peter Dodge, *Beyond Marxism: The Faith and Works of Hendrik de Man* (Den Haag: Martinus Nijhoff, 1966), pp. 129-172; G-R. Horn, *European Socialists Respond to Fascism: Ideology, Activism and Contingency in the 1930s* (Oxford: Oxford University Press, 1996), 佐伯哲朗「社会民主主義からプラニスムへ——大恐慌期におけるド・マンの政策思想」大原社会問題研究所『研究資料月報』309号 (1984年), 1-17頁.

[24] フランス社会党におけるプラニスムの影響については，佐伯哲朗「フランス社会党におけるプラニスムとプラン論争——1933年-34年」『大原社会問題研究所雑誌』第353号 (1988年4月), 22-32頁. チェコスロヴァキアについては，中田瑞穂「『秩序と行動の民主主義』——1930年代チェコスロヴァキアにおける『新民主主義』構想」『東欧史研究』第20号 (1998年3月), 26-42頁.

[25] ベルギーの労働プランと比較しながらオランダの労働プランを論じたものとして，水島治郎「オランダにおけるプラニスムの形成と展開」『甲南法学』第39巻3・4号 (1999年3月), 221-272頁.

や農民の所得の減少の原因を，景気の無秩序な上昇と下降を許す「統御」なき経済に求めたうえで，労働プランは当面の解決策として，ケインズ主義的な経済政策の導入による景気の回復と失業克服を主張する．具体的には，道路・橋梁の建設，農村部の水道の整備，電話の自動化などの公共事業を進めることで，投資を活発化して景気を回復させるとともに，失業者を救済して購買力を高めることがめざされた．そのための財政資金は，3年間にわたって毎年2億ギルダー，計6億ギルダーを国が借入によって調達する．これに義務教育の延長，週40時間への労働時間短縮も組み合わせることで，現下の失業者数の約半数にあたる雇用の創出が見込まれるという．

　第2は，経済秩序の再編，すなわち秩序政策（ordening）である．極端な景気変動の防止を念頭に，「社会の強い影響のもとで全産業を積極的に，また直接に秩序づけること」が主張される．すなわち政府による金融機関への統制を制度化し，企業投資などの経済活動へ政府が介入することで，民間の生産水準の安定をもたらし，失業を未然に防止する．また各産業で進められる合理化に対しても，企業による無秩序な合理化が社会全体に有害な場合もあるとの観点から，「計画に基づく合理化」（planmatige rationalisatie）の導入を要求する．これらの政府の介入を担保するのが，企業あるいは産業ごとに設置され，政労使からなる産業協議会（bedrijfsraden）であり，この産業協議会には広い範囲の事項について命令規定を作成する権限が与えられる．また産業協議会の頂上機関として，やはり政労使からなる中央経済協議会（Centrale Economische Raad）も設置される[26]．さらに将来の人口増をにらんだ政府主導の工業化（industrialisatie）の必要性も強調された．

　この労働プランは，それまで政策的に相いれるところの少なかった社会民主主義勢力と自由主義・宗派勢力との間の溝を狭めるものであった．労働プランにおいて社会化の要求は大幅に後退したばかりか，政労使の代表から構成される産業協議会のような経済秩序などは，これまでカトリック勢力の側で主張されてきたコーポラティズム的経済秩序構想とも共通する部分を持っていた．労

---

[26] Herman de Liagre Böhl, Jan Nekkers, and Laurens Slot eds., *Nederland industrialiseert! : Politieke en ideologiese strijd rondom het naoorlogse industrialisatiebeleid 1945-55* (Nijmegen : Socialistiese Uitgeverj, 1981), pp. 58-61.

働プランは，オランダにおける社会民主主義勢力のいわば「体制内化」の完了という側面も持っていたのである[27]．たとえばキリスト教歴史同盟のデ・ヘール議員団長は，これは社会民主労働者党が国民全体に対して初めて責任を果たしたものだとして称賛した[28]．1939年，組閣者となったデ・ヘールに入閣を要請されて，社会民主労働者党から2名の閣僚が初の政権参加を果たしたのも，このような方針転換の1つの成果だった．

もっとも，具体的な政策内容や経済計画の是非をめぐっては，社会民主主義勢力と他勢力との間にまだ相当の開きがあった．労働プランは，ケインズ主義的経済政策を含む経済計画の導入や，産業協議会を通じた各産業に対する国家介入など，経済全体に対する国家の計画的な統制を飛躍的に増大させることをめざしていた．そのため，産業協議会などへの労使参加を謳ってはいたものの，その主眼は明らかにコーポラティズムというよりプラニスムに置かれていた[29]．

経済活動の自由に固執する自由主義派や，産業組織の運営を労使の自発的な協力に委ねることをめざす宗派勢力にとっては，このプラニスムはほとんど受け入れられるものではなかった．党出身の閣僚がわずか2名だったこともあり，デ・ヘール政権で労働プランが現実の政策に採用されることはほとんどないまま，オランダは1940年5月のドイツ軍による占領を迎える．第4章でみるように，最終的にこのプラニスムをめぐる対立に決着がついたのは戦後のことであった．

以上のように，オランダでは戦間期まで，階級協調的な社会秩序観を持つ宗派勢力を中心としつつ，労使の政策決定過程への参加の開始，労使代表の運営する産業組織構想など，戦後の政労使の制度的な関係を準備する動きが始まっ

---

27) もちろん，労働プランにおいても社会主義という目標が放棄されたわけではない．「秩序政策は社会主義的な社会の前提である．なぜならこの秩序政策なしには社会主義的生産様式はありえないからである」，また「秩序政策における社会の影響が強くなればなるほど，それはいっそう社会主義への方向に進むことになる」などとして，最終目標としての社会主義は掲げられている．De Liagre, *op. cit.*, p. 61.
28) Perry et al., *op. cit.*, p. 108.
29) また対外経済政策に関しては，宗派勢力や自由主義派が自由貿易体制に固執していたのに対し，労働プランでは経済計画に沿った輸出入量・価格の設定，資本管理の導入による貿易・金融統制を主張していた．Hansen et al., *op. cit.*, pp. 149-150.

ていた.

　しかも,この戦間期には労使関係がかつてない安定を見せた.第一次世界大戦直後の時期を過ぎると労使関係は落ちつき,1930年代半ばには,不況下にもかかわらず労使紛争数はそれまでの最低水準にまで落ち込んだ.この背景に雇用者との協調を重視する宗派系の労組連合,すなわちローマ・カトリック労働者連合（RKWV）とプロテスタント系の全国キリスト教労働組合連合の存在,そしてかつてゼネストを指導したアナルコ・サンディカリスト系組合の没落があったことはいうまでもないが,社会民主労働者党以上に柔軟な姿勢を見せるオランダ労働組合連合の果たした役割も見逃せない.オランダ労働組合連合は,一方では社会民主労働者党と共に,他勢力と意見の分かれる社会化やプラニスム的な経済計画を主張しながら,他方では宗派労組や雇用者との協調を重んじ,労使間の対話や政策参加にも積極的に参加した.この労使関係の安定的な発展は,占領下,そして戦後における労使のより緊密な協力関係を生み出す前提となった[30].

　もっとも,ネオ・コーポラティズム自体の成立という点に絞って見れば,この戦間期における展開は過大評価できない.高等労働協議会をはじめとする労使代表が参加する機関はあくまで諮問機関にすぎず,政労使の協議機関ではなかったことから,政労使間の取引と妥協に基づく政策決定の場ではなかった.しかも,ネオ・コーポラティズムの中心ともいうべき賃金問題の政策的な調整を行う場所は皆無であった.賃金及び労働条件は,基本的に個別の労使間交渉に委ねられ,オランダ全体で見ても労働協約の締結率自体がかなり低かった[31].ただ1937年には,一般的拘束宣言の制度が導入されている.これは社会相の一般的拘束宣言により,産業単位の労使間で締結された労働協約を当該産業の全企業に適用する制度であり,戦後の賃金決定システムにおいても重要な役割を果たすことになる.

---

30) Windmuller et al., *op. cit.*, pp. 81-84 ; W. Albeda and W. Dercksen, *Arbeidsverhoudingen in Nederland*, (Alphen aan den Rijn : Samsom, 1993), pp. 55-60.
31) オランダ最大の企業の1つであるフィリップス社でさえ,戦前は労働協約が結ばれていなかった.Windmuller et al., *op. cit.*, p. 80.

第2節　ドイツ占領下の展開

1 賃金統制の開始

1940年5月，オランダはドイツ軍の侵入を受け，以後5年にわたってドイツの占領体制に組み込まれることになった．この占領期には，はからずも後のネオ・コーポラティズムに直接連なる重要な制度的発展が生じている．

第1の展開は，賃金に対する国家統制である．それまで，政府は一般的拘束宣言により事後的に労働協約に関与することのみ可能だったが，占領下の賃金政策は，それより大幅に強力な政府の介入をもたらした．まずドイツの占領当局は，賃金を1940年5月の時点の水準で一方的に凍結する．そして同年11月には凍結を解除し，新たな労働協約の締結を認めたものの，他方で労働協約に認可制を導入した．これにより認可なき労働協約は無効とされたほか，労使交渉で合意に達しない場合には強権的に政府が労働協約の内容を規定できるとするなど，賃金を含む労働条件への統制が格段に強化された．

この新制度のもとで，労働協約の審査・監督を担当したのは国家調停委員会 (College van Rijksbemiddelaars) だった．この国家調停委員会自体は戦前に設置されていたが，その役割は文字どおり労使紛争の調停に限定されていた．しかし占領期の国家調停委員会は大幅に強力な権限を与えられ，賃金設定に強権的に介入した[32]．

しかし1942年になると，宗派系二労組連合や雇用者団体が次々と解散させられ，労使組織で存続したのはオランダ労働組合連合ただ1つとなったため，労働協約の締結は事実上不可能となる．これを受けて当局は，1942年4月29日時点の労働協約を固定化し，以後も強制的に適用した．同年11月1日には国家調停委員会自体も解散され，労働関係の政策は労働全権委員に委ねられた．

この占領期に国家調停委員会の権限が賃金統制に及んだことは，戦後の賃金政策のありかたに重要な影響を及ぼした．戦後のオランダ政府がこの国家調停

---

32) W. J. P. M. Fase, *Vijfendertig jaar loonbeleid in Nederland : Terugblik en perspectief* (Alphen aan den Rijn : Samsom, 1980), pp. 41-44. ただその活動には，一方的に賃金に抑制的に介入するだけでなく，生産水準の維持を図るため，最低賃金の設定，産業相互の賃金差の縮小といった一定の社会的配慮もあったことは否定できない．

委員会の権限をほぼそのまま残し，今度は労使と協議のうえではあるが，賃金に対する国家の介入を可能としたからである．また占領期の国家調停委員会によって導入された最低賃金制，生活コストに応じた地域別の5段階賃金等級の設定など，戦後も維持された制度も少なくない．

2 労働協会結成への動き

占領期の第2の展開は，労使の頂上団体の協力関係が大きく進展したことである[33]．ドイツ当局は，占領後まずオランダ労働組合連合に圧力を加え，正副委員長を更迭して国家社会主義運動のワウデンベルフを執行委員に送り込み，事実上の支配下においた．これに対してオランダ労働組合連合の執行部は，ドイツの姿勢を予想より緩いものと受け止めたため，ほとんど抵抗は行わなかった．続いて当局は1941年，労働者統制の一元化をめざし，宗派系の二労組連合に対してオランダ労働組合連合への吸収合併を要求する．これに対し宗派系労組は，教会の支持も受けつつ抵抗する姿勢を示したため，42年には両労組連合は解散させられた．

一方，雇用者団体では，当局公認の単一頂上協議機関として1941年初頭，ハイネケン・ビール醸造会社のスティケルを議長とする「労働問題に関する執行協議会」(Raad van Bestuur in Arbeidszaken) が結成され，ドイツ当局との折衝や，雇用者団体を代表して労組と団体交渉を行っていた．しかし42年に宗派系二労組連合が解散すると，雇用者側は，当局の意を受けるオランダ労働組合連合と交渉を進めることを拒み，その結果，「執行協議会」のみならず，個別の雇用者団体も解散させられる．

さらに当局は，全労働者を統括する単一の労働戦線を作ることをめざし，1942年5月1日付でオランダ労働戦線 (Nederlands Arbeidsfront) の設立を発表する．そしてドイツへの強制移送を脅しとして用いながら，オランダ労働組合連合にもこれに合流するよう指令した．これにはオランダ労働組合連合も抵抗し，結果的にオランダ労働戦線に移行したのは全組合員の3分の1程度の10万人にすぎなかった．そのためオランダ労働戦線は実質的な役割を果たす

---

33) Maarten van Bottenburg, *'Aan den Arbeid!': In de wandelgangen van de Stichting van de Arbeid, 1945-1995* (Amsterdam: Bert Bakker, 1995), pp. 28-46.

の信認を得ることにも失敗し，終戦まで散発的に生じたストを防止することもできなかった[34]．

こうして占領下では，既存の労使組織は廃止の憂き目をみる．しかしそれ以降，解散させられた労使組織の旧指導者らを軸に，終戦を見越した労使組織の再建準備，労使関係の枠組みづくりが密かに始まり，これが戦後の労使関係の出発点を作った．その最大の成果が労働協会（Stichting van de Arbeid）である．

最初に動きを見せたのは旧労働組合の側であった．そのきっかけは，社会省労働総本部長のハッケが三労組連合の代表を招き，秘密裏に相互の接触を図ったことであった[35]．そしてこの席で三労組は，三者の頂上協議機関として「労組連合協議会」（Raad van Vakcentralen）の設置で合意する．ただし統一の労組連合を作るという案は，当初ドイツに協力的な姿勢をとっていたオランダ労働組合連合に対する宗派系労組の反発もあり，失敗した．

続いてハッケのもとで，労組のみならず雇用者団体の代表も交えた話し合いが開始される．この協議のなかでアイディアが練られていったのが，労使頂上団体の常設協議機関，すなわち後の労働協会の設立である．協議には，戦後労働協会の主要メンバーとなる人物がほとんど顔をそろえていた．雇用者側ではスティケルのほかコルテンホルスト（カトリック雇用者連盟），労組側ではクーペルス，フェルミューレン（いずれもオランダ労働組合連合），デ・ブライン（ローマ・カトリック労働者連盟），スターペルカンプ（全国キリスト教労働組合連合）らである．協議のテーマは主として終戦後の労使関係であった．彼らがこの協議で念頭に置いていたのは，耐乏を余儀なくされていた労働者の不満が終戦で噴出し，労使関係が混乱することだった．そのため労使の頂上団体が結束して労使関係の安定を図る必要が指摘され，労使の代表を包摂する機関を設立し，その機関に労使交渉を集中させる方向で話し合いが進められてい

---

34) 占領下の労使関係政策については，L. de Jong, *Het koninkrijk der Nederlanden in de tweede wereldoorlog*, deel 6（'s-Gravenhage：Staatsuitgeverij, 1975）．
35) ハッケは，占領期間のあいだ労働総本部長を務めた人物であるが，ドイツ側に協力したというよりは，更迭されたオランダ労働組合連合の委員長クーペルスに職を紹介するなど，労働組合に近い立場で行動しており，会合も時にはハッケの自宅でもたれた．Van Bottenburg, *op. cit.*, pp. 34-39．

った.

　ただ，この新しい労使協議機関の位置づけについては，当初意見が分かれていた．最大の問題は政府との関係であった．ハッケ労働総本部長らの案では，新設される労使頂上機関は社会省労働総本部のもとに置かれる．各地区には労働会館（Gebouwen van den Arbeid）を置き，当該地区の企業や労働者はこれに強制的に加入し，労使対等の原則に基づき労働問題や社会保険の政策執行の任を負う．これに対してスティケルら雇用者側を中心としたグループは，むしろ国家介入を避け，労使のみの自律的な任意団体として協議機関を設立することを主張した．彼らは前者の案を国家が労使に一方的に協調を強制するものと批判し，むしろ労使の自発的なイニシャティブに基づく協力関係を尊重すべきだと主張した．雇用者側には，労働協約の一般的拘束宣言をはじめとする戦間期の国家介入の進展に対する警戒感が強く，労使の頂上協議機関が国家機関化することを避けるべきとする発想が一般的だったのである．議論の結果，労働協会は私法上の任意団体として労使組織が自発的に設立することで基本的な合意が成立し，戦後直ちに実行に移された．

　以上みたように占領期のオランダでは，①賃金に関する国家介入の開始，②労働協会構想を通じた労使頂上組織間の協調関係の進展，といった展開が生じていた．そして戦後になると，労働協会は賃金をはじめとする労使の協議の場として，また社会労働政策の立案の場として重要な機能を果たし，そして労働協会で合意された賃金は国家調停委員会の命令としてほぼそのまま実現された．いわば戦後のネオ・コーポラティズムは，占領期に生じた以上の2つの制度的展開が接合するかたちで具体的に形成されたといってよいであろう．

第3章　終戦とネオ・コーポラティズムの成立

第1節　終戦前後の政治的展開
——オランダ人民運動と「革新」の試み——

1　オランダ人民運動の成立

　ドイツ軍に占領されていたオランダの解放は，2段階に分けて行われた．1944年9月に上陸した連合軍は，まず南部のノールト・ブラバントやリンブルフ地方を掌中におさめる．しかしオランダ全土を解放する軍事作戦は失敗し，国土の大半の解放は1945年5月のドイツの降伏まで持ち越された．解放された地域は暫定的にオランダの軍政当局（Militair Gezag）の統治下に置かれ，45年6月オランダ政府が正式に活動を開始するまで，クルルス長官率いる軍政当局が実質的なオランダの統治の任に当たった．

　すでに占領下で，オランダ国内にとどまった政治指導者や知識人を中心に，戦後政治をめぐるさまざまな構想が議論されていた[1]．その中心的な場は，皮肉にも，ドイツ軍が政界や経済界・学界など各界の著名人・知識人を抑留していた，ノールト・ブラバント州スィント・ミヒールスヘステルの抑留所だった．抑留所内では抑留者の行動の自由が比較的認められたため，人々は討論グループを結成したり講演会を催すなど，自由に戦後の政治について議論を行うことができた．そしてその中からオランダの政治経済の革新（vernieuwing）を唱え，既存の政治の突破（Doorbraak）をめざす1つの潮流が生まれてくる．

　このグループは，ファン・デル・フース・ファン・ナーテルスなど社会民主労働者党系の人々を中心としつつ，自由民主同盟のような自由主義左派や，カ

---

[1]　オランダ人民運動を中心とする戦後構想の展開については，Jan Bank, *Opkomst en ondergang van de Nederlandse Volks Beweging* (*NVB*) (Deventer: Kluwer, 1978) が詳しい．

トリック勢力，キリスト教歴史同盟系のオランダ改革派（カルヴァン派）教会関係者なども集い，党派や宗派の枠を超えた戦後政治の改革を志向した．中でも重要な役割を果たした人物として，ファン・デル・フースの他，やはり社会民主労働者党出身で神学者のバニング，自由民主同盟出身のスヘルメルホルン，キリスト教歴史同盟出身のリーフティンクなどを挙げることができる．

スィント・ミヒールスヘステルの外でも，戦後政治の革新を求める動きは各所で生まれていた．特にオランダ南部，エイントホーフェン付近のカトリックと社会民主労働者党系の人々からなるグループは，占領期には政治改革など戦後構想を練っていたが，南部が早期に解放されたことから，1944年秋には軍政当局の支持を受けつつ公然と活動を開始した．1945年2月には，ベールやデ・クワイら代表的人物数名は，ロンドン亡命政権の閣僚に任命される．ただ党派を超えたグループとはいえ，元エイントホーフェン市幹部のベールやデ・クワイら中心的な人物は主にカトリック系の人々だった．

戦後改革を志向する以上の人々，すなわち革新派（vernieuwers）と呼ばれたグループが共通にめざしていたのは，戦間期までの硬直した政治体制を「突破」し，「柱状化」社会に風穴をあけることだった．彼らの理解では，「突破」とは具体的には次のことを意味していた．すなわち19世紀末から戦間期までのオランダの政治社会を支配していた原理は，神学者で反革命党の創設者であるカイペルによって唱道された「対立原理」（Antithese）にほかならない[2]．世俗的世界観とキリスト教的世界観の断絶，宗教と世俗の対立を強調するこの原理によって，キリスト教勢力は独自の政治勢力形成を進め，その結果オランダの政治は宗派勢力（カトリック政党とプロテスタント2政党）と，世俗勢力（自由主義派と社会民主主義政党）とに分断され，無用な対立状態のもとに置かれてしまった．労働組合をはじめ社会団体においても，この「対立原理」は貫かれている．この宗派や世界観による分裂を抱え込んでいるオランダの政治

---

[2] カイペルはその神学思想において，神から信仰者のみに与えられる「個別恩寵 particuliere genade」を強調し，信仰者と個別恩寵にあずかっていない非信仰者との間には深い断絶・対立があるとする．彼はこの対立状況，すなわち「対立原理」をふまえて，信仰者が独自の政治的・社会的組織化を進め，社会の再キリスト教化（herkerstening）に向かって行動すべきことを主張した．G. J. M. van Wissen, *De christen-democratische visie op de vol van de staat in het sociaal-economisch leven* (proefchrift, Universiteit van Amsterdam, 1982), 特に第2章．

を改革するためには，中道に位置していた宗派政党を解体して（「突破」），それぞれ保守（conservatief）と進歩（progressief）の理念を持つ政党を軸とした政党制を作る必要がある，という．革新派がこの「進歩」軸を担う政治勢力となることを目指していたことはいうまでもない．

もっとも，さまざまな政治的背景を持つ人々で構成されるこれら革新派のなかには，大まかに言えば，2つの異なる流れが存在していた[3]．その1つは旧社会民主労働者党出身の人々からなる流れである．この人々の考える「革新」は基本的には政治レベルの革新であった．彼らは戦前の社会民主労働者党のあり方を批判し，宗派系労働者や中間層・農民にも支持を広げた新しい政治勢力を結成して「突破」を進めていくべきだと主張していたものの，しかしその新しい政党が社会主義を基礎に据えることには固執していた．社会民主労働者党を中心とした左派勢力の政治的結集を最大の目的としていたのである．

これに対し第2の流れは，オランダにおける「革新」を政治面のみならず，社会面，精神面まで及ぼすことを主張していた．バニングやスヘルメルホルン，リーフティンク，デ・クワイなどはこの流れに属していた．彼らは新たなオランダの建設をキリスト教的基礎に立って（op Christelijken grondslag）行うことを望み，新たな政治勢力の結集の基本理念の1つとしてキリスト教を念頭においていた．もっともそれは，かつての宗派政党のあり方とは全く異なっていた．彼らが望んでいたのは，隣人愛や正義といったキリスト教的価値観を体現した，進歩的な政治を通じて「革新」をもたらすことにあり，宗派政党のように教会の利益保持のために行動することではなかった．この背景には，占領期にオランダの教会内部で生じた変動があった[4]．

しかしこのような「革新」理解の相違はあったにせよ，両者は既存の政治の

---

[3] J. J. Woltjer, *Recent verleden : De geschiedenis van Nederland in de twintigste eeuw* (Amsterdam : Uitgeverij Balans, 1992), p. 144.

[4] 特にカルヴァン派のオランダ改革派教会では，バニングを中心として，戦間期の経済危機や国家社会主義運動の勃興，ドイツによる占領と世界大戦といった大変動に対し教会が無力であったことへの反省から，教会の革新運動が生まれてきた．この運動は，ドイツでナチズムに対する抵抗運動を試みた告白教会の理論的支柱だったスイス人神学者バルトからも強い刺激を受け，教会組織の改革や，政治・社会問題に対する積極的な取り組みを志向した．このような動きは，キリスト教歴史同盟や左派小政党のキリスト教民主同盟にも強い影響を与えた．Bank, *op. cit.*, pp. 116-127. オランダの教会の終戦前後の変化を示すものとして，*Kerk in Nederland 1945-1984 : Teksten gekozen en ingeleid door C. Augustijn* (Delft : Meinema, 1984), pp. 11-24.

打破をめざすため,1つのグループとして行動を起こす必要性では一致していた.既存の政治体制を「突破」し,諸勢力を糾合した進歩ブロックを形成することが,立場の違いを乗り越えてまず実現すべき最大の目標だったからである.

1945年5月,オランダ全土が解放されると,さっそく革新派はオランダ人民運動 (Nederlandse Volksbeweging) の設立を発表し,スヘルメルホルンを議長に選出するとともに,各界33名の著名人からなる設立趣意書を公開する.その中で彼らは,「キリスト教とヒューマニズム」(Christendom en humanisme) の精神に基づき,「人格の開花」(ontplooiing van de menselijke persoonlijkheid) を掲げて,政治や経済のみならず社会や文化などの諸分野における急進的革新 (radicale vernieuwing) の必要性をオランダ国民に訴えた.

オランダ人民運動は,特に次のような改革案を提示した.政治改革としては,旧来の「対立原理」を打破する政党システムの創出であり,これに加えて首相権限の拡大を含む内閣機能の強化や,選挙制度改革による小党分立の防止.また経済面では積極的景気対策による雇用の確保,共同決定の推進,計画経済 (planeconomie) の導入による企業の経済活動の統制と,部門によっては社会化.社会的には労働者の権利の拡大,「国民共同体意識」の涵養などが主張されていた[5].

戦後直後のオランダの政界は,既成政党がまだ再建されておらず,一種の政治的空白状態にあったため,オランダ人民運動はさまざまな背景の人々を結集した最も有力な政治勢力として登場した.このことは戦後最初の組閣においてさっそく明らかとなった.1945年5月の解放直後,ロンドン亡命政権のヘルブランディ(反革命党)内閣は総辞職し,組閣作業が開始されたが,1944年秋からすでに南部の革新派と接触していたウィルヘルミナ女王は,新内閣を革新派中心に構成することを望んでいた[6].その結果新首相には,政治的経験の浅い,オランダ人民運動議長のスヘルメルホルンが選ばれる.彼の他にもリーフティンク(財務相),ファン・デル・レーウ(教育相)[7],フォス(通商産業

---

[5] Bank, *op. cit.*, pp. 54-59.
[6] ウィルヘルミナ女王の組閣命令も,「再建と革新のための国民的内閣」を作ることを明示していた. J. Bosmans, *Staatkundige vormgeving in Nederland, Deel II, De tijd na 1940* (Assen and Maastricht: Van Gorcum, 1990), pp. 18-21.
[7] ファン・デル・レーウはフローニンゲン大学宗教史の教授.宗教現象学を提唱し,オランダ

航行相) ら, オランダ人民運動系の革新派が何名も入閣した. これに加えて, ドレース (社会相) のような旧社会民主労働者党の政治家やローマ・カトリック国家党など, さまざまな政治的背景を持った人物を含め, 45年6月, 戦後最初の内閣が選挙を経ずして成立する.

スヘルメルホルン新内閣は戦後再建に直ちに取り組むとともに, 戦前との断絶を強調し, プラニスムに基づく経済の計画化, 社会化の推進, 産業組織の再編など, 社会民主労働者党やオランダ人民運動の主張に近い目標を掲げ, その実現に向けて準備を開始した. 官僚機構においても, スヘルメルホルン・ボーイズ (Schermer Boys) と呼ばれる革新派の熱意ある若手が要所に配置され, 政策立案を担っていった[8]. オランダ人民運動の議長は神学者バニングが引き継ぎ, スヘルメルホルン内閣を支え, 「突破」を体現する強力な進歩政党の結成にむけて努力を開始した.

2 各政党の対応と労働党の結成

しかし1945年の後半に入ると, 既成政党の巻き返しが始まった. 特に旧宗派政党の指導者層には, 最初からオランダ人民運動に批判的な者も少なくなかった. まず「対立原理」の考案者であるカイペル直系の反革命党からは, オランダ人民運動に参加した者はごく少数にとどまり, 党の再建も異論なく行われた. また当初はファン・ワルスムなど革新派が影響力を持っていたキリスト教歴史同盟系の人々の間でも, ティラヌス元党委員長ら戦前の指導者が党の再建を主導し, オランダ人民運動を「キリスト教をヒューマニズムと同レベルに貶める」ものと規定して, 明確に批判する路線を打ち出した[9].

旧ローマ・カトリック国家党では, 戦後直後に多くの有力メンバーがオランダ人民運動に参加し, 情勢は流動的だった[10]. しかし司教団を中心とする教会

宗教学会会長を歴任するなどオランダの代表的な宗教学者.
8) 代表的人物として, ブリュッフマンス, バレント・ファン・ダム, コース・フォリンクらが挙げられる. J. Jansen van Galen and H. Vuijsje, *Willem Drees : Wethouder van Nederland* (Baarn : Sesam, 1992).
9) Bank, *op. cit.*, p. 168.
10) 終戦前後のカトリック政党再建に向けての動きについては, J. A. Bornewasser, *Katholieke Volkspartij 1945-1980, Band I, Herkomst en groei (tot 1963)* (Nijmegen : Valkhof Pers, 1995), pp. 118-145.

側は旧来のカトリック系組織の再建を強く求め，これを受けたフランシスコ会修道士のストックマンらがカトリック政党の再建にむけて実務的な活動を開始した．これにロメなど旧ローマ・カトリック国家党幹部や，デ・ブラインのようなカトリック労組の指導者層も呼応した．さらに，デ・クワイをはじめとするオランダ人民運動に加わった有力カトリック信徒も，オランダ人民運動の持つ社会民主労働者党との連続性に違和感を抱きはじめ，カトリック政党の必要性を認める方向に傾いて，結局この動きに加わることになる．この結果1945年12月，表向きは非カトリック信徒にも開かれているものの，ローマ・カトリック国家党と同様カトリック性を前面に掲げるカトリック人民党（KVP）が，カトリック系の主要政治指導者をほぼ糾合する形で成立する[11]．こうして旧来の三宗派政党は全て復活し，オランダ人民運動がめざしていた中道宗派勢力の「突破」は困難となった．

また非宗派政党も，戦前と同様に再建された．かつて自由国家党を構成していた，経済界に近い自由主義右派グループは，今度は自由党（Partij van de Vrijheid）を結成した．初代党首には，労働協会の設立に尽力し，戦後は非宗派系雇用者団体の中央社会雇用者連盟（CSWV）委員長に選ばれていたスティケルが就任する．

占領下で非合法化され，多くの指導者を失いながら対独抵抗運動で大きな役割を果たしたオランダ共産党（CPN）も，1945年10月に正式に再建され，戦前と同じくデ・フロート総書記のもとソ連に忠実な路線を敷き，党勢の拡大に全力を尽くしていた[12]．

政党ばかりか，雇用者団体や労働組合もほぼ戦前と同様の形で復活した．すなわち雇用者団体では自由主義系として中央社会雇用者連盟とオランダ雇用者連盟[13]，カトリック系は全カトリック雇用者連盟，プロテスタント系はオラン

---

11) その結果オランダ人民運動とともに新党結成に参加したのは，カトリック系ではフリストフォール・グループ（Christofoor-groep）の一部に限定された．フリストフォール・グループとは，占領下でカトリック系の抵抗運動の機関誌として発行されたフリストフォール誌を中心に集まった一群の人々を指す．Bank, *op. cit.*, pp. 132-154.

12) オランダ共産党の再建に関しては，Ger Verrips, *Dwars, Duivels en Dromend : De Geschiedenis van de CPN 1938-1991* (Amsterdam : Uitgeverij Balans, 1995), pp. 185-218 を参照．

13) この2つの自由主義系の雇用者頂上組織は，実質的には同一の団体であり，任務分担によって組織を分割しているにすぎない．中央社会雇用者連盟は賃金・労働条件など労使関係に関す

ダ・プロテスタント雇用者連盟が戦前そのままに成立した．また労組でも，社会民主主義系のオランダ労働組合連合，カトリック系のカトリック労働者運動，プロテスタント系の全国キリスト教労働組合連合が復活した．各農民団体や中間層団体もこれにならったことはいうまでもない．

こうして既成政党・組織によるオランダ人民運動と距離を置いた再建が進んでいった結果，戦前以来の政治勢力でオランダ人民運動の新党結成に理解を示したのは，社会民主労働者党の他，自由主義左派の自由民主同盟，小党のキリスト教民主同盟に限定された．その中で最大勢力の社会民主労働者党は，ファン・デル・フースやバニングなど，オランダ人民運動と指導者が共通しており，また主張の面でも重なる面が強かったため，オランダ人民運動の主張する幅広い進歩政党の結成を積極的に後押しした．

ただ，社会民主労働者党の内部にも，オランダ人民運動の唱える「突破」に慎重な指導者もいた．その代表は，スヘルメルホルン内閣に社会相として入閣しながら，革新派とは一線を画していたドレースである．ドレースは戦間期に党の役職を歴任し，旧来の政治パターンを身につけた「柱状化になじんだ政治家」（verzuilingspoliticus）だった．彼は戦後もまず社会民主労働者党の再建を優先すべきと考え，党の保持してきた社会主義イデオロギーや伝統的支持基盤の喪失を警戒して，オランダ人民運動に吸収される形の新党結成には留保をおいた．そもそも彼は，宗派系の労働者や中間層も糾合しようとする「突破」は実現の見込みがないとみており，新党を結成するにしても，社会民主労働者党を軸とした「党の拡大」というかたちを想定していた[14]．

しかし最終的には，社会民主労働者党は全党的に新党結成に参加することを決定した．類似した左派政党の並存は避けねばならないとの思惑が勝ったこと，

る問題を扱い，オランダ雇用者連盟が物価・税制など企業の経済活動に関わる問題を扱う．個別の雇用者団体・企業はこの両頂上組織に同時に加盟した．終戦前後の雇用者団体の動きについては，W. L. Buitelaar and J. P. van den Toren, *Tijd in beweging : De AWVN 1919-1999 Een werkgeversvereniging in de Nederlandse overlegeconomie* (Haarlem : AWVN, 1999), pp. 35-43 も参照．

14) Jansen van Galen et al., *op. cit.*, pp. 69-74. スヘルメルホルンのような革新派にとっては，大戦は「断絶」（breuk）を意味していたが，ドレースにとって大戦は「中断」（onderbreking）にすぎなかったという．ドレースについては，H. Daalder, "Inzake partijleiding en Willem Drees," in F. Bekker et al., eds., *Van Troelstra to Den Uyl : Het vijftiende jaarboek voor het democratische socialisme* (Amsterdam : De Arbeiderspers, 1994), pp. 101-142.

党員減少の中で社会民主労働者党単独での党再建には困難を覚えたこと，そして カトリック政党再結成の中でオランダ人民運動からカトリック系の人々が離れ，新党が社会民主労働者党を受け継いで社会主義を標榜することが可能であると認められたことなどが，その背景にあった．スヘルメルホルンを含む自由民主同盟，そして小党のキリスト教民主同盟も同様に，党をあげた新党への移行を決定する[15]．このほかキリスト教歴史同盟からはファン・ワルスムなど数名の離党者が参加し，各界の非政党人も加わって，1946年2月9日，アムステルダムで労働党（Partij van de Arbeid）の結成大会が開かれた．

当初，労働党は熱気に包まれていた．スヘルメルホルン内閣の15名の閣僚のうち7名は労働党に入党した．この党の最大のモデルはイギリス労働党であり，その労働党は1945年7月の選挙で47.8％の得票率を達成し，みごと政権の奪取に成功していた．設立直後の1946年2月に行われたオランダの世論調査でも，オランダ版の労働党は支持率が46％に達し，5月に予定された選挙では圧勝することが期待された[16]．

3 ローマ・赤連合の成立

しかし1946年5月の戦後最初の下院選挙は，労働党の内外に大きな驚きを呼び起こした．「突破」を前面に掲げて選挙運動を行った労働党の得票率は予想を大きく下回る28.3％で，獲得議席は29議席に終わってしまったからである．この結果は，労働党に移行した3党が直近の選挙の1937年の下院選挙で獲得した得票率の合計である30.0％（31議席）をさえ下回っていた[17]．

これに対してカトリック人民党は，37年の得票率である28.8％（31議席）をさらに伸ばして30.8％（32議席）を獲得し，第一党の座を守った．選挙前に司教団が，オランダ全土の信徒にカトリック人民党への投票を訴えたことも影響したと見られている．他の宗派政党の得票も戦間期の水準と大差はなく，

---

15) 1940年に8万人を数えた社会民主労働者党の党員数は，1945年秋には半数近くの4万3000人に落ち込んでいた．Perry et al., *Honderd jaar sociaal-democratie*, pp. 116-117.
16) Woltjer, *op. cit.*, pp. 159-160.
17) 3党の1937年の得票率は以下の通り．社会民主労働者党22.0％，自由民主同盟5.9％，キリスト教民主同盟2.1％．なお1946年選挙では，労働党の獲得議席数の最低ラインとされた35のうち，21が旧社会民主労働者党系，5が旧自由民主同盟系，2が旧キリスト教民主同盟系，7がその他の候補者に振り分けられており，ほぼ37年の得票率に比例していた．

カトリック人民党・反革命党・キリスト教歴史同盟の三宗派政党をあわせた得票率は51.5%（53議席）と，依然として過半数を保っていた．また自由党は6議席を，共産党は前回の3議席を大きく伸ばした10議席を獲得した．

選挙結果からみると，労働党はターゲットとしていた旧来の宗派政党の支持基盤を崩すことに失敗した．カトリックとプロテスタントの双方で政党・労働組合など系列組織の復活が進み，「柱」の再建は完了していた．しかも社会民主労働者党の伝統的な支持者の一部は，幅広い支持を訴える労働党に社会主義の「希薄化」（verwatering）を感じ，共産党への投票に回ってしまったとみられている[18]．

この1946年選挙の各党の得票率は，これ以後，右派自由主義政党の若干の伸張と共産党の凋落を除けば，1960年代半ばまで余り変化することはなかった．労働党も30%前後の得票率に甘んじることを強いられた．こうして知識人主体で始まった「突破」運動は，各界の革新派の一時的な結集には成功したものの，19世紀末より築き上げられてきた「柱状化」社会の構造を揺るがせることはなかった．政治史家のボスマンスは次のように評している．「占領は過去との断絶をもたらすことはなかった．旧来の分割線は復活した．これにより突破は失敗に終わった」[19]．

とはいえ戦前の社会民主労働者党に比べれば，得票率からみても，政党システムにおける位置をみても，労働党の地位は格段に強化されていた．下院選挙後の組閣は，第一党であるカトリック人民党のベールを中心に進められたが，直面するインドネシア問題に対応するためにも，やはり第二党である労働党の協力が必要との意識がカトリック人民党では強かった．しかも戦後のカトリック人民党は，戦間期のようなプロテスタント政党との連合を自明とする姿勢から転換していた．確かに戦間期にはほとんどの内閣が宗派連合を軸としていたが，1930年代に反革命党のコレインを首相とする連合政権において，恐慌対策をめぐり反革命党とローマ・カトリック国家党の間に深い亀裂が生じていた

---

18) Perry et al., *op. cit.*, p. 166.
19) J. Bosmans, *op. cit.*, p. 35. 労働党内部からの同様の評価として，Th. J. A. M. van Lier, "Op weg naar verzorgingsstaat (1950-1960)," in Jan Bank and Stef Temming eds., *Van brede visie tot smalle marge : Acht prominente socialisten over de SDAP en de PvdA* (Alphen aan den Rijn : A. W. Sijthoff, 1981), pp. 143-148.

のである.この結果,46年に成立した内閣は,ベールを首班とし,カトリック人民党と労働党の二党連合(ローマ・赤連合)を中心に構成されることとなった.

このローマ・赤連合は,1948年に選挙によってベール内閣が退陣した後も,労働党のドレースを首相として58年まで継続した.占領直前の1939年になってようやく2名の閣僚を出したにすぎない社会民主労働者党からみれば,これは躍進だった.この連合政権には,1948年から52年までキリスト教歴史同盟と自由民主人民党(VVD)が[20],また52年から58年までは反革命党とキリスト教歴史同盟がそれぞれ加わった.ただ議席数で優位に立つカトリック人民党と労働党は閣僚数でも常に他党をしのぎ,2党で有力ポストの大半を占め続けた.

もっとも,オランダ人民運動の掲げていた革新は,労働党の政権参加によってもほとんど実現しなかった.革新を体現していたはずの労働党の中でさえ,宗派勢力との協調を重視する「現実政治家」(Realpolitiker)のドレースらが地歩を固め,スヘルメルホルンら革新派の立場は急速に弱体化した.1946年のベール内閣成立のさい,ドレースは引き続いて社会相に就任したのに対し,スヘルメルホルンら革新派の閣僚は内閣を去ったり,重要度の低い別のポストに回された.スヘルメルホルン・ボーイズと呼ばれた革新派の若手官僚たちもその職を失った.オランダ人民運動自体はしばらく存続したが,目標を失って活動は停滞し,51年に完全に消滅する[21].

また,労働党とカトリック人民党がほぼ対等な形で内閣を主導していたとはいえ,カトリック人民党が政党システムで中道に位置していたことは,労働党にとって厄介な問題だった.1948年以降,プロテスタント政党や自由民主人民党などが政権に加わると,政権の重心はさらに右に傾いた.

そもそもカトリック人民党は,労働党と政策面で一致できないときには,自

---

20) 1947年,アウトを中心とする労働党内の旧自由民主同盟出身者の一部が,労働党の社会主義色に反発して離党し,1948年にスティケル率いる自由党と合流して新たに自由民主人民党を結成した.私的生産様式の擁護,自由・責任・社会的公正を基本理念として掲げた.

21) Bank, *op. cit.*, pp. 249-257. この時期のオランダ人民運動と労働党の展開を当事者の立場から振り返ったものとして, M. van der Goes vom Naters, "Het 'Nieuwe Bestand' en de grote conflicten (1945-1950)," in Jan Bank and Stef Temming eds., *op. cit.*, pp. 121-140.

らの右に位置するプロテスタント2政党や，社会経済政策では最も保守的な自由民主人民党と連合を組み，多数派を形成しうる立場にあった．これに対し，左に位置する労働党にはカトリック人民党を飛び越えた連合形成の可能性はほぼ完全に閉ざされていた．特に自由民主人民党は1940年代末以降，労働党との対決姿勢を強調する方針をとり，選挙では労働党に的を絞った攻撃を行うこともあった[22]．その結果，政党システムの「かなめ」の地位（sleutelpositie）を得たカトリック人民党は，政策に応じて労働党と，プロテスタント2政党や自由民主人民党との協力を組み替えるフリーハンドを得ることができた．後に見るように，ケインズ主義的経済政策の採用や，プラニスムによる経済計画の導入のような労働党に固有の政策に関して，連合政権を組むカトリック人民党がプロテスタント政党や自由民主人民党とともに反対に回り，阻止することに成功したのはその典型例だった．

第2節　終戦直後の経済問題
――過剰流動性と国際収支不均衡――

それでは次に，終戦直後のオランダ経済はどのような問題に直面していたのか，復興を進めるためにいかなる社会経済政策がとられたのかを概観する．

1　過剰流動性と通貨改革

オランダが第二次世界大戦によって被った被害が，他のヨーロッパ諸国に比して相対的に大きかったことはしばしば指摘されるところである．当初の計算では，戦前の生産設備の約30％（77億ギルダーに相当）が喪失したと見積もられていた．爆撃などの戦災に加え，金属工業や機械工業，化学工業などの主要産業では，生産設備や在庫が大量にドイツに接収・移送された．輸送手段も壊滅的な打撃を受けている．船舶の多くは破壊され，アムステルダムやロッテルダムの港湾設備は大きな損害を被った．鉄道はその最たるもので，ほとんどの

---

[22] たとえば1948年の選挙では，自由民主人民党は「社会化は国民の精神力を破壊する」「誘導された経済（geleide ecomonie）は汚職と闇取引を生む」「自由な経済社会のために立ち上がれ」などと労働党批判が明確なスローガンを掲げて選挙運動を展開した．

車両・路線設備が破壊や接収の対象となった．農業分野でも，家畜数がドイツへの移送や飼料不足で大幅に減少するなど，生産量は大幅に減少した．食糧供給が困難となった結果，解放が最も遅れたオランダ西部では終戦の時点で1人当たりのカロリー摂取量は 400-600 カロリーにまで低下したとされている[23]．

この結果，戦後最初の内閣であるスヘルメルホルン政権は何よりもまず経済の再建を最優先の課題とした．政府は食料や日用品に配給制を導入すると共に，原材料や燃料の輸入・配分を厳格に管理し，復興のための効率的な資源配分を試みた．1945 年 10 月には復興銀行（Herstelbank）を設立し，政府の保証のもとで企業に対する長期の信用供与を可能とし，これは投資を活発化させるのに貢献した[24]．

しかしこの時期，復興を円滑に進める上でオランダ経済が抱えた問題が2つ存在していた．通貨の過剰流動性と国際収支の赤字問題である．

まず過剰流動性についてみよう．終戦直後のオランダでは生産・輸送設備の破壊やドイツによる接収，原材料・燃料不足のため，生産能力が大幅に低下していた．しかしこれに対して占領下で通貨供給量はむしろ増加していた．多額の占領コストがかかったこと，また大規模な接収が行われたことなどから，占領下で財政支出は大幅に増加したが，その支出の大部分は紙幣の乱発で補われていた．この結果，終戦時に通貨供給量は現金通貨（59 億ギルダー），預金通貨（50 億ギルダー）の合計 109 億ギルダーにのぼり，1940 年の 4 倍の水準に達していた．実体経済と通貨のバランスは完全に失われ，このままではインフレと賃金の急上昇，闇市場の拡大は必至だった[25]．

これを受けて政府は，通貨改革を早期に実行することを決定した．リーフテ

---

23) F. J. F. M. Duynstee and J. Bosmans, *Parlementaire geschiedenis van Nederland na 1945 : Het kabinet Schermerhorn-Drees* (Assen : Van Gorcum, 1977), pp. 14-18. 戦争被害の具体的な規模については，当初は実際より多く見積もられていたことが後に明らかになったが，この被害の過大評価は政策当局者の危機感を一層強める結果をもたらした．J. L. Van Zanden and R. T. Griffiths, *Economische geschiedenis van Nederland in de 20e eeuw* (Utrecht : Het Spectrum, 1989), pp. 184-187.

24) オランダの商業銀行は伝統的に短期信用を中心としており，この復興銀行によって初めて長期のリスクの高い信用の供与が可能となった．復興銀行の正式名称は国家復興金融会社（de Maatschappij tot Financiering van het Nationaal Herstel NV）．資本金3億ギルダーのうち1億 5100 万ギルダーは政府の拠出による．Duynstee et al., *op. cit.*, pp. 406-407.

25) 通貨改革については，Duynstee et al., *op. cit.*, pp. 327-337.

ィンク財務相（労働党）は新紙幣の準備が整った1945年7月上旬，通貨改革を発表し，即座に実施する．7月7日の勅令により，7月9日付けで100ギルダー紙幣が支払い手段として無効とされた．7月13日までは100ギルダー紙幣による預金が認められたが，13日以降はこの預金は封鎖された当座預金となり，現金が必要な場合はここから借入する方法がとられた．この措置の結果，封鎖預金の額は17億2200万ギルダーに達し，9月の第二次改革の直前には，紙幣の流通量は16億8300万ギルダーにまで減少していた．

45年9月の第二次改革では，9月12日に告示された通貨改革命令（Beschikking geldzuivering）によって，流通中の全紙幣が9月26日付で支払い手段として無効とされ，同日までに，封鎖された当座預金に全紙幣の預金が行われた．封鎖預金の払い戻しは1週間後の10月3日に開始されたが，多くの制限が課された．賃金や社会給付以外の目的，たとえば投資や高価な物品の購入のために多額の預金を引き出す場合は，オランダ銀行による認可が義務づけられた．預金封鎖の解除は時間をかけて徐々に行われたため，その結果として通貨供給量は終戦時（1945年5月）の約109億ギルダーから，12月にはその40％弱である41億ギルダーにまで減少をみた．46年に入ると封鎖の解除が本格化するが，経済成長によって吸収され，物価上昇を招くことはなかった．こうして過剰流動性は克服され，インフレの危険性は消滅した[26]．

また税制面の措置も，インフレの抑制に貢献した．財務省は，戦時中に対独協力などによって多額の利潤を得た人々の存在を踏まえ，また占領下で拡大した資産格差を是正するため，1946年中に2回にわたって財産課税を行った．第一次措置は財産増加税（vermogensaanwasbelasting）であり，1940年から46年の間に増加した資産に対して50-70％の課税が行われた．特にドイツを利する活動や闇商売で得た資産に対しては90％の税率が適用された．第二次措置は財産税の一時課税（vermogensheffing ineens）であり，財産額に応じ，最高税率を20％とする1回限りの課税が行われた．これらの措置は政府に30億ギルダーのもの歳入増をもたらし，流動性を吸収すると共に，所得分配の不

---

[26] この通貨改革が円滑に行われた背景には，1945年8月3日の「通貨改革に関する全権委任命令」により，リーフティンク財務相に通貨改革に関する全権限が付与されたことも大きかった．

平等を是正するうえで大きな役割を果たした[27].

2 国際収支問題

第2の問題である国際収支の赤字解消は，きわめて困難だった．復興が進むにつれ国際収支は大幅な赤字を示すようになり，国際収支の問題が戦後再建に重い足かせとなっていることが明らかになった．内需は民間投資・民間消費・政府支出の全項目にわたって増加し戦前のレベルを容易に回復したのに対し，国内生産は生産設備や輸送手段の大幅な不足から伸び悩んだ．資本財や原材料・燃料の大半は輸入に頼るほかなく，輸入額は輸出額の増加をはるかにしのいで増え，貿易収支は大幅な不均衡を示した．1946年に8億1600万ギルダーだった輸出額は1947年には18億9700万ギルダーに増えたものの，輸入額も1946年の21億4600万ギルダーから1947年には37億5900万ギルダーに増加し，その結果貿易収支の赤字は13億3000万ギルダーから18億6200万ギルダーへと増加した[28]．この貿易収支の赤字は1946年には国民所得の14.2%，1947年には16.6%に相当した．

従来，オランダでは貿易収支の赤字は，海運など運送業による貿易外収支や，対外投資の利金，インドネシアの植民地経営による収益といった移転収支によって補われていた．1938年には，貿易収支は2億3200万ギルダーの赤字だったものの，運送業など貿易外収支の8500万ギルダー，投資収益の3億3700万ギルダーなど貿易外・移転収支の黒字が貿易赤字額をしのいだ結果，経常収支は1億500万ギルダーの黒字だった．

しかし戦後は植民地の喪失，対外資産の目減り，外国からの借款に対する利払いなどのため移転収支は大幅に減少し，多数の船舶の破壊により運送業も打撃を受けていたため，貿易外収支も同様に減少した．その結果貿易収支の赤字は貿易外収支・移転収支による補塡を受けることなく経常収支の赤字に転じた．1947年でみると，貿易外収支・移転収支の黒字は合わせても1億9500万ギルダーにすぎず，貿易収支の赤字額の1割にすぎない．こうして経常収支は

---

27) Van Zanden et al., *op. cit.*, pp. 188-189. もっとも政府は，税制そのものについては，占領下における中間層の税負担を重くする税制改革を基本的に踏襲した．
28) 国際収支統計については，Centraal Bureau voor de Statistiek, *Tachtig jaar statistiek in tijdreeksen* (Den Haag: Staatsuitgeverij, 1979)などを参照．

1946年には13億1200万ギルダー，1947年には16億6700万ギルダーの赤字を計上し，オランダの経済再建に桎梏となった．

国際収支の赤字は，特にドル不足となって現れた．他のヨーロッパ諸国と同様，オランダは復興に必要な資本財，原材料，食糧をアメリカをはじめとするドル圏からの輸入に依存していたからである．しかもヨーロッパ各国が相互に二国間協定で，金とともにドルを中央銀行間の最終的な決済手段として用いたことも，ドル需要に拍車をかけた．オランダでは1947年のドル建て輸出額は1億8100万ギルダーにすぎなかったのに対して，ドル建て輸入額はその8.2倍に当たる10億8700万ギルダーであり，貿易赤字の最大の要因となった[29]．これに対し政府は44年の輸出入規定命令や45年の外貨命令などの法令を根拠とし，輸入にさいしては各品目に優先順位を設定して外貨を割り当てたり，輸入依存度の高い生活物資，とりわけ茶，コーヒー，石油の消費量を制限するため，39年の配給法に基づき配給制をとるなど，輸入額の抑制のためさまざまな手段を講ずる[30]．それでも48年初頭には金ドル準備は6億ギルダーにまで落ち込み，原材料や燃料・資本財の輸入を放棄して復興を犠牲にしない限り，大規模な国際収支危機を迎えるであろうことが共通の認識となった[31]．1948年に始まるヨーロッパ復興計画（マーシャル・プラン）によって多額のドル供与がなされなければ，輸入に対する外貨支払いが不可能となり，国際収支危機は現実のものとなった可能性も強い．

このように，オランダでは戦後再建期，特に通貨改革によって過剰流動性がほぼ解決をみた1946年以降も，国際収支の赤字が戦後再建を円滑に進めるうえで大きな桎梏として残った．社会経済政策，特に財政金融政策のようなマクロ政策は国際収支に強く拘束された．国内需要の拡大を抑制するため，投資や信用供与への直接統制が実施された．しかし復興に必要な投資額を確保するた

---

[29] Verslag van de Nederlandsche Bank N. V. over het boekjaar 1947 (Amsterdam : Blikman & Sartorius, 1948), pp. 12-13.
[30] M. D. Bogaarts, *Parlementaire geschiedenis van Nederland na 1945 : De periode van het kabinet-Beel* (Band B, 's-Gravenhage : SDU, 1989), pp. 1039-1040.
[31] G. Brouwers, "Tien jaar economische politiek," in *Tien jaar economische leven in Nederland : Herstelbank 1945-1955* ('s-Gravenhage : Martinus Nijhoff, 1955), p. 85.

めには，投資と同様に消費に対しても抑制策を講じ，投資の抑制が過大にならないように配慮する必要がある．そこでオランダ政府は，マクロ政策と並んで配給や賃金・物価政策を通じて「消費水準を戦前レベルに凍結する (bevriezing)」ことを当面の目標とした[32]．オランダにおける所得政策は，このような物価抑制と通貨価値の安定をめざすなかで導入され，以後20年近く維持されることになる．

第3節　ネオ・コーポラティズムによる所得政策の成立

本節では以上の展開を踏まえ，戦後のオランダの所得政策がどのように成立したのか，またその所得政策を支えるネオ・コーポラティズム的な政労使の協調体制がどのように形成されたのかを検討する．

1　労働協会の設立

1944年7月17日，ロンドン亡命政権はオランダの解放を見越して労使関係特別命令を公布した．この命令は，オランダで占領当局が40年5月の占領直後に公布した賃金凍結命令を，解放後も継続することを表明するものだった．それによれば，占領期初期と同様，賃金を含む労使関係の監督は国家調停委員会に委ねられ，この国家調停委員会が社会相の定める指針に従って賃金や労働条件を審査することになっていた．このような命令が出されたのは，解放後にそれまで凍結されてきた賃金が急上昇し，インフレを招くことを政府が警戒していたためであるが，その内容はドイツ占領下のシステムをそのまま受け継いだ，国家による賃金水準の上からの強制であった．

しかしこの労使関係特別命令は，占領下のオランダで労働協会の設立に向けて秘密裡に会合を重ねていた労使頂上団体の指導者に衝撃を与えた[33]．この命令によれば，国家調停委員会は自らの発意によって労働条件を改定できるとされており，戦後の労使関係を労使の自治によって運営するとした労働協会指導

---

32) Van Zanden et al., *op. cit.*, p. 190.
33) 労働協会の設立と公認をめぐる展開については，Maarten van Bottenburg, *'Aan den Arbeid!': In de wandelgangen van de Stichting van de Arbeid, 1945-1995* (Amsterdam: Bert Bakker, 1995), pp. 47-73.

者側の意図に逆らうものだったからである．中央社会雇用者連盟委員長のスティケルは，労働協約の認可や労使紛争の仲裁など，国家調停委員会が行うとされている役割はまさに労働協会が担うべきであるとして批判した[34]．

　オランダが解放されると，労働協会はただちに公に活動を開始した．1945年5月8日の『トラウ』紙の一面を飾った労働協会のマニフェストはよく知られている．「解放の時は来た．我々は再び自らの責任を負っている．我らが祖国は貧しくされ，略奪され尽くした．しかし復興と再建の道は開かれた．雇用者よ，そして労働者よ，自分の使命を心に刻め，わが国の再建のため，心を1つに合わせて共に働くこと，それがあなたがたの使命なのだ」．この格調高い言葉をもってマニフェストは始まる．「雇用者よ，門を開いておけ，労働者よ，自らの義務を果たせ……仕事にかかれ！（Aan den Arbeid!）」[35]．労働協会には労使各団体の代表に加え，「柱」ごとに成立している農民団体・中間層団体も参加し，5月17日には定款（statuten）が代表によって合意された．

　しかし，労働協会の公的認知にいたる道のりは平坦ではなかった．終戦直後までオランダの統治を託されていた軍政当局は，労働協会の代表性に疑問を投げかけ，労働協会の公的認知の要望を受け入れなかった．南部を中心に結成され，勢力を伸ばしつつあった共産党系の統一労働運動が労働協会に参加していないため，「労働協会の共同発案者である旧来の労組は，十分な支持を受けていないように思われる」というのである[36]．労働協会はこの軍政当局に対し，ロンドン亡命政府の公布した労使関係命令の撤回を要求したが，これも失敗する．

　ロンドンから帰還した政府との関係も微妙だった．スティケルらは政府に頻繁に働きかけたが，ヘルブランディ政権は労働協会の公的認知に難色を示した．国家調停委員会を通じた労使関係への介入を予定していた政府にとって，労働協会が要求する強力な権限は想定外のものだった．ウェイフェルス社会相は，

---

34)　スティケルは次のように述べている．「つまるところ，最も重要な問題はこういうことだ．全ての権限が，絶対化した国家によって握られてしまうのか，それとも，国家の監督のもとで共同の自治を進める意思を持っている，社会の中で息づいている諸力が利用されるのか．ひとことで言えば，国家社会主義を望むのか，それとも否かということだ」．
35)　Ibid., p. 52.
36)　Ibid., p. 59.

労働協会は私法上の任意団体であって命令制定機能を持つことは認められないこと，執行部に権限が集中していることなどを批判した．

1945年6月24日にはスヘルメルホルン政権が成立する．先述のように，スヘルメルホルンを初代議長として発足したオランダ人民運動は，旧来の宗教的・イデオロギー的対立の「突破」を掲げていた．そのため，戦間期のあり方をそのまま受け継ぎ，労使それぞれがカトリック・プロテスタント・非宗派に分裂している状況を前提とした労働協会の構成に対し，スヘルメルホルンらが疑念を持っていたのはいうまでもない．しかも宗派系組織が活動を再開すれば，それは人的に密接なつながりを持つ，旧来の宗派政党の再建にも結びつくであろうことが容易に予想された．

しかし，政府の側でも戦後再建に向けて労使の協力を必要としていた．特に戦後直後のインフレの抑制のために，賃金の上昇に実効的な歯止めを設ける必要があった．ここで，労使組織の多数が現実に結集している労働協会の果たしうる役割が大きいことは明らかだった．しかも労働協会との実際の交渉に当たる社会相に就任したのは，革新派と距離を置くドレースだった．「柱状化になじんだ政治家」の彼には労働協会に対する違和感はなかった．45年7月5日，ドレース社会相と労働協会執行部との協議が行われ，ドレースは労働協会を政府の諮問機関として位置づけることを明言する．これにより，労働協会は暫定的ながら公認を受けることに成功し，労働協会は労使関係特別命令，及び国家調停委員会への反対を撤回する．そしてこれ以後賃金決定システムが制度化される中で，労働協会の公認は法的な根拠を得ることになる．

2　賃金決定システムの成立

先述のように1944年7月17日の労使関係特別命令は，国家調停委員会に賃金・労働条件に介入する強力な権限を賦与しており，戦後の賃金の抑制を意図していた．実際44年のうちに解放されたオランダ南部ではこの特別命令が早速実施され，ドイツ占領下の40年5月18日に公布された賃金凍結を継続させることが発表された．

しかし既に占領期の後半から，実際の賃金は統制を離れて上昇していた．そのためこの賃金凍結の「継続」は，始めから有名無実であった．そこで南部地

区の国家調停委員のデ・ムラルトは44年11月,南部の賃金を40年5月の水準から25％引き上げることを認めると発表し,実態に近づけることを試みた.しかし特に労働組合の側に一方的な賃金水準の設定に対する反感が強かったこと,しかも違反に対する制裁手段が欠けていたことから,賃金は統制から程遠い状態にあった.

全土が解放され,6月末になると,この25％の賃上げは全国に適用された[37].しかしこれらの措置は依然として実態と離れた一方的な規定にすぎず,実際の賃金水準を無視していたばかりか,産業間の賃金格差も放置されていたため,混乱状態を拡大するだけであった[38].共産党系の労働組合によるストも各地で発生し,賃上げ要求がさらに拡大する兆しも見えていた.賃金の一方的な統制を狙った労使関係特別命令は,明らかに失敗だった.

この状況に危機感を抱いた政府は,共産党系を除いた労使組織の代表が結集する,労働協会の協力を全面的に得ることで賃金抑制を成功させる方針を明確に打ち出した.労働協会の指導部を構成していた労使組織の指導者たちも,賃金の無規律な上昇が物価にも反映することを恐れて,労働協会の関与を前提に,政府が賃金・物価に対する実効ある規制を行うことを強く望んでいた.この点で,政府と労働協会の立場は一致していたのである.その結果,労働協会は6月以降,各省の代表者や物価総本部長,国家調停委員長,中央統計局長らからなる省間協議にたびたび参加し,賃金・物価の安定のための政策形成に積極的に関与していく[39].そして労働協会の役割を公的に位置づけた,新しい特別命令の準備も進められた.労働協会の協力も得ながら作成された新労使関係特別命令は,45年10月5日に公布され,以後20年以上にわたってオランダの労使関係の枠組みを規定する法令となった[40].

---

37) またその直後には,1942年10月31日の賃金水準を基準とし,そこから15％の賃上げを認める新しい規定も発表される.このような二重の基準を設けたのは,1940年5月から1942年10月の間に相当数の賃金改定が行われていたことを反映するためである.この間の賃金の上昇率は約15％であり,この結果,新しい賃金水準は,1940年5月から約32％上昇したことになる.

38) Duynstee et al., *op. cit.*, p. 413.

39) 労働協会はその際,対外・国内通貨価値の維持が賃金・物価の安定をもたらし,オランダ経済の再建の重要な前提となるという認識に基づき,現行のギルダーの平価を厳格に維持すること,通貨改革による過剰流動性を除去することも主要な要求項目としていた.

40) J. P. Windmuller, C. de Galen and A. F. van Zweeden, *Arbeidsverhoudingen in Nederland*

この命令はまず，雇用の安定を図って雇用契約の解除に厳しい制限を課した．雇用者は，労働者の同意なき解雇については当局の許可を得ることが要求され，同時に労働者についても，雇用者の同意なき離職には許可が条件とされた．これに加えて，生産水準を確保するため，週48時間の労働時間が義務化された．週48時間を超える労働時間のみならず，48時間未満の労働時間の設定も禁止されたのである．以上の規定は，戦前のような労使の裁量が大きかった労使関係とは明確な断絶を示すものであった．

　しかしこの特別命令の最も大きな意義は，やはり所得政策を軸とした政労使の協調を法的枠組みの中に位置づけ，戦後のネオ・コーポラティズムの制度化を果たしたことであろう．

　この所得政策で中心的な役割を果たすのは，国家調停委員会と労働協会である．まず国家調停委員会は，ドイツ占領下で賦与された権限を受け継ぎ，各産業や企業から申請された労働協約の設定や改定の認可を担当するばかりか，自らの発意で賃金・労働条件を設定することも可能とされた．労働協約の一般的拘束宣言の公布権限も社会相から委譲された[41]．

　国家調停委員会の委員は，社会相によって任免される．また委員会の活動は社会相の提示した一般指針（algemene aanwijzingen）に拘束される．しかし委員会は，この一般指針の範囲内で自律的に活動することが認められ，委員会の命令が社会相による効力停止処分を受けることもなかった．しかも有力な政治家や優秀な学識経験者が委員に多かったことから，賃金政策の実際の運用では相当程度の自律性をもって行動した．初代の委員長に就任したのは，カトリック政治家として戦前から活躍していたロメ（のちにカトリック人民党議員団長）であった．

　しかしこれだけでは，ドイツ占領下の制度と本質的に異なるところはない．戦後のオランダの賃金決定システムが占領下と違っていたのは，国家調停委員会が賃金・労働条件の設定や労働協約の認可などの活動を行うにあたって，労働協会への諮問が義務づけられ，それが特別命令の中に明文化されていたこと

　　(Utrecht: Het Spectrum, 1990), pp. 121-136.
41) W. J. P. M. Fase, *Vijfendertig jaar loonbeleid in Nederland: Terugblik en perspectief* (Alphen aan den Rijn: Samsom, 1980), p. 47.

だった.この特別命令によって,正式に労働協会は公的な位置づけを獲得した.そして労働協会は今後,賃金・労働条件の決定,各産業から申請される労働協約改定の認可,さらには認可された労働協約の執行に関する監督など,さまざまなレベルの労働政策に深く関与し,時には児童手当や社会保険のような社会政策に関しても政策提言を行うことになる.

このことは,労働協会に代表を送り込んだ労使組織指導者にとっては,公式の諮問機関に足がかりを得ることで,所得政策をはじめ社会政策関係の政策に自らの利害を反映させることが可能になったことを意味していた.しかしこれは政府の側からみれば,労働協会を政策過程に包摂することで,ドイツ占領下や解放直後のような,賃金規定が労使の協力を欠いたためになんら実効性を持ち得なかったような状況を防止し,効果的に所得政策を実行できるということも意味していたといえよう.そして46年以降のローマ・赤連合を支えたカトリック人民党と労働党も,ともに労働協会に主要系列組織を持ち,労働協会の政策過程への参加を積極的に支持していた.こうして労働協会は,政府と主要政党による支持を背景に,戦後の政治経済システムの中で重要な役割を果たすことになった.

3 1945年秋の賃金決定

こうして正式に諮問機関の地位を獲得した労働協会は,早速1945年秋,適正な賃金水準の確立をめざして新たな賃金体系案の作成に乗りだした.賃金統制が有名無実化していたこの時期,産業間,および熟練度の違いによる賃金格差も拡大しており,多数の労働者,とりわけ非熟練労働者の賃金では日用生活品の購入も困難な状況にあるということは,労組を通じて労働協会も把握していた.労働協会の試算では,45年の6月から10月にかけて,パン,バター,肉,塩などの値上がりにより,標準家計の食料品支出額は平均9.35%上昇していた[42].また,賃金格差に対する不満も高まっていた.そのため,実効性の

---

[42] Nota over de loon-en prijsstabilisatie, 23-10-1945, Internationaal Instituut voor Sociale Geschiedenis, Amsterdam, *Archief Stichting van de Arbeid*, nr. 1. パンは11%,バターは63%,肉は33%,塩は28%値上がりした.これに対し砂糖は7%,チーズ15%,野菜類は17%値下がりしているが,合計すると食料品価格は平均して9.35%の上昇となる.

表1 1945年10月の標準賃金表

自治体の人口規模	20万人以上	10-20万人	5-10万人	2-5万人	2万人以下
熟練労働者	42	41	40	39	38
半熟練労働者	38.5	37.5	36.5	35.5	34.5
非熟練労働者	35	34	33	32	31

注 週当たりの賃金，単位ギルダー[43].

薄いそれまでの賃金統制に代わって，産業間および熟練度による賃金格差を是正し，全ての労働者が最低限度の生活水準を維持できるような賃金設定が急務であるということで労使は一致した．

しかしこれと同時に労働協会には，賃金の全般的な抑制を通じて企業負担を減ずること，そして消費財の需要と輸入を抑制することで，生産活動と復興を優先的に進めていくことも念頭にあった．この一見相反しかねない目標を同時に満たすよう，綿密な手法を用いた賃金体系案が編み出された．

計算の基礎となったのは，中央統計局が45年9月に発表した生活費統計である[44]．この統計によると，大都市部で扶養児童2名の標準家計では，配給品一式23.57ギルダー，公共料金2.02ギルダー，家賃6ギルダー，社会保険料0.94ギルダー，所得税0.99ギルダーの支出がなされており，合計額は33.52ギルダー．この額を基礎として，大都市部の非熟練労働者の標準世帯の基準賃金として，週当たり35ギルダーが妥当と判断された．

同時に，非熟練と半熟練，熟練労働者の賃金格差の是正も進められた．40年の統計によれば，非熟練と熟練の賃金差は25％だったが[45]，賃金総額の抑制も念頭に，労働協会は両者の賃金差を20％に縮小することを決定した．半熟練労働者の賃金は両者の中間に設定された．この結果作成された標準賃金表は上の通り．

この賃金体系案は10月25日に政府に送付されたほか，若干の修正が労働協会内部で行われ，11月に「賃金政策に関する第一次指針」として確定した．国家調停委員会もこの労働協会の答申を採用して新賃金規定を作成し，賃上げ

---

43) なおこの新しい標準賃金では，大都市部と農村部の労働者の賃金格差の是正も図られ，地域による賃金の差は10-13％程度にまで抑制された．

44) P. S. Pels, *De ontwikkeling van de loonvorming* (Alphen aan den Rijn, 1951), pp. 21-22.

45) 1940年には大都市圏の非熟練労働者の平均週給が24.74ギルダーだったのに対し，熟練労働者は31.02ギルダーだった．

の認可基準として活用した．そして実際1945年末から46年にかけて，オランダのほぼ全産業で賃金の改定が進められ，労使の協力のもとこの指針に沿った新たな賃金体系が導入された．

4 賃金決定の構造

このように早くも1945年末には，新労使関係特別命令による賃金決定システムの制度化，労働協会の公認，そして具体的な賃金基準の作成が進められ，ネオ・コーポラティズム的な所得政策の枠組みが整った．そこで以下では，以後20年近くにわたって繰り返された，賃金決定のプロセスを示しておきたい[46]．

まず毎年夏頃，翌年の賃金・労働条件に関して労使それぞれの方針が準備される．雇用者側では，4団体おのおのの内部で要望を集約したうえで，4団体の協議機関である「労働問題に関する執行協議会」で調整を行い，雇用者側としての方針を決定する．労組側も同様であり，三労組連合はそれぞれの賃上げ要求を受けて，協議機関である労組連合協議会で調整し，要求を一本化する．

秋に入ると，労使協議の最高機関である労働協会において，経済状況を勘案しつつ，翌年の賃金・労働条件に関する交渉が行われる．また必要とあれば労働協会の労使代表と政府側の代表者が協議を行い，合意が模索されることもある．労働協会の交渉によって得られた合意は政府に送付される．社会相は，これを尊重しつつ，しかし場合によっては自らの職権で修正を加えたうえで「一般指針」を作成し，国家調停委員会に通知する．国家調停委員会はこれを受けて賃上げ率の具体的な指針を作成し，審査基準として発表する．

次に，この指針を踏まえて各産業で労使交渉が行われ，指針に示された標準賃上げ率を目安として賃上げや労働条件が合意される．各産業は合意された新賃金や労働条件を労働協約の改定案として作成し，認可申請を国家調停委員会に提出する．しかし国家調停委員会はこの協約改定申請を審査する前に，まず労働協会に回付して諮問を行う．

労働協会では，労使双方の選出した専門委員からなる賃金委員会（Loon-

---

46) 賃金決定の構造については，Windmuller et al., *op. cit.*, pp. 121-142.

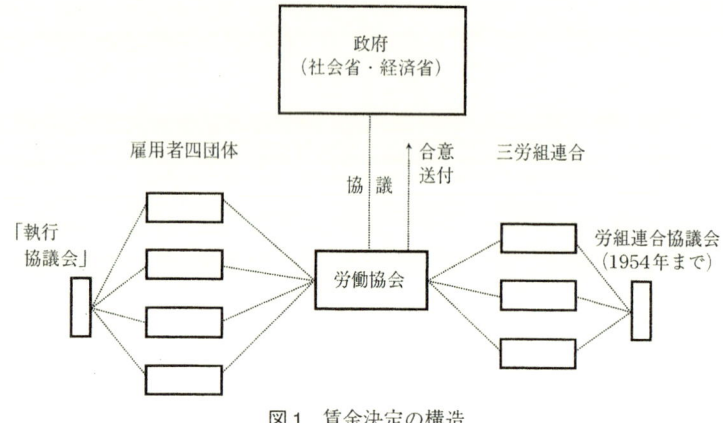

図1 賃金決定の構造

commissie）がこの申請の検討にあたる．賃金委員会は検討にあたって，当該協約改定を申請した各産業の労使を招き，申請の根拠をめぐって聴聞会（hearings）も行う．そのうえで賃金委員会が，協約の改定を認可することが相当であると認めれば，そのむねを労働協会の執行部会（Bestuur）に仮答申として報告する．この仮答申が労働協会の執行部会で承認されると，仮答申は労働協会による答申となり，国家調停委員会に送付される．国家調停委員会はこの答申を受けて協約の改定を認可し，「一般的拘束宣言」が発布される．この宣言により認可された労働協約は当該産業の全企業に拘束力を持つ．

場合によっては，賃金委員会が，指針に照らして協約改定は不適当と判断することがあり，その場合は各産業が協約改定交渉を再び行う必要がある．また労働協会が申請の認可を答申しても，国家調停委員会が申請を却下することもある．とはいえ，あらかじめ労働協会の協議を基礎とした標準賃上げ率が指針として示されていることから，各産業レベルでの賃上げ交渉には裁量の余地は少なかった．そのため，当該労使の提出した協約改定案と賃金委員会，国家調停委員会の立場が大幅にずれることはまずなく，労働協会の答申の大部分も，国家調停委員会によって尊重されている[47]．

---

47) 申請を提出する当該産業は，通常労使頂上団体を通じて労働協会と人的に近い立場にあるため，労働協会は相対的に緩い基準で申請に判断を下す傾向があった．そのため，労働協会が認可を答申した場合でも，国家調停委員会が申請を却下する事態がときどき生じている．これに対し労働協会が申請の却下を答申したときには，その答申はほぼ全面的に踏襲されている．

以上でみたような手続きは，原則的に，公務員や教員などの公的部門を除く民間部門の全賃金について適用された．ネオ・コーポラティズムによる賃金統制の対象者は，オランダの全俸給生活者の約80％に達したと見られる．しかも公的セクターの給与も，実質的には民間の賃上げに連動していた．その結果，このシステムのもとで，1960年代までオランダで支払われる賃金の大半は効果的な統制のもとに置かれ，労働者間の賃金格差の是正や最低生活費の保障を支えたばかりか，経済状況に悪影響を及ぼす恐れのある賃金上昇を事前に排除することが可能になった．賃金は戦前のように各産業に自由に委ねられるのではなく，マクロ経済的考慮のうえで決定されるようになり，賃金政策は経済政策の1つの重要な柱となったのである[48]．

なお，1950年に設立される社会経済協議会（Sociaal-Economische Raad）が，このネオ・コーポラティズム的所得政策システムにおいて占める位置について述べておく必要があろう．従来オランダにおけるネオ・コーポラティズムを語る場合，しばしばこの社会経済協議会がその中心的な機関であるとして論じられ，比較政治学などの分野でも国際的に知られてきた．確かにここには労組と雇用者の代表，政府任命委員がそれぞれ同数参加し，一見典型的な政労使の三者協議機関であるようにみえる．

ただ現実の展開をみる限り，社会経済協議会の役割については若干の誤解があるように思われる．まず第1に，社会経済協議会は諮問機関にすぎず，その答申が政府や各労使を拘束することはない．第2に，政府任命委員は政府の代表ではなく，学識経験者やオランダ銀行総裁など，その専門的な知識により協議に貢献することを目的として選任された委員であり，必ずしも「政労使協議」となるとは限らない．

そして第3に，ネオ・コーポラティズムの根幹である所得政策に関しても，賃金決定をめぐる最終的な交渉の場は労働協会，あるいは労働協会と政府代表との協議である．社会経済協議会は場合によっては答申を通じて賃金交渉の行方に重要な影響を与えることがあるものの（特に第7章参照），あくまでもその活動は答申作成にとどまり，答申の実現の可否は労働協会や政府の対応にかか

Van Bottenburg, *op. cit.*, pp. 80-82.
48) P. S. Pels, *op. cit.*, p. 132.

っている.実際,通常の賃金決定であれば,そのプロセスに社会経済協議会が関与することは少ない.国際収支危機などの重要な局面では社会経済協議会が経済状況の分析や対策案の提示などで重要な役割を果たすものの,労働協会や政府が採用しない限りそれが実現することはない.それゆえ,オランダのネオ・コーポラティズムの頂点に社会経済協議会を置いて考えるよりも,社会経済協議会や労働協会などの機関・各種の協議の場などから構成される政策形成・合意・執行のプロセスとして,オランダのネオ・コーポラティズムの構造を理解する方が適切であるように思われる[49].社会経済協議会の設立の経緯については,次章で検討される.

第4節 「政治的交換」とその前提条件

もっとも労組側は,以上で示した賃金統制の進展をただ従順に受け入れていたわけではない.もしネオ・コーポラティズム的所得政策が労組に一方的な賃金抑制のみを強いるものであったら,それがやがては一般組合員の反発を招くのは明らかであり,労組側がそれを容認し続けるメリットはない.労組側にも何らかの見返りが保障されること,言い換えれば政府や雇用者側との間に「政治的交換」関係が成立していることが,ネオ・コーポラティズムを支える最低の条件であることは,既に第1章で説明した通りである.その「政治的交換」はどのようになされていたのだろうか.

さらに,労組指導部が政府や雇用者側と「政治的交換」関係に入り,所得政策を受け入れるだけでは,その成功は保証されない.賃金抑制への協力という指導部の判断が労組を構成する個々の組合員に受け入れられるか否かは,やはりどれだけの見返りを個々の組合員に呈示し,理解を得ることができるか,また,指導部が組合員に対してどれだけの正統性を保持しているかに依存してくる.ピッツォルノが論じるように,労組指導部と下部組合員の間に状況認識のずれ,すなわち解釈ギャップ (interpretation gap) が生じることは,「政治的

---

[49] 特に筆者が一次資料から判断する限り,労働協会―政府間の協議で所得政策をめぐる最終的な結論が出されることが多い.「政労使三者協議」の実体に最も近い場を選ぶとすればこれであろう.

交換」にとって致命的なのである[50]．そこで本節では，この「政治的交換」の内容を明らかにしたうえで，これを支える労組とその構成メンバーとの関係を，カトリック系労組を例に取りながら説明してみたい．

1 賃金平準化と雇用保障

労組側が賃金面の譲歩，良好な労使関係への協力と交換に獲得したものは，第1章で述べたように政治的便益，経済的便益，組織的便益の3つに分類できる．このうち政治的便益については，前節ですでに，労組のネオ・コーポラティズム的意思決定過程への包摂，具体的には労働協会，社会経済協議会，その他の審議会・協議機関への参加を通して政策過程への影響力の確保が実現されていったことが示されているので，以下では他の2つの便益について詳しくみてみたい．

経済的便益としては，以下の3点，すなわち①所得格差の是正，②雇用保障，③購買力の維持，が重要である．

まず，①所得格差の是正に関しては，賃金の平準化や児童手当の拡充といった措置が進められた．すでに説明したように1945年秋の賃金規定により，熟練度・居住地域による賃金格差はかなりの程度縮小し，これにより労組の伝統的な要求であった賃金平準化が相当程度実現され，特に組織率の高い肉体労働者にとっては待遇の改善がもたらされた．またカトリック系労組の強い要望を背景に進められた児童手当の増額も，その累進的な給付構造によって，低所得者層に多い扶養児童数の多い家計を保護する効果をもたらし，やはり所得格差の是正に貢献している．

次に②雇用保障についても，先に示したように，45年10月の労使関係特別命令により解雇に厳しい制限が課せられたことで，労働者の雇用は手厚く守られた．戦間期の大量失業を経験していた労組は，この措置を強く歓迎した．

---

[50] A. Pizzorno, "Political Exchange and Collective Identity in Industrial Conflict," in C. Crouch and A. Pizzorno eds., *The Resurgence of Class Conflict in Western Europe since 1968*, vol. 2 (Macmillan, 1978), pp. 277-298. 阪野智一「低成長下における政治過程――ウィルソン・キャラハン労働党政権からサッチャー保守党政権への転換」（三）『社会科学研究』第42巻第2号（1990年9月），2-12頁も参照．

2 物価政策

さらに政府は，③購買力の維持のため，物価抑制政策を積極的に進めることによって実質賃金の保障を図った．もし所得政策により賃金が厳しく抑制される一方，物価上昇が歯止めもなく放置されるのであれば，それは当然購買力を低下させ，労働者の反発を惹起して所得政策を失敗させるのは確実である．そのため，所得政策の成功の不可欠の条件は，実効的な物価政策だといっても過言ではない．

とはいえ，オランダのように貿易依存度の高い小国では，厳格な物価政策を実施することは難しい．オランダの物価水準は，主要輸入相手国であるアメリカやイギリスからの輸入価格に大きく影響されるからである．実際，戦時中にこの両国で物価が相当上昇したこと，1944年のギルダー切下げによってドル圏からの輸入価格が40%も上昇したことなどから，戦後のオランダの物価水準は戦前よりかなり高めとなった．戦後の標準的な生活費指数は1938/9年の水準を100として，235まで上昇していた．

それにもかかわらず，戦後のオランダ政府は物価抑制のため，先に述べたような通貨改革や租税政策を通じた流動性の吸収に加えて，個別価格にも積極的に介入した．まず政府は1945年5月5日，かつて1939年に制定され，占領下では効力を停止していた価格つり上げ・買いだめ禁止法（Prijsopdrijvings- en Hamsterwet）を復活させて物価の監視に乗り出した[51]．この法律は広範な権限を経済相に賦与する委任立法であり，経済省はこの権限を利用して個別価格の大半に最高限度価格を設定した．また占領期に制定された価格設定命令（Prijsvormingsbesluit）などの物価関係法令も継承され，家賃，借地料，不動産価格への統制も継続した[52]．輸入価格の変動などにより価格改定が必要と認められたときには経済相は価格命令（prijsbeschikkingen）により新価格を設定し，輸入品価格の下落のさいにも輸入業者の手に過度の利ざやが残らないよう監視した．さらに家計支出に直接影響する農産物や燃料，さらに原材料については年間5億ギルダーを超える補助金が支出された．

---

51) この法律はもともと期限を1年と定めた時限立法であったが，実際には毎年延長され，1961年の物価法（Prijzenwet）の制定によってようやく廃止された．P. G. Ridder, *Prijs en overheid : Commentaar op de prijzenwet* (Alphen aan de Rijn : Samsom, 1963).

52) Duynstee et al., *op. cit.*, pp. 416-417.

物価政策の中心は経済省に置かれた物価総本部（directoraat-generaal van de Prijzen）だった[53]．この物価総本部は農産物や輸送サービスなど他省関係の物価も一括して担当していたため，その活動は経済関係閣僚会議の指示に基づいて行われた．日々の物価統制の立案・執行は基本的に物価総本部が行い，豊富なスタッフが割り当てられた．またやはり占領期に由来する制度であるが，各裁判区には価格監督裁判所が設置され，価格監督判事には物価を監視し，違反を見いだした場合には警告のうえ罰金を科す権限が与えられていた．

なかでも農産物価格の抑制は，オランダの農産物の国際競争力の確保に有用との観点から，特に重点的に進められた．補助金の大部分は農産物に投入され，1953年まで農産物の国内価格は国際価格よりかなり低い水準に設定されていた．農地の借地料も凍結された．

以上のような戦後初期の厳格な物価統制は，1948年以降緩和され，価格設定は自由化に向かい始める．しかし物価統制関係の法令は以後も毎年延長され，一部の食料品，衣料品，石炭，輸送サービスなどについて，1950年代に入っても価格統制が依然継続していた．

とりわけ賃金抑制に大きく貢献したのは，不動産の賃料，特に家賃の統制だった．家賃が生活費に占める割合が高かったこと，しかも戦後の住宅難のため家賃の高騰が生じる可能性が高かったことから，家賃統制の持つ意味は大きかった．しかもこの家賃抑制策は，価格自由化が進む中でもほとんど緩和されず，長期にわたって継続されている．

もともとオランダでは1901年の住宅法制定以来，住宅・家賃政策は社会政策の一環として積極的に進められていた[54]．アムステルダムなど都市部を中心に，住宅法のもと政府から融資を受けた住宅建設組合や自治体が，低所得労働者層を対象とした住宅を多数建設していた．低利の融資を受け，経営も非営利でなされたことから，これらのいわゆる住宅法住宅（Woningwetbouw）の家

---

53) Bogaarts, *op. cit.*, pp. 1447-1448. オランダの省庁機構の特徴として，各省に総本部を2-7程度置く，総本部制をとっていることがあげられる．総本部とは，政策準備，支援に当たる「省庁内で最も重要な組織」とされる．金井利之「オランダ省庁機構の観察ノート(1)」『東京都立大学法学会雑誌』第38巻第1号（1997年7月），127-155頁．

54) 20世紀前半の住宅・家賃政策については，Afdeling Voorlichting van het Ministerie van Wederopbouw en Volkshuisvesting, *De huurpolitiek in Nederland* (Regeringsvoorlichtingsdienst, 1950) を参照．

賃は低めに設定された．大恐慌期には，賃金引下げや失業による低所得者層の負担を緩和するため，国庫補助により住宅法住宅家賃の平均15%の値下げも行われている．ドイツの占領下では，1940年12月27日の賃料命令 (Huurprijsbesluit) により，全家賃はドイツの侵入した40年5月9日の水準に凍結された．

戦後もこの統制はそのまま維持され，1950年まで家賃凍結は継続した．戦時中にはロッテルダム空襲などの戦災によりオランダ全土の住宅の約20%が損壊を被っていたため，住宅不足に乗じた戦後の家賃の上昇を抑える必要があった[55]．また政府は住宅法住宅の大規模な建設を開始したほか，49年までは民間の集合住宅建設の大半に補助金を支給し，その家賃をやはり低めに設定した．こうした国家の介入と補助を受けて積極的に進められた家賃統制の結果，家計における家賃の比重は着実に低下し，所得に占める家賃の割合は51年には戦前の半分程度にまで低下した[56]．

このような家賃，食料品をはじめとする物価政策により，生活コストの抑制はかなりの程度実現した．「他国と比較すると，オランダにおける生計維持コストの上昇はきわめて低いものだった」のである[57]．政府はこの物価抑制によって購買力の維持に成功し，所得政策を労組が受け入れる前提を作ることができた．

3 独占と排除——共産党系労働運動との対抗

次に，「政治的交換」の第3の要素である組織的便益についてみてみたい．ここでは，共産党系労働組合への優位の確保という問題が，穏健派の労組にとって重要な意味をもっていたことが指摘できる．先述のように穏健派の三労組

---

[55] Woltjer, *op. cit.*, p. 250.
[56] もっとも，戦前に建設された住宅の場合，家賃が10年近く凍結されたことから，所有者である組合や自治体は改修費用の調達が困難となり，1940年代末には住宅環境の悪化が生じてきた．一方，戦後建設された住宅の家賃は，建設費用の上昇のため相対的に高めに設定されており，新旧の住宅間の家賃格差も存在していた．そこで50年代より戦前の住宅の家賃引上げが認められるようになったが，家賃の自由化自体は，生活費への影響に配慮し，一部の民間住宅を除いてほとんど行われず，以後も家賃の水準は所得政策をめぐる協議のさいに政労使の重要な協議事項となった．*Huurpolitiek*, pp. 14-17.
[57] Van Zanden et al., *op. cit.*, pp. 45-48.

連合は，労働協会を通じて単に賃金問題にとどまらず，社会政策・労働政策・物価政策など幅広い問題に関与し，その協議結果は政策内容に強い影響を及ぼした．また1950年に設置された社会経済協議会では，労組側委員は雇用者側委員・政府任命委員と共に社会経済政策全般に関わる法案についての審議を行い，やはり影響力を発揮することができた．

しかし政策形成過程に労組が包摂されることは，必ずしも労組に益ばかりもたらすとは限らない．以後の展開から明らかなとおり，労働協会での協議において労組側は時として賃上げ率などで不本意な妥協を強いられ，下部からの批判に晒されることもしばしばだった．政策参加は労組に政策の共同責任を負わせ，その行動の余地を狭める作用も及ぼす．それにもかかわらず労組側が政府による公認，政策決定過程への参加に固執したのはなぜか．背景には，戦後直後に急速に影響力を拡大した共産党系労働運動との対抗関係があった．

ある社会組織が国家による統制を甘受してでも独占的な代表権や政策決定への関与を望む場合，往々にして他組織との競合関係がその契機となっていることは，フランスの農業セクターにおけるメゾ・コーポラティズムの研究を行ったキーラーが明らかにしている[58]．彼によれば，メゾ・コーポラティズムに参加する団体は，政策決定過程や政策の執行に排他的に参加して影響力を行使し，また補助金を独占することで，競合他組織に対する「比較優位」(competitive advantage) の獲得を狙う．国家との協力関係に入ることは，当該組織が場合によっては不人気な政策の執行を担当し，構成員の一定の離反を招くことも覚悟する必要があるが，これも競合組織に対する「比較優位」獲得のために受忍される．フランスの農業では，1960年代以降，政府の農業近代化政策に協力する見返りに政策形成・執行に特権的な関与を保障され，農業会議所における代表的地位や，農業近代化のための補助金を独占し，共産党系の農民組合への優位を確保したFNSEAがその典型例である．そしてオランダの三労組連合のこの時期のあり方をみる限り，かなりの程度同様の「比較優位」の確保がネオ・コーポラティズム参加の重要な動機になっていたことがうかがえる．

---

58) J. Keeler, "Corporatism and Official Union Hegemony: The Case of French Agricultural Syndicalism," in S. Berger ed., *Organizing Interests in Western Europe: Pluralism, Corporatism and the Transformation of Politics* (Cambridge: Cambridge University Press, 1981), pp. 185-208.

1945年5月のオランダの解放，共産党の再建準備と時を同じくして，共産党系の労働運動は活発に活動を開始した[59]．オランダ労働組合連合が占領下でドイツ当局に融和的な姿勢をとって組合員に失望を与えたのに対し，共産党系の労働運動は41年2月の「2月スト」[60]を主導するなど非合法抵抗運動を展開した結果，その威信は大いに高まった．彼らは終戦後まず統一労働運動（Eenheids Vak Beweging）を設立し，戦前の労組の分断を克服して単一の労働運動に結集させることを目標に掲げ，組織作りを開始する．そしてここには，かつてオランダ労働組合連合や宗派系労働組合に属していた者や，アナルコ・サンディカリストの流れを引く活動家も多数加わり，アムステルダムやロッテルダム，トウェンテ，エイントホーフェンのような都市部・工業地帯を中心に急速に広がりを見せる．

全労働運動の統一という目標は，まもなく戦前と同様にオランダ労働組合連合や宗派系の労組が再建されることによって不可能となったため，統一労働運動は45年7月初旬，統一労働組合センター（Eenheidsvakcentrale）に名称を変更する．それでも組合員数は全国キリスト教労働組合連合をしのぎ，一時は最大の労組連合であるオランダ労働組合連合を越えていた[61]．この運動の中心人物は，金属工出身で占領下では共産党系の抵抗運動に加わり，1952年まで統一労働組合センターの委員長を務めたブロックツェイルである．

この統一労働組合センターは，共産党と同様階級協調を批判し，雇用者や政府に対する対決姿勢を特徴としていた．終戦直後には小規模なストが統一労働組合センター系の組合によって各地で頻発した．また，1945年から翌年にかけ，アムステルダムやロッテルダムの港湾地区で生じた大規模なストライキにおいても，統一労働組合センター系の現地活動家が重要な役割を果たしていた．

---

59) 終戦前後の共産党系の労働運動については，P. Coomans et al., *De Eenheidsvakcentrale (EVC) 1943-1948* (Groningen: H. D. Tjeenk Willink, 1976).

60) ドイツ当局によるオランダのユダヤ人迫害に反対し，アムステルダムで1941年2月25日から26日にかけて非合法に行われたストライキ．共産党が準備に当たり，市職員からストが始まったが，ストは自発的に広がりアムステルダム全体に拡大する．当局により鎮圧され，死者は9人を数えた．L. de Jong, *Het Koninkrijk der Nederlanden in de tweede wereldoorlog*, deel 4 ('s-Gravenhage: Staatsuitgeverij, 1972), pp. 800-876. 共産党との関わりについては，Verrips, *op. cit.*, pp. 111-126.

61) まもなく逆転されたものの，終戦直後の1945年夏にはオランダ労働組合連合の組合員数の15万人に対し，統一労働組合センターの組合員は17万人にのぼった．

それが政府との対決姿勢を前面に出し,時にはインドネシア独立運動の支援も表明していたことは政府,雇用者,そして他の労組に大きな衝撃を与えた[62].

穏健派の労組連合,特に組合員層が重なり合うオランダ労働組合連合にとっては,この統一労働組合センターは重大な脅威となった.1945年5月20日,復帰したクーペルス委員長（1929年から49年まで委員長）を迎えて行われた戦後第1回のオランダ労働組合連合の連合幹部会においても,統一労働運動の伸張が最大の議題となった.この席でオランダ労働組合連合の幹部たちは,各地で統一労働運動が戦闘的活動を主導していること,それに対してオランダ労働組合連合が効果的な組織防衛をなしえないまま組合員が統一労働運動に流出していることに深い懸念を表明した.とりわけ問題となったのは,宗派系の労働組合が信徒労働者層の支持の回復により,比較的容易に組織再建をなし得ているのに対し,オランダ労働組合連合では組織の浸食が大きく,統一労働運動の拡大によって「われわればかり窮地に追い込まれている」("Alleen wij hebben de moeilijkheden ervan") ということであった[63].

この危機感が正当なものだったことは,表2をみれば明らかである.1940年から46年にかけて,組織労働者に占めるオランダ労働組合連合の組合員の比率は40％から30％へと大幅に低下した.これに対し宗派系の二労組連合には目立った変化はなく,戦後になって成立した統一労働組合センターが20％を占めている.オランダ労働組合連合の減少分が統一労働組合センターへと移動したことは明白であり,この結果,オランダ労働組合連合の組合員数は,戦前は宗派二労組連合の合計組合員数をかろうじて上回っていたものの,1946年には逆転されてしまう.

この状況下で穏健派の三労組連合が行った選択は,労働協会を通じて自らの

---

62) もっとも統一労働組合センターの全国指導部はこれらのストをあらかじめ計画していたわけではなく,現地におけるストの発生を追認するかたちを採っており,実際は常に対決姿勢に立っていたわけではない.しかしストが発生するとこれを勢力拡大の好機と見て支援しており,外部から見て現地活動家と指導部が同一視される対応をとったことは否定できない.ロッテルダム港湾地区における自発的なスト発生の構造については,Evert Smit, "'Havenartiesten' in actie: Het mobilisatieproces bij wilde stakingen in de Rotterdamse haven," *Amsterdams Sociologische Tijdschrift*, vol. 21, no. 3 (December 1994), pp. 40-66.

63) Notulen van een vergadering van het Verbondsbestuur, 20-5-1945, Internationaal Instituut voor Sociale Geschiedenis, Amsterdam, *Archief Nederlands Verbond van Vakvereenigingen*, nr. 9.

表2 各労組連合の組合員数比

	合計組合員数 (単位1,000人)	オランダ労働 組合連合	全国キリスト教 労働組合連合	カトリック労 働者運動	統一労働 組合センター	他
1945	798	40%	15%	23%	—	22%
1946	805	30%	12%	23%	20%	15%
1947	960	31%	12%	24%	18%	15%
1948	1,052	31%	13%	24%	17%	15%
1949	1,085	33%	13%	25%	15%	14%
1950	1,161	33%	13%	26%	14%	14%

出典　Windmuller et al., *Arbeidsverhoudingen in Nederland*, p. 104 より作成.

地位を雇用者・政府に確保させ，三者による独占的な発言権を確保すると共に，統一労働組合センターをその回路から排除することであった．雇用者側も，統一労働組合センターによるストの頻発を抑えて労使関係を安定させることは緊急の課題であると認識しており，穏健労組を取り込んでその育成を図る必要を感じていた．

ただ先にも述べたように，オランダ人民運動に支えられて成立したスヘルメルホルン政権の場合は，「柱」社会の「突破」を掲げていたため，「柱」を支える旧来の労組連合のみに労働側の代表権を与えるような特別待遇には批判的であり，当初は統一労働組合センターとの対話も必要と考えていた．しかしロッテルダム港湾地区のストをめぐって統一労働組合センターと政府は全面的に対立し，46年5月にはスヘルメルホルン首相がスト鎮圧のために軍隊の動員も辞さないとの演説を行うに至り，結局，政府も統一労働組合センターを全面的に排除し，労働協会のみを政策パートナーとして認めることを選択する．

統一労働組合センター排除のため活用された手段は，やはりネオ・コーポラティズム的所得政策だった．統一労働組合センターの勢力を弱体化させる「きわめて効果的な武器は，統一労働組合センターを賃金交渉から閉め出すこと」だったからである[64]．労働協会は賃金について協議するにあたり，統一労働組合センターを協議に加えないのはもちろん，その見解の聴取も一切行わず，賃金や労働条件の設定について統一労働組合センターが関与する道を完全に閉ざした．

---

64) Ger Harmsen and Bob Reinalda, *Voor de bevrijding van de arbeid : Beknopte geschiedenis van de Nederlandse vakbeweging* (Nijmegen : SUN, 1975), p. 255.

第 4 節 「政治的交換」とその前提条件　117

　この結果，賃金は統一労働組合センターを排除した場で集権的に決定されるようになり，統一労働組合センター系の労組が企業や個別の産業を相手にいくら交渉やストを行っても，それが賃金に反映されることは基本的に不可能となった．しかも，労働協会に参加して賃金決定に発言権を持つ三労組連合は公認労組（'erkende' organisaties）として扱われ，政府の各審議会にも代表を送り込むことが認められたのに対し，統一労働組合センターは非公認労組（'niet-erkende' organisatie）として公的諸機関へのアクセスをほぼ全面的に拒まれた．これらの差別的な待遇は統一労働組合センターを孤立させ，その凋落を早める結果をもたらした[65]．

　ただ穏健派の労組連合，特にオランダ労働組合連合にとって，この競合組織への「比較優位」を獲得したことの代償は少なくなかった．政府・雇用者による「公認」に依存した結果，必要以上に妥協を余儀なくされることもあった．もともと雇用者との協調を重視し，実際雇用者組織や中間層組織に同じ「柱」に属する系列組織を持つ宗派系労組にとっては，これは比較的容易なことであった．しかし，労働協会の中で唯一社会民主主義を掲げるオランダ労働組合連合の場合，その隔たりは大きかった．抑制的な賃金政策への協力は，ときとして下部の組合員に対する困難な説得活動を必要とした．またオランダ労働組合連合は労働協会における孤立を避けるため，宗派系労組を含む他団体との協調を重視したが，その結果，固有の主張を撤回して労働協会の多数派に同調するという状況にしばしば追い込まれる結果となった[66]．

---

65) Van Bottenburg, op. cit., p. 79. なお冷戦が激化する 1948 年以降は，西ヨーロッパの各国で共産党や共産党系労働運動の排除が一般化する．しかしオランダの場合，この共産党や系列組合に対する排除政策は 45 年の終戦直後からほぼ一貫しており，必ずしも冷戦の直接の結果とみることはできないように思われる．ベルギーで 45-47 年に共産党が入閣していたことや，フランスでも当初共産党を含む連合政権が成立していたことと比較すると，オランダにおける排除の程度は際だって高い．
66) しかもオランダ労働組合連合は統一労働組合センターと対抗するうえで，政府・雇用者のみならず，宗派系労組との協力にも依存していた．戦後初期の時点では，宗派系労組は，その組織が弱い地域では信徒労働者たちに対し，宗派系労組と「上部において協力関係にあるのだから」として統一労働組合センターではなく，オランダ労働組合連合系の組合に加入するよう勧めることもあったからである．オランダ労働組合連合の連合幹部会でも，「もしオランダ労働組

4 カトリック系労働運動と信徒労働者

最後にこの時期の労働運動の内部構造を，カトリック系の労働組合と信徒労働者の関係を例に取りながら，簡単に見てみたい．先述のように賃金抑制のような政策が現実に受け入れられるためには，労組指導部が組合員に対してその判断に従わせるための正統性を日常的に保持している必要がある．特にカトリック系の組合を取り上げるのは，カルヴァン派の組合の2倍の規模を持ち，オランダ労働組合連合とともにオランダの労働運動を主導してきたこと，その構造が「柱」社会の的確な反映であること，そして1960年代以降に急進化・脱宗派化していったことがオランダのネオ・コーポラティズムの失敗へとつながっていったことによる．

終戦とともに活動を開始したカトリック系の労組は，名称は「カトリック労働者運動」（Katholieke Arbeidersbeweging）と変更したものの，戦前の構造をほぼ踏襲する形で組織の再建に成功した[67]．委員長も同じデ・ブラインが務め，カトリック教会との密接な関係も継続した．戦後ただちに発表された声明は，「カトリックの労働運動こそがキリスト教精神に基づき文化と社会の改革を可能とする」と訴え，独自のカトリック性を強調した．

このことは組織構造にも明確に反映していた．すなわちカトリック労働者運動には産業別組合（vakbonden）に加えて司教区組合（diocesane bonden）も置かれ，二重構造が存在していた．組合員は産業ごとに置かれた産業別組合に加入すると同時に，各司教区に設置された司教区組合のメンバーとなり，その精神的・宗教的な指導に服すことが求められた[68]．信徒労働者の経済的利益のみならず，彼らのカトリック的価値の堅持が労組の重要な使命とされたのである．

カトリック労働者運動の日常活動は，各都市や農村に設けられた支部

合連合の執行部が宗派系労組と協力しないことを決定して活動していたら，宗派系労組はいずれにしろ無傷のまま再建されたであろうが，我々は彼らとの協力による利を得ることはなかったであろう」との声が聞かれた．Notulen van een vergadering van het Verbondsbestuur, 20-5-1945, IISG, *Archief NVV*, nr. 9.

67) Jan Peet, *Katholieke arbeidersbeweging: De KAB en het NKV in de maatschappelijke ontwikkeling van Nederland na 1945* (Baarn: Arbor, 1993), pp. 113-210.

68) ユトレヒト，ハールレム，デン・ボス，ブレダ，リンブルフの各司教区に司教区組合が置かれた．

(afdeling) を単位として行われた．支部はミサに限らずさまざまな催しを開いて組合員を集め，連帯感の増進を図った[69]．また支部の役職者は折に触れて組合員に対し家庭訪問（huisbezoek）を実施し，組合員や家族と面談してその状況を把握し，問題がある場合には援助を行った．組合員の側も，必要とあれば組合で法律相談など助言を受けることもできた．またカトリック労働者運動は，病院やメンタル・ケア施設なども設立して，労働者の健康管理にも力を注いだ．

組合に関わる各種の系列組織も，組合員の生活を支えていた．カトリック労働者の貯蓄機関として設立された中央人民銀行（Centrale Volksbank）は，労働者の小口の預金を積極的に受け入れてその信頼を得る一方，労働者用の住宅やサナトリウム建設に融資活動を行った．同様に彼らを対象とした疾病基金，生命保険なども規模を大幅に拡大した．そのほかカトリック系の住宅組合や消費協同組合など，労働者に便宜を提供した関係組織は数多い．

もちろん，このようなカトリック系労組に関わるさまざまな活動・組織が存在したことをもって，現実に大半の組合員が明確な意識を持って積極的に活動に参加していた，と結論づけることはできない．支部の催しに参加する組合員は限定的であり，関心も宗教面より現実の生活や経済条件に向いていた．しかし多数の組合員は，生活のさまざまな場面で，カトリック系労組を中心とする緊密なネットワークに何らかの形で依存していた．彼らが労組に属するメリットは，労使交渉を通じた賃上げの枠にとどまるものでは決してなかった．組合員がこれらの恩恵に依存している限り，労組は，賃金抑制などの個々の政策について組合員の受動的協力を得るに十分な，一定の正統性を享受することが可能だったといえるだろう．

このように，戦後のオランダでは，政府・雇用者・穏健労組の三者が，それぞれの利益を図りつつ，戦後再建と社会的安定を進めるなかで，ネオ・コーポラティズムによる協調体制が高度に発達した．このオランダにおけるネオ・コーポラティズムの基本構造は，次のようにまとめられよう．まず労組が所得政策，すなわち賃金の抑制を受け入れることを出発点とし，その代償として，政

---

[69] 支部は「相互に愛し合い，助け合い，支え合う……大きな家族のようなもの」として位置づけられていた．*Ibid.*, p. 188.

府は労働者に好意的な物価政策，労働政策，社会政策を進めるとともに労組の政策決定への関与を認めていく．また，雇用者側も雇用の確保といった負担を引き受け，労組を対等なパートナーとして認知する．そしてこの枠内に入らない共産党系の労働運動は徹底的に排除され，穏健労組の育成が図られる．こうして労組は経済的，政治的，組織的な便益を確保し，「政治的交換」が実現する．この構造は，1960年代半ばまで基本的に維持され，労使関係の安定，生産コストの抑制による輸出主導の経済成長，通貨価値の安定を支えていくことになる．

第4章　プラニスムの試みと挫折

前章でみたようにネオ・コーポラティズムが成立したのとほぼ同じ戦後初期，オランダでは国家による経済介入をより組織的に進めようというプラニスムの導入も試みられていた．すでに触れたように，戦後最初の内閣であるスヘルメルホルン内閣は，オランダ人民運動・労働党系の閣僚が主要ポストを占め，社会経済面の大胆な改革を掲げていた．首相，財務相（リーフティンク），通商産業航行相（フォス），農相（マンスホルト），社会相（ドレース）といった経済関係の閣僚は全員労働党に属していた．特に，改革を直接担当する通商産業航行相には，かつて労働プランの策定に直接携わり，オランダの革新に情熱を燃やす「最左派閣僚」[1]のフォスが就任した．むしろこの時期の政府は，宗派系組織をはじめ戦前以来の労使組織が幅をきかせるネオ・コーポラティズムよりも，プラニスムに基づき，経済の秩序づけと経済計画の導入による国家主導の経済運営の導入を目標としていた．

この戦後のオランダにおけるプラニスムの試みは，プラニスムの本国であるはずのベルギーとはきわめて対照的である．ベルギーでは，既に1935年の労働党の政権参加によっても労働プランがほとんど実現に移されなかったこと，起草者のデ・マン自身が大戦中の対独協力の責任を問われ，戦犯として有罪判決を受けたことから，もはや戦後にプラニスムが積極的に語られることはなかった．かつてプラニスムを受容した他のヨーロッパ諸国の社会民主主義政党も同様であり，その点でオランダの試みは注目に値する[2]．

そこで本章では，1940年代後半におけるプラニスム的な新たな経済秩序をめざした改革の試みを検討し，戦後オランダの政治経済体制におけるその意義

---

1) J. Jansen van Galen, H. Vuijsje, *Willem Drees: Wethouder van Nederland* (Baarn: Sesam, 1992), p. 80.
2) プラニスムをめぐる各国の対応については，G.-R. Horn, *European Socialists Respond to Fascism: Ideology, Activism and Contingency in the 1930s* (Oxford: Oxford University Press, 1996) を参照．

について検討してみたい．

第1節　スヘルメルホルン政権期のプラニスム

　1945年6月に成立したスヘルメルホルン内閣はその施政方針演説において，迅速な復興を目標に掲げると同時に，経済改革の概略を提示した．この改革案は，労働プランやオランダ人民運動の綱領と基本的に共通しており，内容は次の3点にまとめられる[3]．

　まず第1は，経済秩序の再編，すなわち秩序政策 (ordening) である．この改革案によれば，オランダの全産業は複数の組織に編成され，各組織には政労使の代表からなる執行機関が置かれる．この執行機関には，上位の行政機関の認可のもと，当該産業組織の社会経済活動について拘束規定を作成する権限が与えられる．

　第2は，経済運営における計画化 (planning) である．その中心は今後設置さるべき計画局 (planbureau) である．計画局の活動には国内の学界・実務の総力が結集され，官庁や民間から収集された経済データに基づき，社会・経済・財政全般にわたる計画を策定する役割を担うことになっていた．

　第3は，部分的な社会化である．鉱山とオランダ銀行は国有化される．これに加え，公共の利益に鑑みて必要な場合には，他の産業・企業の公有化・半公有化の可能性を検討することが表明された．

　以上の3点のうち，第3の社会化に関しては，すでに労働プランにおいても重点項目から外されており，新内閣が大規模な公有化を具体的に検討することはなかった．確かに，政府は当初「オランダで解放後になされるべき政策に関するいくつかの指針」において，民間企業が強力な経済的支配力を有している場合には公有化すべきことをうたってはいた．具体的には，発券銀行，銀行，保険，エネルギー企業，独占企業，大規模製造業などがその対象とされている[4]．しかし現実に公有化が試みられ，また実現したのは，ロンドン亡命政府

---

[3] De Liagre Böhl et al. eds., *Nederland industrialiseert!: Politieke en ideologiese strijd rondom het naoorlogse industrialisatiebeleid 1945-55* (Nijmegen: Socialistiese Uitgeverj, 1981), pp. 62-74.

[4] 有効利用されていない土地を公有化し，自治体による住宅供給に充てることも構想された．中小企業は最初から公有化の対象にはならなかった．

が既に国有化を決定していたリンブルフの炭坑と,オランダ銀行の国有化程度にすぎなかった.オランダ人民運動・労働党のめざしたプラニスム的経済体制は,基本的には「秩序政策」と「計画化」の2つの柱からなっていた.そこで以下では,実際に政治的な争点となり,以後のオランダの政治経済体制にも影響したものとして,この2点をみていこう.

1 秩序政策と産業組織構想

施政方針の発表後,フォスの率いる通商産業航行省は経済秩序の再編をめざして具体的なプランの策定を開始した.作業の実質的な中心人物となったのは官房長に任命されたデ・ヨングである.彼は戦時中は通商産業航行省で産業別組織を担当する一方[5],戦後の再建を考える左派グループに属しており,みずから戦後のオランダにおける産業組織を軸とした経済秩序の建設の青写真を作成していた人物だった[6].

彼が想定していたのは,関連産業ごとに産業組織を設置し,その機関に社会的・経済的な分野における強い権限を与えること,しかもそのさい,産業組織の議長として政府全権委員を政府(主として通商産業航行省)が派遣し,政府の各産業に対する強力なコントロールを確保することであった.もし政府全権委員が派遣されず,当該産業の労使のみによって産業組織が構成されるのであれば,そこでは当該産業の個別利益のみが追求され,「公共の福祉」が担保されなくなる恐れがある,という[7].

このデ・ヨング官房長らの作成した産業組織案は,「公法産業組織に関する一般規則に関する法案草稿」(voorontwerp van wet 'houdende enige algemene

---

5) 占領下でオランダの各産業は,ロッテルダム銀行出身のウォルテルソムを議長とする産業評議会のもと,6つの経済グループに強制的に統合されており,「ウォルテルソム機構 Woltersom-organisatie」と呼ばれていた.その構成原理は戦後の公法産業組織構想にも反映されている.David Barnouw and Jan Nekkers, "The Netherlands: Anti-state state-corporatism," in W. Grant, J. Nekkers and Frans van Waarden eds., *Organizing Business for War: Corporatist Economic Organization during the Second World War* (New York, Oxford: Berg, 1991).

6) 実際彼は,この産業組織構想をまとめた学位論文により,1945年12月にアムステルダムで博士号を与えられている. P. E. de Hen, *Actieve en re-actieve industriepolitiek in Nederland: De overheid en de ontwikkeling van de Nederlandse industrie in de jaren dertig en tussen 1945 en 1950* (Amsterdam: De Arbeiderspers, 1980) を参照.

7) *Ibid.*, pp. 261-262.

regels nopens de publiekrechtelijke organisatie van het bedrijfsleven'），略して「フォス草稿」(voorontwerp-Vos）としてまとめられ，1945年11月26日，経済関係閣僚会議[8]に提出された．出席閣僚の中には，ファン・スハイク交通エネルギー相（カトリック人民党）のように，全権委員の権限が強力過ぎるとして異を唱える者もあった．しかしこの法案草稿は最終的に承認され，1945年12月21日，一般に公表される．法案草稿という形式をとったのは，オランダの経済社会に重大な変化をもたらすこの改革案について，まず議会や労使などから広く反応を収集しておくためである[9]．この法案草稿では，公法産業組織とは次のような機関として想定されていた[10]．

まず公法産業組織（publiekrechtelijke bedrijfsorganisatie）は，法律によって設立される公的な機関であり，その意思決定機構である執行委員会（bestuur）には当該産業に関する広範な権限が付与される．この権限は，大きく分類して経済的機能と社会的機能に分けることができる．

経済的機能としては，次の事項に関する決定権限が与えられる．すなわち，①財の生産と分配，②財とサービスの価格，③競争，④輸出・輸入・輸送・通過，⑤企業の設立・拡大・閉鎖，⑥機械化と合理化，⑦生産手段などの規格化，⑧資金調達と収益分配，である．

社会的機能としては，①賃金や他の労働条件，②職業訓練や企業・産業の人員配分，③雇用の拡大と失業克服，④失業に対する給付，⑤企業における常設の労使協議機関の設置，⑥労働者のための基金や施設，に関する決定権限を持つ．以上の企業活動のほぼ全域にわたる事項について，公法産業組織の執行委員会は命令規定（verordeningen）を作成することができ，その命令規定は官

---

8) 経済関係閣僚会議 (Raad voor Economische Aangelegenheden) は戦後になって初めて設置され，社会経済政策全般に関する方針が議論された．運輸水利省，再建・住宅建設省，社会省，経済省，総務省，農業・漁業・食糧供給省，財務省，外務省，海外領土省の各大臣によって構成され，しばしば有力官僚も参加した．経済再建にさいし重要な役割を担った．REAと略されることが多い．Pierre van der Eng, *De Marshall-hulp: Een perspectief voor Nederland 1947-1953* (Houten : De Haan, 1987), p. 247.

9) オランダの立法過程においてはしばしば正式に内閣が法案を議会に提出する前に法案草稿 (voorontwerp) が作成・公表され，関係団体など各界からの反応が収集される．P. P. T. Bovend 'Eert and H. R. B. M. Kummeling, *Van Raalte's Het Nederlandse Parlement* (Deventer : Kluwer, 1995), pp. 180-182.

10) 法案草稿については，P. Fortuijn, *Sociaal-economische politiek in Nederland 1945-1949* (Proefschrift, Rijksuniversiteit te Groningen, 1980), pp. 179-230 を参照．

報（Nederlandse Staatscourant）で公示される．

次に公法産業組織の構成を見てみよう．執行委員会の委員は主として当該産業の労使組織により，労使同数の委員が選出される[11]．もっとも執行委員会には国民経済全体の利益に奉仕することが期待されるため，労使組織選出の委員に対する選出母体からの委任は明確に禁止される．しかも執行委員会の議長を務めるのは，政府によって任命される全権委員（commissaris）である．

全権委員の権限は強力である．全権委員は公法産業組織に関する日常的な指揮権を与えられ，執行委員会の決定に対しても，その停止や無効を大臣に申請することができる．また全権委員は決定を実行するための警察権限（politiebevoegdheden）も持つ．公法産業組織の収入と資産に関する管理権も与えられる．さらに全権委員は総務（secretaris）を指名できる．

当該公法産業組織を所管する大臣にも，広い監督権限が認められる．大臣は，執行委員会に陪席者を派遣できるほか，公法産業組織による決定が法律や公共の利益（algemeen belang）に反すると認められたときには，その無効や停止を命じる権限を持つ．

ここから明らかなように，公法産業組織の設立は，政府が各産業に対して強力なコントロールを及ぼす道を開くものだった．その背景には，経済の「計画化」を効果的に実施するためには，「秩序政策」による産業統制を通じ，経済計画の執行を各産業レベルでも担保する必要があるという発想があった．労働プラン以来，「計画化」と「秩序政策」はプラニスムの車の両輪だったのである．

このことは，フォスの提出した法案草稿の趣旨説明書にも明確に表れていた．フォスはここで次のように主張した．公法産業組織が自らの産業の利益を図るにしても，それが「公共の福祉の範囲内」にとどまるようにするためには，公法産業組織に基本方針（richtsnoer）を与えておかなければならない．そのため，全権委員という形で公法産業組織の運営に政府が直接参加することは不可欠である．

---

[11] なお執行委員会は，上に述べた機能に応じて経済委員会と社会委員会に分割し，業務を分担することができる．この場合，社会委員会は労使同数で構成されるが，経済委員会は必ずしも労使同数とする必要はない．

「社会経済政策の一体性 (eenheid) に対しては,格別の配慮を行わなければなりません.計画に基づく経済 (planmatige economie) の場合には,この社会経済政策の一体性は不可欠だということを忘れてはいけないのです……公法産業組織がその方針を実行するに当たって,政府の政策によって示された全般的な枠組みの中に収まることを保証するためには,特別の措置が必要です.ですから,執行委員会に中央政府の代表者,すなわちこの案にいう全権委員をおいて,その全権委員に執行委員会の議長と,執行機関の日常的な指揮権を託すことが必要です……全権委員の第1の役割は,当該産業選出の執行委員に政府の政策全般を説明し,そして必要とあれば,この執行委員達にこの政策全般を考慮することを強制する (aandringen) ことにあります」[12].

なお,法案草稿には含まれていなかったが,通産省はこれらの公法産業組織の一種の頂上機関として,戦前の高等労働協議会と経済協議会を統合して三者協議制の社会経済協議会を設立し,この社会経済協議会が社会経済政策全般に関わる答申を行う役割も担うことも想定していた.ただフォスらのプラニスムにおいては,社会経済協議会の役割は相対的に低かった.彼らの構想の中では,社会経済政策を基本的に立案・計画するのは労使代表の入らない,中央計画局となるはずだったからである.

それでは,この法案草稿に対する各界の反応はどうであったか.

まず,労働協会に参加している労使組織から見てみよう.戦前の「柱」社会そのままの組織を再建して成立した労働協会の諸団体では,そもそもオランダ人民運動系の革新運動から距離をおく雰囲気が強かった.彼らは法案草稿が労使組織との協議なく一方的に官僚によって作成されたことに不快感を表すとともに,この改革案により当該産業の労使組織の自律性が侵されるとして強く反発し,明確に反対を表明する.

特に労組側は,賃金・労働条件など,従来労使交渉によって決めてきた事項に関する権限がほとんど執行委員会に移されることで,労組の機能が大幅に低下することを警戒した.雇用者側も,政府による経済統制の強化に危機感を抱き,やはり反対した.そして労使は足並みをそろえ,強力な権限を持つ全権委

---

12) Fortuijn, *op. cit.*, p. 202.

員のあり方を批判した．公法産業組織と政府を媒介する機能が必要であることは確かであるが，その役割は執行委員会が担えば十分である，という．こうして労働協会の各団体は政府介入の大幅縮小を求めたうえで，政府と労使代表からなる委員会を設置し，労使の意見を十分に吸い上げてから改めて検討するようフォス通産相に要求した[13]．

労働協会の中で唯一フォス案に好意的な反応を示したのは，いうまでもなく1935年の労働プランをフォスら社会民主労働者党の代表と共同で作成したオランダ労働組合連合だった[14]．占領下においてもオランダ労働組合連合の内部では，社会民主労働者党系の人々と同様に，戦後の政治経済秩序の大胆な改革をめざす動きが生まれていた．すなわち戦間期のような大量失業を阻止することを念頭に，自由競争に基づく経済から公共の利益を実現する秩序ある経済へと移行すること，その基礎として公法産業組織を中心に経済の再編を進めることを構想していた．

しかし労働協会に参加する他団体が足並みをそろえてフォス案を批判する中，オランダ労働組合連合のみが独自の見解をとり続けることは困難だった．特に彼らを難しい立場に追い込んだのは，宗派系の二労組連合が，雇用者団体と一致協力してフォス案に反対し，フォス案に好意的なオランダ労働組合連合に対しても，その批判の矛先を向け始めたことだった．もともと宗派系の労組連合は，コーポラティズム的な労使協調の制度化を進める立場から，労使が対等に代表を送る公法産業組織の設置や，その上位機関としての社会経済協議会の設立を主張しており，その点ではオランダ労働組合連合と異なるところはなかった．しかし彼らはフォス案における強力な国家介入を強く警戒し，この法案草稿では受け入れられないとして，雇用者側と立場を一致させた．

また中央社会雇用者連盟委員長で労働協会の議長も兼ねるスティケルも，フォス案に対して労働協会として一致して対応することが，設立後まもない労働協会の影響力を発揮するために必要という観点から，全団体が同意可能となる

---

13) *Ibid.*, pp. 203-205 ; De Liagre, *op. cit.*, p. 74.
14) オランダ労働組合連合と公法産業組織構想については，H. J. Langeveld, "Het NVV en de publiekrechtelijke bedrijfsorganisatie," in P. Boomgaard et al. eds., *Exercities in ons verleden : Twaalf opstellen over de economische en sociale geschiedenis van Nederland en Koloniën 1800-1950* (Assen : Van Gorcum, 1981), pp. 168-187.

ように試案を作成するなど，全会一致に向けて努力を重ねていた．この中でオランダ労働組合連合のみ自説に固執し続けることは，労働協会におけるオランダ労働組合連合の完全な孤立を招く恐れがあった．前章でみたように，この時期のオランダ労働組合連合は統一労働組合センターと対抗する上で，宗派系労組連合をはじめとする労働協会の他団体との協調を特に重視しており，孤立は何としても回避する必要があった．

この結果，オランダ労働組合連合自身はフォス案に基本的に賛成していたにもかかわらず，執行部は労働協会内における「和」（'lieve vrede'）を優先する立場に転換し[15]，内部の批判を押し切って重大な譲歩をすることに決定した．そして1946年3月，労働協会加盟団体が共同で提出したフォス案批判の書簡に，オランダ労働組合連合代表も署名する．こうしてオランダ労働組合連合は，きわめて戦略的な理由により，労働党との立場のずれを覚悟で，戦間期以来の自らの「秩序政策」志向から決定的に距離をおくことになった[16]．

議会でも，フォス案に対する支持は労働党に限定されていた．1946年1月に開始された法案草稿に関する審議では，各党から批判が相次いだ．反革命党のスメーンクは，フォス案では公法産業組織が一種の国家機関となってしまうと懸念を示した．閣僚を送り出しているはずのカトリック人民党も批判に回った．カトリック人民党議員でカトリック労組出身のアンドリーセンは，公法産業組織を基本的に自律性を有する機関とし，自己統治原理に基づき運営されるべきだと主張して，国家の役割を監督権限のみにとどめることを主張した．これに対して労働党は，おおむねフォス案の支持に回った．ただ労働党議員の間からも，全権委員の持つ権限の強さに対する懸念が指摘されている[17]．

2 カトリック勢力の対案

このように「革新」を掲げるスヘルメルホルン政権の進める経済の「秩序政策」構想が宗派系・自由主義系の政党や労使組織の批判を受け，オランダ労働組合連合の支持さえ得られずに行き詰まりを見せる中，カトリック人民党を中

---

15) De Liagre, *op. cit.*, p. 74.
16) Leo Benneker, *Het NVV en de wederopbouw, 1945-1947* (Kandidaatsscriptie, Rijks Universiteit Utrecht, 1985), pp. 44-51.
17) Duynstee et al., *op. cit.*, pp. 484-489.

心とするカトリック勢力は独自の対案づくりを進め，1946年，発表した．この「産業組織および社会経済委員会に関する法案試案」(Proeve van een ontwerp van wet op de Bedrijfschappen en den Sociaal-Economischen Raad) を作成したのは，カトリック人民党のシンクタンクである政治構造センター (Centrum voor Staatkundige Vorming) である[18]．

この試案の中心的な発想は，国家による経済のコントロールを主眼としたフォス案とは対照的に，カトリック的な補完性原理を反映し，個別産業の自治と自律を強調すること，そして労使組織の役割を産業レベルでも経済全体レベルでも重視するという点にあった．産業組織の最も重要な任務は当該産業の個別利益を擁護することとされ，政府による直接統制は極力排されていた．この試案の特徴をフォス案と対比しつつまとめれば，次のようになろう．

第1に，この試案では，各産業組織に対する政府の統制が大幅に弱められた．フォス案の中心に位置していた全権委員は，この試案から完全に削除された．執行委員会を構成するのは当該産業組織の労使組織から選出された委員であり，政府代表の入る余地はない．執行委員会の議長は執行委員会の内外から選挙で選出するが，そのさい労使委員双方で過半数の承認が必要である．この結果，産業組織は，フォスが想定していたような政府の経済計画の実施機関ではなくなり，政府の役割は基本的には監督的役割にとどまる[19]．

第2に，産業組織自体の権限にも一定の制限が加えられた．試案では産業組織の命令規定を作成できる権限は，法律によって規定された事項に限られる，いわゆる制限列挙 (limitatieve opsomming) 方式をとっており，その活動範囲に歯止めが設けられた．しかもこの試案においては，産業組織の権限から明示的に企業の設立・拡大・閉鎖，ならびに資金調達と収益分配に関わる事項が除外されていた．企業活動の根幹部分に関わる点で，個別企業の活動の自由が確保されていたということができる[20]．

---

[18] カトリック人民党の「試案」については，Fortuijn, *op. cit.*, pp. 379-384.

[19] ただフォス案と同様，執行委員会の議長は，執行委員会の決定の停止や無効を大臣に申請することができる．しかし労使委員双方の支持を受けて選出される議長がこの権限を用いる可能性は，「公共の利益」を代表する全権委員に比べれば著しく低いことは明らかである．

[20] ただしこの試案においても，賃金その他の労働条件を決定するのはやはり執行委員会とされており，その点で労使組織の役割を弱めていることはフォス案と同じである．*Ibid.*, p. 384.

第3に，産業組織の上位機関としての社会経済協議会について，詳しい規定が盛り込まれていた．それによれば，社会経済協議会の委員はそれぞれ3分の1ずつ労組代表，雇用者代表，官僚・専門家委員から構成される．委員総数は30名ないし60名．議長は政府の任命による．

この社会経済協議会の役割は，大別すれば2つある．第1は，各産業組織の執行委員会の構成を決定し，作成された命令規定を認可するなど，産業組織の監督機関としての役割である．第2は，政府の最高諮問機関としての役割である．社会経済協議会は「政府が社会経済分野でとることを意図している，全ての措置に関して諮問を受ける」とされており，社会経済政策の策定にあたってきわめて重要な役割を果たすことが期待されていた．産業組織の運営のみならず，国レベルの経済運営にわたっても，労使組織が深く関与することが意図されていたわけであり，この点でもフォス案との相違は明らかだった．

このように1946年の時点では，プラニスムに基づき国家の強力な産業統制を保証する「秩序政策」志向のスヘルメルホルン内閣提案と，補完性原理を応用し，企業の経済行動に多くの余地を残しつつ，労使組織の参加に基づく経済運営を重視するカトリック人民党提案の両者が相並ぶ状況となった．ただこの両提案の帰趨を見る前に，「秩序政策」と並ぶプラニスムの柱である「計画化」がスヘルメルホルン内閣下でどう展開したかを簡単にみてみたい．

3 計画化構想

先に述べたように，1945年6月に成立したスヘルメルホルン内閣は，労働プランに近い形で，幅広く経済計画の策定に携わる計画局を設置することを掲げていた．フォスは通商産業航行相に就任すると，ただちに労働プランの共同作成者である経済学者のティンベルヘンに計画局の設置プランの策定を依頼する．ティンベルヘンはひと月以内に計画局構想を完成させてフォスに提出し，この案を基礎として，1945年10月，勅令によって政府の諮問機関としての中央計画局が設置された．初代局長はティンベルヘンである．

ただ中央計画局は設置されたものの，この勅令では中央計画局が社会経済政策の立案過程で果たす役割が明確に規定されていなかった．そのため中央計画局の作成する経済予測や経済計画の扱いをめぐってスヘルメルホルン内閣でも

立場が分かれるなど，若干の混乱が生じてしまう．そこでフォスはその権限を法律で明文化する必要を認め，中央計画局の構成・権限などを明示した「国家福祉計画の決定の準備に関する法案」を作成し，他の経済関係の閣僚らの署名も得て1946年3月25日，議会に提出した．

この法案によれば，中央計画局は通産省の管轄に置かれ，局長及び局次長（2名）は通産大臣によって任命・罷免される．また局内には局長を議長とする中央計画委員会（Centrale Plan-commissie）が設置され，ここには経済関係の各省から官僚が委員として派遣される．

中央計画局の最大の任務は，定期的に「国家福祉計画」(Nationaal Welvaartsplan) を策定することにある．この国家福祉計画とは，経済・社会・財政の各政策分野にわたる政策の調整（coördinatie van het regeringsbeleid）を目的として，物価水準，国民所得，国内支出など，社会経済政策に重要な意味を持つ経済指標の目標値を設定するものである．局内の中央計画委員会は，この国家福祉計画に関して意見書をまとめ，政府に提出することが義務づけられる．フォス通産相は，この計画を3年次ごとに作成される「3ヵ年計画」(driejarenplannen) とすることを考えていた[21]．フランスの戦後の経済計画を担った計画庁とも共通する，経済政策の核としての役割を与えられていたといえよう．

このような中央計画局を必要とする理由について，フォスは趣旨説明書の中で次のように主張した．「多数の臨時の措置が終了した後も，政府が意識的に経済をコントロールする必要があるのではないでしょうか．それは間違いなくそうです……政府による介入が必要である状況は今後も変わりません．社会的にみれば，盲目的な経済諸力の自由競争から人々を保護するために必要ですし，経済的にみれば，経済社会を秩序づけるために必要です．そうすれば，さまざまに国際状況が変化する中にあっても，国民経済が最大限のものを達成することができるでしょう．しかし偶然や，自由な価格メカニズムに委ねるのであれば，それは不可能なのです」[22]．

---

21) De Liagre, *op. cit.*, pp. 104-105. また「国家福祉計画に関する答申協議会」(Raad van Advies voor het Nationale Welvaartsplan) も設置され，ここに専門家や産業界から委員を招いて，中央計画局の活動を評価し，指針を示す役割を担わせることも予定された．

22) Fortuijn, *op. cit.*, p. 175.

しかし議会における法案審議では，賛成に回ったのは労働党のみであった．スヘルメルホルン内閣に数名の閣僚を送っているカトリック人民党を含め，三宗派政党と自由主義派は足並みをそろえてこの法案に反対した．彼らはそもそも中央計画局が勅令により，議会の承認を経ずして活動を開始したことに異を唱えたうえで，この法案を国家の経済社会に対する統制を正当化するものとして批判した．彼らはこの中央計画局案を，戦後の特殊な状況を利用して社会経済的に根本的な構造変化をもたらそうとするイデオロギー的な試みであり，オランダ経済に国家社会主義的な統制経済を導入するものだと主張する．国家による統制ではなく，私的なイニシャティブが自由に発揮できる状態を作ることこそが必要である．このような多年次にわたる計画経済は，ドイツやソ連のような国で可能であったにせよ，オランダでは実現の見込みはない．「急速な産業化に邁進していた当時の遅れたソ連や，他国との戦争の準備にいそしんでいたドイツであれば，プロパガンダとして，このような多年次にわたる計画は必要だったかもしれない．しかしオランダのような醒めた国民は……このような試みを望むことはない」[23]．

第2節　ローマ・赤連合の成立とプラニスムの帰趨

このように，スヘルメルホルン内閣の提出した公法産業組織に関する法案草稿，そして中央計画局に関する法案は，いずれも労働党を除く各党・各社会団体の批判にさらされ，議会の承認を得て実現することは困難な状況となった．

しかしながら，スヘルメルホルン内閣期の議会は，戦前の議会構成に基づき新たな選挙を経ずに編成されていた．そこでは社会民主労働者党・労働党系は明らかに少数派であって，「革新」を実現する諸改革が，この旧態依然とした顔ぶれの議会で批判されるのは当然のことだった．そこでプラニスムによる改革を志向する革新派が望みをつないだのは，1946年5月に行われる戦後最初の選挙において，労働党が勝利をおさめることだった．先に論じたように，当初この選挙では労働党が圧勝するとの予測が出されており，もし議会で労働党

---

23) Duynstee et al., *op. cit.*, pp. 498-500 ; Fortuijn, *op. cit.*, pp. 176-178.

が多数を占めることがあれば，宗派政党や自由主義派の反対を押し切っても法案を成立させることが可能になることも期待された．

しかしそのもくろみは崩れ，選挙で労働党は第二党に甘んじる結果となった．選挙後に成立した新内閣は，カトリック人民党と労働党の連合に支えられたベール内閣だった．先述のように，この内閣では革新派は明らかに少数派だった．組閣のさいにカトリック人民党は，労働党のリーフティンクが財務相に留任することを認める見返りとして，フォスが占めていた通商産業航行相（この内閣期から経済相となる）[24]のポストを要求した．これを労働党が受け入れた結果，フォスは不本意ながら交通相に横滑りを強いられてしまう[25]．

1 秩序政策

ベール内閣で経済相に就任したのは，カトリック人民党のハイスマンスだった．彼はフォスと異なり，企業の経済活動の自由を大幅に制限するような秩序政策には批判的だった．公法産業組織の設置に関しても，性急な改革を避け，労働協会をはじめとする労使組織との協調を重視しつつ進めていく方針をとっていた[26]．彼は労働協会がフォスの法案草稿に対して批判を提出したなかで，政府や労使代表からなる委員会で検討を経たうえで法案を作成すべきであると主張していたことを踏まえ，1947年1月24日，経済関係の各省，労働協会に参加する労使組織，中間層・農業団体などから選出された委員からなる検討委員会を発足させる．

顔ぶれをみれば明らかなとおり，この委員会では宗派系の委員が優越的な地位を占めていた[27]．まず議長は，カトリック人民党に属し，カトリック系大学であるティルブルフ大学教授のファン・デル・フェン．総勢21名の委員のう

---

[24] 1946年7月，通商産業航行省は交通エネルギー省のエネルギー部門を吸収して経済省となり，交通エネルギー省は通商産業航行省の航行部門を吸収して交通省となった．省庁再編の詳細については，金井利之「オランダ省庁再編の観察ノート」『東京都立大学法学会雑誌』第38巻第2号（1997年12月），75-122頁を参照．

[25] De Liagre, op. cit., p. 84. フォスは，「私はここに必ず戻ってくる．そのことを覚えていてほしい」と言い残して通商産業航行省を後にしたという．

[26] しかも彼は，前内閣が多少なりとも可能性を探っていた社会化に関しては，全くといっていいほど関心を示さなかった．

[27] Fortuijn, op. cit., pp. 326-329.

ち，カトリック人民党系の委員がファン・デル・フェン議長を含めて6名，反革命党系の委員は5名であり，宗派系は過半数に達した．さらに自由主義系の委員は5名．これに対し，労働党系はわずかに4名にすぎず，しかもその4名のうち3名は，フォス案に批判的な立場に転じたオランダ労働組合連合から選出された委員だった．その結果，フォスの公法産業組織構想を支持する者は，委員会内の圧倒的な少数派となった．さらに，ハイスマンス経済相が委員会の参考にすべき資料として提示したのは，フォスの法案草稿とカトリック人民党の試案であり，法案草稿は一政党の試案と同列の扱いを受けていた．この事態の展開に対し，交通相に回されたフォスはなすすべもなかった．ファン・デル・フェン委員会は1948年3月1日，政府に公法産業組織法案の草稿と趣旨説明書を，少数意見を添えてハイスマンスの後継者であるファン・デン・ブリンク経済相（カトリック人民党）に提出し，その活動を終了した[28]．

委員会の構成から予想されていたことではあるが，この法案草稿は，多くの点でカトリック人民党の試案に沿う内容となっていた[29]．

まずこの法案草稿では，公法産業組織と並んで，社会経済協議会に関して詳しい規定を盛り込んでいた．すなわちカトリック人民党試案にほぼ沿う形で，社会経済協議会を設置し，各産業組織の監督機関として位置づけるとともに，社会経済に関わるほぼ全ての問題について政府の諮問を受ける最高諮問機関としての役割を担わせることを規定していた．また政府からの諮問がなくとも，自らの発意で政府に対する助言を作成して提出することも認められた．

社会経済協議会の委員は，それぞれ同数の労組代表，雇用者代表，専門家委員から構成される．専門家委員は政府の任命によるが，政府の代表者として任命されるのではなく，むしろ専門知識を活かして社会経済協議会の議論に貢献することが期待される．議題に関係する閣僚や官僚が社会経済協議会の総会や各専門委員会の審議に陪席し，議論に加わることは可能だが，投票権はない．

---

28) ハイスマンスは病気のため1948年1月，任期半ばにして経済相を辞任し，ファン・デン・ブリンクが受け継いだ．

29) 法案草稿の内容については，*ibid.*, pp. 404-441. なおこの法案草稿では，草稿作りに深く関わった労働協会の諸団体の意向を反映して，社会経済協議会の活動内容に労働協会が関与することも定められていた．すなわち，労働協会が関係する領域については，社会経済協議会は労働協会に諮問する必要がある，とされた．しかしこれに対しては，オランダ労働組合連合などから社会経済協議会の役割を軽視していると批判が出され，政府による法案提出の段階で削除された．

委員総数は30名ないし45名．議長は委員の中から政府が任命する．

またこの法案草稿は，公法産業組織については次のように定めている．

まず公法産業組織の目的については，「公共の利益に配慮しつつ，産業共通の利益に奉仕すること」としており，「公共の利益」を最も重視したフォス案とは出発点から異なっている．

公法産業組織の設置は個別の法律によって定められる．ここで重要なのは，産業組織の設置にあたり，社会経済協議会及び当該産業の労使に関与を義務づけた点である．趣旨説明書でも，当該産業が自ら希望し，自発的に産業組織を結成することが望ましい，と明確に主張されていた．これにより，当事者の合意がない場合にはその分野における産業組織の設置が不可能となる．フォスの企図していた全産業に及ぶ公法産業組織による組織化は，最初から実現困難となった．

しかも，公法産業組織の執行委員会の命令規定作成の権限は，試案と同様，法律に明示されたものに限定する制限列挙方式をとっていた．企業の設立・拡大・閉鎖，ならびに資金調達と収益分配に関わる事項も除外されており，企業活動の自由がかなりの程度保障されている．

ただこの法案草稿では，公法産業組織のなかに，「生産組織」（produktschappen）および「産業組織体」（bedrijfschappen）という2つの下部類型が導入されていた．「生産組織」とは，「経済活動の中で，特定の生産物や生産物群に関して，異なる機能を果たしている2またはそれ以上の企業グループ」によって構成されるものとされる．これに対して「産業組織体」とは，「経済活動の中で，同一あるいは同様の機能を果たしている複数の企業」によって構成されるものとされている．前者を「垂直的（verticale）組織」，後者を「水平的（horizontale）組織」と呼ぶこともある．

フォス案にあった全権委員は，もちろんここでは削除された．ただ執行委員会の構成については，試案とも若干異なる方式がとられている．「産業組織体」の場合には，執行委員会の議長は委員から互選で選出される．しかし「生産組織」の場合には，社会経済協議会の意見を聴取したうえで政府が任命することになっていた．また執行部の委員構成については，労使対等の原則は「産業組織体」で部分的に満たされたにすぎなかった．この点に関しては，労使対等の

共同決定制度を重視するオランダ労働組合連合系の委員は反対し,少数意見を提出している[30].

政府はこのファン・デル・フェン委員会の法案草稿に沿って法案を作成し,1948年6月23日,趣旨説明書を添えて議会に提出した[31].法案提出後,下院選挙により内閣が交代し,1948年8月第1次ドレース内閣が成立したが,ローマ・赤連合を継続させたこの内閣は,前内閣と同様にこの法案の成立を議会に対して要請した.

この法案に対し,労働党は最後の抵抗(achterhoedegevecht)を試みた[32].労働党下院議員ではファン・デル・フース・ファン・ナーテルス議員団長,かつてみずから労働プランの作成にも加わったネーデルホルストらが,法案審議の中で次のように批判した.すなわち,政府案において,公法産業組織に対する政府の関与がほとんど存在しないのは重大な問題である.公法産業組織の執行委員会の議長は,政府の派遣する全権委員が行うべきである.また監督官庁は公法産業組織の命令規定に対する認可権限を持つことが必要である.これでは公法産業組織は公益を実現する存在ではなく,個別の集団利益にすぎない.また政府案では,公法産業組織の設置により労組の発言権が強化されることを警戒し,雇用者側が公法産業組織の設置を拒否することが多くなるのではないか.これでは公法産業組織の今後の展開を深く憂慮せざるをえない,というのである.もっとも労働党下院議員の中でも,オランダ労働組合連合の幹部を兼務していたスールホフは,この法案を全体として評価する発言をしており,労働党が一枚岩として政府法案を批判していたわけではない.労働党が提出した法案の修正案は,他党の賛成が得られず,すべて否決された.

これに対してカトリック人民党からは,下院議員団長のロメらが政府法案を擁護する立場から論陣を張った.結局労働党は,法案の反対に回ってドレース内閣を崩壊させる意図はなく,1949年10月12日の下院の採決ではカトリック人民党と共に法案に賛成し,可決させる.上院も同様であり,公法産業組織

---

30) Langefeld, *op. cit.*, p. 182.
31) ただ審議の過程において,産業組織体の設置に関してのみ,法律に加えて一般行政命令による設置も可能とするなどの修正も行われた.さらに法案作成の段階では,政府は法案草稿にあった公法産業組織の権限を制限列挙方式とする条項を削除したが,審議の過程でこれを復活させた.
32) Fortuijn, *op. cit.*, pp. 416-422.

法案は 1950 年 1 月,ようやく成立した.

　最終的な公法産業組織法を見ると,「試案」に示されたカトリック人民党の構想が,ファン・デル・フェン委員会を通じてかなりの程度継承されていることは疑いようもない.この時期のオランダの社会経済政策の研究者であるフォルタインは,次のように公法産業組織法案をめぐる動きを評している.「カトリック人民党の勝利はファン・デル・フェン委員会に始まった.この委員会で,事実上この法律が確定してしまったからである.議会審議も,これに手を加えることができなかった.社会主義者たちの敗北は明白である」[33].

　実際,この法律の制定以後,公法産業組織が設立されたのは,農業や食品加工業など一部の分野に限定されてしまった.公法産業組織法は一種の枠組み法 (raamwet) であり,それ自体が公法産業組織を設置するものではなかったからである[34].政府も,当事者の自発性を重視するという原則に従い,設立のイニシャティブをとることはなかった.また多くの分野,特に大企業では,雇用者層に公法産業組織への嫌悪感が強く,公法産業組織の設立はそもそも試みさえされなかった.労組側では,宗派系労組は公法産業組織の設置に消極的であり,当初は産業レベルの労使共同決定制度を望んで強い意欲を見せていたはずのオランダ労働組合連合も,次第に関心を失っていく[35].この結果,公法産業組織によるオランダ経済全体の組織化の試みは,ほぼ失敗に終わった.

　しかしながら,ここで成立した公法産業組織法は,当初のフォス案にはなかった社会経済協議会を設立することで,むしろ以後のオランダの政労使の協調体制の促進に重要な意味を持つことになった.公法産業組織の設立がきわめて少数に終わってしまったため,社会経済協議会は公法産業組織の監督機関としては重要な役割を果たすことはなかった.しかし同時に社会経済協議会は,社会経済政策に関する最高諮問機関としての役割も与えられており,実際にはこの役割が社会経済協議会の中心的な機能となった.社会経済協議会は労使の政策形成への参加を促進し,政労使の合意点を見いだすうえで,これ以後重要な役割を果たすことになる.その具体的な展開は後の章で詳しく示されるであろ

---

33) *Ibid.*, p. 422. またウォルチェールも,公法産業組織法の成立を「カトリック的社会像の支持者の勝利」としている.Woltjer, *op. cit.*, p. 238.
34) De Liagre, *op. cit.*, p. 108.
35) Langeveld, *op. cit.*, pp. 183-184.

う.

2　計画化

　フォスのめざしていた計画化に関しても，公法産業組織法案と同様の展開を見ることができる．経済相をフォスから引き継いだハイスマンスは，中央計画局を軸とした計画化構想に批判的だった．彼は，すでにフォスが提出していた中央計画局法案に関し，中央計画局の位置づけを全面的に改めるむねの答弁書を作成し，議会に提出する[36]．

　この答弁書においては，経済計画の立案作成を担うはずだった中央計画局のあり方は，次のように変更されていた．中央計画局の活動目的は，「積極的な社会の諸力，とりわけ民間経済のイニシャティブを十全に発揮させる」ことにある．その活動内容は，政府や民間企業に経済情報を提供するにとどまり，一種の「技術的な補助手段（technisch hulpmiddel）」の枠を超えることはない．「中央計画局は……ディリジズム的な権限（dirigerende bevoegdheid）を有することは一切ない．諮問機関として活動するにすぎない」という．

　中央計画局は毎年プランを作成し，政府に提出することが予定される．しかしこれも，政府による経済計画とは似て非なるものだった．このプランは，「予測と指針をバランスよく組み合わせたもの」とされ，事実上経済予測を中心とするものであることは明らかであった．

　議会では，中央計画局がプラニスムの中心機関になるのではないかとの懸念がなおも抜けないカトリック人民党から，批判的な発言も寄せられた．しかし1947年4月21日に中央計画局法が成立し，活動を開始すると，その懸念は杞憂だったことが明らかとなった．中央計画局が1947年以降に毎年作成した「プラン」は，基本的には単なるマクロ経済的な予測にすぎず，特定の数値を経済計画の達成すべき目標として設定することはなかった．

　もっとも，計画化は失敗したとはいえ，中央計画局の果たした役割はそれとは別に評価する必要があろう．初代局長を務めたティンベルヘンをはじめ，中央計画局には優秀な経済学者が集められた．その作成する「プラン」は，中立

---

36)　De Liagre, *op. cit.*, pp. 104-106；Fortuijn, *op. cit.*, pp. 317-325.

的で信頼性が高い予測を含んでいるとされ，社会経済協議会や労働協会における協議でも積極的に利用された．労使のような異なる立場にある団体にとって，共通に依拠できる経済予測の数値が存在していたことは，賃金水準の決定やその他の交渉において合意を形成するうえで，無視できない役割を果たすことになった．

第3節　プランなき工業化政策

以上のようにプラニスムに沿う政治経済体制の形成が失敗した結果，オランダの戦後の経済発展を支える産業政策もまた，政府による明示的なプランに基づくことなく，民間企業の自発的な経済活動に重点を置いたものとなった．政策内容においても，国家の経済不介入を基本としていた戦間期から，決定的な断絶が生み出されることはなかったといえる．

容易に予想されるとおり，戦後直後の労働党やオランダ労働組合連合は，オランダの経済再建を進めるうえで，政府が産業政策に関し主導的な役割を果たすことを強く志向していた．「この難局から指導（leiding）なしで脱出できると思う人がいたら，その人は羅針盤なしで霧の中を航海する船頭のようなものだ」[37]．彼らは計画的な（planmatig）工業化の推進を経済再建の柱として位置づけ，とりわけ，政府が積極的な投資政策を導入すべきことを志向した．具体的には，①企業投資に関する強力な統制権限を政府が保持すること，②そして政府自らも投資基金（investeringsfonds）を設置し，必要と認められる事業に政策的に投資を行うことが主張された[38]．

通産省でも，かつて労働プランの作成にも携わったカインがフォス通産相によって事務総長に任命され，技術経済問題課（afdeling Technisch-Economische Vraagstukken）の課長に抜擢されたコーンスタムが実務の中心となって，工業化政策（industrialisatiepolitiek）の枠組みづくりの作業が行われた[39]．コーンスタムは，完全雇用を実現するためには，今後数年のうちに30万人から35万

---

37) Woltjer, *op. cit.*, p. 239.
38) W. J. Dercksen, "Industrialisatiepolitiek rondom de jaren vijftig," *Economisch- en sociaal historisch jaarboek* (1990), pp. 242-246.
39) なお彼の父もオランダ人民運動の創設者の1人だった．De Liagre, *op. cit.*, pp. 179-188.

人に及ぶ雇用を創出することが必要であり，国際収支の危機を防止するためにも，政府のイニシャティブによる積極的な工業化政策を推進すべきことを主張した．農産物輸出とサービス輸出に依存した経済構造を改善し，工業製品の輸出拡大による経済再建を行うことが，雇用の確保にとって重要であると彼は考えていた．

しかし1946年のベール政権の成立以降，工業化政策をめぐる状況は大きく変わってしまう．新経済相のハイスマンスは，経済界との合意のうえで慎重に産業政策を実施すべきとの立場に立っており，コーンスタムらの「労働党シンパ」(PvdA-sympathieën) による国家主導の急速な工業化案を批判する．その結果，カイン事務総長とコーンスタム課長は1947年から48年にかけて，相次いで辞職を余儀なくされる[40]．

オランダにおいて正式に「工業化政策」が開始されたのは，1948年に経済相に就任したファン・デン・ブリンク（カトリック人民党）が「オランダの工業化に関する覚書」(Nota inzake de industrialisatie van Nederland) を発表した1949年9月とされている．この覚書では，今後総額57億ギルダーに上る産業投資を実施すること，そしてそれによって1952年までに21万5000人分の雇用を創出することが主張された．この新規投資の軸となるのは金属産業や化学産業，そしてエネルギーなどの公益事業である．この工業化政策を担当するのは，1949年初頭に経済省に設置された工業化総本部 (direktoraat-generaal voor de Industrialisatie) である．そしてこの1949年の覚書を第1次覚書として以後1963年まで，合計8回に及ぶ「工業化覚書」が経済相によって発表され，オランダにおける産業政策の基調となった．

しかし，このファン・デン・ブリンク経済相に始まる工業化政策は，その内容を見るならば，労働党の主張していた積極的な政府主導の工業化とはほど遠いものであることは明らかだった．公益事業を除けば，投資は基本的に民間のイニシャティブに委ねられていた．投資額や創出される雇用に関する数値は明示されていたとはいえ，それは「計画」とは異なり，スキーム (scheme)，目標 (doelstellingen) あるいは「希望的観測」(wishful thinking) とでもいうべ

[40) *Ibid.*, pp. 188-196.

きものにすぎないとされた．政府が明確な経済計画に基づき，民間企業に具体的な投資計画を指示することは想定外だった．それどころかこの第 1 次覚書では，企業の経済活動に対する強力な統制を可能としていた企業認可命令の廃止も発表され，それにより企業設置（vestiging van bedrijven）は以後原則的に自由化される．すでに見たように公法産業組織の設置が当該産業に委ねられ，しかも公法産業組織に対する政府の影響力が弱められたことと合わせ，この工業化政策のもとで政府による民間経済への介入は決定的に後景に退くことになった[41]．

むしろオランダにおける工業化政策の力点は，サプライ・サイドを重視する，企業の経済活動の環境の整備に置かれていた．政府が投資を統制するのではなく，企業の収益性（winstmogelijkheden）の増大を図ることで投資の活発化を促し，経済成長をもたらすことこそが工業化政策のめざしていたところであった．この方針のもとで，企業税（ondernemingsbelasting）の廃止，法人税（vennootschapsbelasting）に対する投資控除の導入，早期の減価償却の採用などが次々と進められた[42]．開発の遅れた地域の工業化に関しても，投資報奨金（investeringspremies）の給付を通じ，民間企業主導の産業立地を進める方式が採られている．むしろ政府は裏方に回り，直接携わった投資活動もエネルギーをはじめとする公益事業の充実や，港湾・道路・住宅の整備といったインフラ整備がその大半を占めていた．すなわちオランダにおける産業政策は，インフラの整備や投資促進政策を通じて間接的に企業活動を支援することが中心であり，戦後の経済統制のほぼ終了した 1949 年から 63 年に至るまで，政府が直接産業発展を主導することはまれなことだったのである[43]．

以上のように，終戦後最初の内閣であるスヘルメルホルン内閣のもとでは，

---

[41] ファン・デン・ブリンク経済相は次のように述べる．「いかなる場合においても，この工業化予定は硬直的な工業発展プログラムと見なされてはならない．政府が自らの意思を実現しようとして民間企業に押しつけるような，そのようなプログラムと見なされてはならない．つまるところ，必要な工業化は，スキームによってもたらされるものではなく，私的な経済決定の結果としてもたらされなければならない」．Dercksen, *op. cit.*, p. 241.

[42] 企業活動に好意的な政策によって企業内留保が確保された結果，1950 年代半ばの時点で，オランダの企業の資金調達の約 70％ が内部金融によってまかなわれていたと見られている．

[43] Van Zanden et al., *Economicshe geschiedenis van Nederland in de 20e eeuw* (Utrecht: Het Spectrum), pp. 242-247.

改革に意欲を燃やすフォス通産相の主導により，プラニスム的な政治経済秩序の建設をめざし，秩序政策と計画化の両面にわたって大胆な構想が練られ，議会や労使組織に提示された．またプラニスムを前提として，政府の積極的に関与する産業政策の構想も練られていた．

しかし 1946 年の選挙で，プラニスムによる過度の国家介入を警戒するカトリック人民党が第一党となったこと，また宗派系や自由主義派が多数を占める労働協会からも支持の調達に失敗したことで，労働党やオランダ労働組合連合以外には支持のない独自の改革構想は結局失敗する．オランダの労働党のモデルとなったイギリスの労働党が，1945 年から 51 年まで単独政権を維持し，下院の安定的な多数派に支えられて党独自の政策，すなわち主要産業の国有化，福祉国家の建設，ケインズ主義的経済政策の導入という 3 つの重要な改革をかなりの程度実現し，戦後のイギリスの政治経済体制の重要な基礎を築いたこととは対照的だった[44]．オランダでは労働党固有の主張である秩序政策も計画化もほとんど実現せず，「工業化政策」はサプライ・サイド重視の間接的な投資優遇策やインフラ整備にとどまった．その結果，国家による上からの経済社会への統制はなるべく避け，企業活動の自由を優先する経済政策が基調となった．

このようにして，オランダにおいて最終的にプラニスムの導入は失敗する．しかしこのことは，「革新派」によるオランダの政治経済改革の試みが全くの徒労であったことを意味するわけではない．この点は，特にプラニスム発祥の地であるベルギーの展開と比較すれば明らかとなる．

既に触れたように，ベルギーでは労働党が既に戦間期に本格的な政権参加を果たし，プラニスムの導入を試みて失敗しており，プラニスムに対する幻滅が広がっていた．それに加えてデ・マンの対独協力により，プラニスムの威信は失墜する．これに対しオランダでは，社会民主主義政党の本格的な政権参加は戦後のことであった．ただこのことは逆に，オランダで戦後再建の最初の段階，まさに戦後の政治経済体制の形成の時点において，戦間期にプラニスム導入に挫折した経験を持たない社会民主主義勢力により，プラニスムの実現が積極的に試みられることを可能にしたともいえる．そしてフォスらの意図と相当異な

---

44) P. Hall, *Governing the Economy*, pp. 70-76.

る結果となったとはいえ，中央計画局の設置や，労使委員に政府任命委員も加えた社会経済協議会の設立などは，オランダの戦後の政治経済体制，特にネオ・コーポラティズムに基づく政策運営のなかで不可欠の役割を果たすことになる．その意味では，オランダにおけるプラニスムの試みは，単に「忘れられたエピソード」[45]として片づけることはできない重みを持っているのである．

---

45) Horn, *op. cit.*, p. 94.

第5章　戦後再建期の所得政策

　第3章でみたように，1945年の秋にはネオ・コーポラティズム的所得政策の基本的枠組みが形成され，具体的な賃金水準の設定が始まった．しかし制度が単に形成されただけでは，その実効的な運用は保障されない．そこで本章以降においては，この制度がどのように活用され，オランダ経済の直面する問題の解決に貢献していったのか，また参加者のあいだでいかなる「政治的交換」が進められ，ネオ・コーポラティズムへの支持を再調達していったのかを具体的に検討したい．

第1節　「賃金凍結」路線と児童手当 (1946-48年)

1　カトリック労組と児童手当の拡充問題

　先述のように，戦後初期の政府は所得政策と物価政策の併用により，賃金と物価に強い統制を行っていた．しかし賃金と異なって物価統制には限界があった．1946年に入ると物価水準が次第に上昇し，1945年秋に設定された賃金と乖離を生ずるようになった．傘下の組合から対策を求める要求が次々と寄せられたのを受け，各労組連合は1946年6月頃から物価問題を中心課題として検討を開始した．その結果，生活費の上昇のために低所得者層や扶養児童数の多い家族に特に生活上の困難が生じていることが確認された．

　しかし労働協会に参加する三労組連合は，この物価上昇を受けてただちに賃上げを要求することは困難とみていた．前年に成立したばかりの賃金抑制路線を踏み出すことになれば，政府・雇用者との協調関係を傷つけ，労組に与えられた政策参加の回路を閉ざすことにもなりかねないからである．とはいえ何ら対策がとられない場合，地域によっては急進的な傾向のある組合，特にオランダ労働組合連合系の組合が賃上げを求めてストなどの実力行動に入り，統一労

働組合センターと足並みをそろえて政府と対決する可能性も否定できなかった．「そうなれば，我々はきわめて難しい状態に追い込まれるであろう」[1]．この状況下で重要な役割を果たしたのが，カトリック労組，すなわちカトリック労働者運動（KAB）だった．

カトリック労働者運動の執行部も，賃金抑制路線の継続に異論はなく，賃上げ要求は「経済的に無責任」ということで一致していた．しかしその一方，大家族（grote gezinnen），すなわち児童を複数抱えた労働者家庭の困窮が特に深刻であることに対し，強い懸念が表明された[2]．児童1人当たり平均週5ギルダーの負担が家計にかかっていることを踏まえ，低賃金で児童数の多い労働者家計には相応の配慮をすることが緊切の問題であることが主張された．

この問題の解決手段として浮上したのが，児童手当の大幅な拡充だった．執行部は，従来第三子以降に限られていた児童手当の支給対象や金額を大幅に拡大するという提案を受け，これを労働協会に要求することで一致した．当初は第一子から児童手当を支給する案も有力だったが[3]，最終的にまとめられた提案は，①現行の児童手当を週当たり2.4ギルダーから3.6ギルダーに増額すること，②児童手当の支給対象を第二子以降に拡大すること，③支給額を累進的にし，第四子以降の手当はさらに増額すること，というものだった[4]．

児童手当の拡大は，もともとカトリック勢力が伝統的に強く要求してきたテーマでもあった．その背景には，家族を社会の基本的な単位と考えるカトリック的社会観があった．特に戦前のオランダでは，ローマ・カトリック大家族同盟（RK Bond van Grote Gezinnen）という運動団体が，ローマ・カトリック国家党や他のカトリック系組織を通じ，児童手当などさまざまな児童援護措置のために活発に活動を繰り広げていた．この運動にはカトリック系雇用者団体も協力しており，1919年から20年にかけて，カトリック信徒が多数を占めるオ

---

1) Notulen dagelijks bestuur van het Nederlands Katholiek Vakverbond, 1-7-1946, Katholiek Documentatie Centrum, Nijmegen, *Archief Nederlands Katholiek Vakverbond*, nr. 7.
2) また賃金生活者の賃金が厳格に設定され，その引上げに制限が加えられているのに対し，会社役員や自営業者らの所得には制限が設けられていないことへの不満も表明された．Notulen dagelijks bestuur NKV, 17-6-1946, KDC, *Archief NKV*, nr. 7.
3) Notulen dagelijks bestuur NKV, 1-7-1946, KDC, *Archief NKV*, nr. 7.
4) "Resolutie der Kath. Arbeidersbeweging betreffende de spanning tusschen loonen en prijzen," *Sociale voorlichting*, jaargang 2, nummer 3 (september 1946), p. 11.

ランダ南部の複数の産業で,雇用者が賃金の1%に相当する拠出金を負担する形で児童手当が発足している.また全国レベルでも,1920年には国家公務員に対し,第三子以降に児童手当が支給されることも決定された[5].

1930年代になると,経済情勢の悪化による生活水準の低下を背景に,カトリック勢力は児童手当の拡大にいっそう力を注ぐようになった.その中心人物はローマ・カトリック国家党の有力指導者のロメである.彼は次のように主張していた.共同体にとって大切なことは,家族生活が自然の道理に従いつつ,「秩序正しく開花すること」である.しかも共同体の進歩のためには,「秩序づけられ,多数の子供に恵まれた(kinderrijk)」家族こそがとりわけ重要である.それゆえ賃金額の算定では,この「家族生活の維持」という目的を十分に考慮し,児童数に応じた額を給付すべきであるとする[6].

1933年10月,ローマ・カトリック国家党の児童手当問題に関する委員会の委員長だったロメは,児童手当の本格導入を求める最終報告書を党執行部に提出した.この報告書は,14歳以下で第四子以降の児童を対象とする児童手当を導入すること,児童手当の導入自体は各産業に委ねつつ,当該産業の雇用者の多数が同意した場合にはこれに拘束力を持たせる案を提示した.党執行部もこれに同意する.1934年,与党であるローマ・カトリック国家党はじめ児童手当推進派の要望を受けたスローテマーケル・デ・ブライネ社会相(キリスト教歴史同盟)は児童手当法の法案草稿を高等労働協議会に送った.高等労働協議会の議長だったアールベルセ(元社会相・ローマ・カトリック国家党)は,答申草稿(prae-advies)作成に当たる小委員会の委員長をやはりロメとし,この小委員会は当然の結果として,児童手当法案に賛成する答申草稿を高等労働協議会に提出する.ここまでは経過は順調だった.しかし高等労働協議会の総会では,社会民主労働者党系の委員を中心にこれに反対する委員が続出し,僅差で否決される.その結果法案は,議会に上程されることなく葬り去られた[7].

---

[5] 20世紀初頭からの児童手当問題を概観したものとして,Vereeniging van Raden van Arbeid, *De groei van de sociale verzekering in Nederland* (Amsterdam: Vereeniging van Raden van Arbeid, 1970), pp. 79-103.

[6] Nederlandse Gezinsraad, *De kinderbijslag-en kinderaftrekregelingen nader bekeken: Overheidsbeleid en het gezin*, Deel 1 (z. p., 1977), p. 11.

[7] 児童手当法の成立に関しては,J. Bosmans, *Romme: Biografie 1896-1946* (Utrecht: Het Spectrum, 1991), pp. 290-298.

だがロメは3年後の1937年,コレイン内閣に社会相として入閣し,この機会を最大限活用した.就任2日後には早速担当部局に児童手当法案の作成を指示し,法案草稿は1937年12月,再び高等労働協議会に送付された.この法案草稿は児童手当を全産業で導入することを義務化し,支給対象も15歳以下の第三子以降の児童とするなど,旧案より充実した内容となっていた.負担は全額雇用者側が負うとされた.高等労働協議会は今回は基本的には法案草稿を承認する.議会では児童手当支給の執行方法をめぐって修正を余儀なくされたものの,非宗派系雇用者団体に近い自由主義派議員を除き,強い異論は出されなかった.社会民主労働者党のドレースも,ロメの抱く家族観は批判しつつ,児童手当には「問題点をしのぐ実質的な利点」があると述べて容認した.こうして1939年12月児童手当法は成立し,1941年1月から第三子以降への児童手当給付が開始された[8].

2 児童手当拡充の実現

さて1946年夏,物価上昇による購買力低下の問題は,すでに労働協会でも重要な議題となっていた.しかし賃金の引上げは望ましくないという点で,労使双方は基本的に一致していた.労働協会執行部はこの問題について,次のように認識していた.賃金を引き上げれば,購買力は回復し,労働者の社会的必要は満たされよう.しかし,オランダの主要な競争相手であるイギリスも輸出促進戦略をとっており,賃金引上げは,輸出価格の上昇を通じてイギリスに対する国際競争力を減じる.「我々は外国市場でイギリス製品と競争しなければならない」.国際競争力の低下でオランダの輸出が減少すれば,それは輸出産業に打撃となり,ついにはギルダーの対外価値の維持を困難にするだろう.

それでは,賃金の引上げではなく,ギルダーの平価切上げによって輸入品価格を低下させ,実質賃金の維持を図る方法はどうか.この方法にも問題がある.なぜなら,平価切上げは輸出品の国際価格を引き上げ,やはり輸出競争力を減少させるからである.

---

8) ただ給付額は賃金によって差が設けられていた.月収が100ギルダー以下の労働者の場合,児童1人当たり1日に0.1ギルダーが給付されるが,月収が上がるに従って給付額も増加し,月収が200ギルダー以上の場合には0.25ギルダーが給付される.この賃金別給付額算定制度は1946年の改正で廃止された.Nederlandse Gezinsraad, *op. cit.*

結論として労働協会は,賃金・物価の抑制を基調とする「現行の政策を継続」することで平価を維持し,輸出主導の経済再建を進める路線を主張する.「平価切上げにしても,平価切下げにしても,我々は結局ブレトン・ウッズ体制の枠内にとどまらざるをえない」.それゆえ,生産性が回復していない現時点において,「一律の賃上げは適当ではない」という[9].

しかし,物価上昇によって購買力を低下させている低所得労働者層の要求にも応える必要がある.その手段としては,物価統制の強化,生活必需品の間接税引上げ計画の撤回と奢侈品課税の強化,生活必需品産業への生産財の重点配分などがある.しかし労働協会執行部の多数派が現実的な対策として歓迎したのが,カトリック労働者運動の提案した先述の児童手当の拡充案であった.

児童手当拡充の提案には,カトリック系雇用者団体はもちろんのこと,非宗派系の雇用者団体も前向きな態度を示した.児童数の多い家族の生活水準の低下に対し,何らかの補償措置が必要であることは雇用者側も認識していたからである.しかも賃上げに代えて児童手当を用いれば,企業負担の総額が少額で済むであろうこと,また通常の所得に課せられる所得税が児童手当では非課税扱いとなるため,効率的に労働者の所得の増加を図ることが予測されていたことも,その背景にあった.

ただオランダ労働組合連合では,物価抑制や間接税の引下げを通じた労働者の負担軽減案には積極的に賛成したものの,児童手当拡充に対しては批判も強く,調整に手間取った.オランダ労働組合連合は,労働者の負担軽減は賃金の引上げか物価引下げといった正統的手段を用いるべきであり,賃上げに代えて安易に児童手当の増額に走ることは,基本給(grondlonen)に対して抑制的に作用する恐れがある,として批判的だった[10].しかし,積極的な対案がなかったことから,オランダ労働組合連合の代表は児童手当拡充への批判を表明しつつ,積極的な反対行動には出ることはなかった.オランダ労働組合連合の傘下の組合は,「児童数の多い家計への援助の必要性については原則的に一致」し

---

9) "De spanning tusschen loonen en prijzen," *Sociale voorlichting*, jaargang 2, nummer 3 (september 1946), pp. 2-3.
10) "Bespreking der Nota "Loonen en Prijzen" van de Stichting van den Arbeid in Hoofdbesturenvergadering van het N. V. V.," *Sociale voorlichting*, jaargang 2, nummer 3 (september 1946), p. 12.

ていたからである[11].

　1946年8月19日,労働協会は政府への勧告を覚書(「賃金と物価の緊張関係の抑止のための諸措置について」)として作成し,物価抑制,税制面の措置,児童手当の拡充を政府に要求した.児童手当に関しては,児童数1名の家庭では困窮度が低いとして第一子への給付に反対があったため,A案:給付額は現行の2.4ギルダーで据え置き,給付対象を第一子まで拡大する,B案:給付額は現行の2.4ギルダーから3.6ギルダーに引き上げ,給付対象は第二子以降まで拡大する,またこれとあわせて第一子の出産手当を現行の55ギルダーから75ギルダーにまで引き上げる,という両案が併記された[12].

　以上のような労働協会の要求案作りと歩調を合わせ,政府の側でも購買力低下問題への対応が検討されていた.46年7月23日に行われたベール内閣の第1回の経済関係閣僚会議でこの問題は早速議題となり,出席者からは物価統制,消費者融資の充実,家賃凍結,児童手当などの対策が提案された.そして労働協会から8月19日,児童手当拡充をはじめとする諸要求項目が提出されたのを受けて,8月27日及び28日,経済関係閣僚会議で本格的に対策が検討された.その結果,児童手当については,労働協会の提案のうちA案を採用し,児童手当の支給範囲を第一子まで拡大し,支給額は週当たり児童1人につき2.4ギルダーとすることで合意された.また支給総額は4.8ギルダーを限度とすること,支給対象を16歳以下とすることも決定された.なお物価面でも「一般大衆に必要な出費額を抑制するため」,ビールやタバコなどの日用品価格の監視を強化し,また公共料金の値上げも最小限に抑えることで物価水準を抑制することが確認された.

　この児童手当拡充の実現には,担当閣僚であるドレース社会相が児童手当に理解を持っていたことも大きく影響した.先述のように彼は戦前,社会民主労働者党の指導者の1人でありながら,ロメの手による児童手当法案に賛成していた.ただ彼の立場は,カトリック勢力のように児童手当を「家族政策」の柱としてではなく,あくまでも所得政策の一環として理解するものだったことはいうまでもない.

---

11) Notulen bestuursvergadering, 30-8-1946, IISG, *Archief SvdA*, nr. 5.
12) "De spanning tusschen loonen en prijzen," p. 6.

児童手当法の改正案は 1946 年 9 月 23 日,下院に提出された.ところが児童手当の最大の支持者であるカトリック人民党議員団は,拡充範囲が不十分としてこの法案を批判する.支給総額に限度額が設定されたこと,児童数が多いほど 1 人当たりの支給額を増額する,いわゆる累進性が採用されなかったことに難色を示したのである.ドレース案では限度額が週当たり 4.8 ギルダーとなっていたことから,カトリック側の望む児童数の多い家計への給付増には沿わない部分もあった.カトリック人民党は対案として,第二子より児童手当を増額し,6 ギルダーまで累進的に支給額を増加させていく制度を主張した.

カトリック人民党からの批判を受け,政府は対応策を協議した.ドレース社会相は原案に固執したものの,他の閣僚からの説得を受け,11 月,児童手当法案を修正して累進性を導入し,第四子から支給額を 3 ギルダーに引き上げる修正法案を議会に提出した.これに対してカトリック人民党議員団は,累進性の一層の強化を求める動議を提出したが否決され,最終的に修正法案への賛成に回り,児童手当法が成立した.賃金の 5.2% にのぼる児童手当の拠出金は企業が負担し,価格への転嫁は禁止された.以後も児童手当は,所得政策のさいに賃金本体と並んで重要な役割を果たすことになった[13].

3 「賃金・物価凍結」声明

ところでこのように労働協会,とりわけ労組側の要求である児童手当の拡充が実現したことは,賃金・物価抑制政策の一層の強化を図る政府にとって 1 つの好機だった.この時期は依然として生産設備は大幅に不足し,国際収支も赤字を示していたため,消費は厳格に抑制する必要があり,物価の上昇や賃上げは可能な限り抑える必要があると政府は認識していた.もちろん低賃金を不満として労働争議が多発するような状況は政治的に避ける必要がある.しかし労組の要求である児童手当の大幅な拡充を実現し,当面の労働者家計に十分な手当がなされた以上は,今度は労組側も政府の今後の所得政策に積極的に協力すべき立場に置かれていた.言い換えれば,児童手当の拡充によって,政府は以後の賃金抑制路線への労組側からの支持を確実にしたといえる.

---

13) M. D. Bogaarts, *Parlementaire geschiedenis van Nederland na 1945 : De periode van het kabinet-Beel* (Band B, 's-Gravenhage : SDU, 1989), pp. 1455-1463.

1946年10月4日，ベール首相による「賃金・物価政策に関するラジオ演説」が行われ，併せて同趣旨の政府声明（regeeringsverklaring）が発表された．そしてこの演説・声明の中で，これ以後の「賃金・物価凍結（loon-en prijs-stop）」方針が明確に打ち出された．先述のように，1945年秋に作成された新たな賃金体系を基礎に45年末以降，各産業で賃金改定が行われていた．しかし児童手当の大幅拡充を踏まえ，46年秋，政府は以降の賃上げは基本的に認めない方針を決定し，首相自らラジオ演説でこの政策への協力を呼びかけたのである．

このベール演説と政府声明は次のように訴える．占領期に多数の生産設備が破壊・徴発された結果，依然として生産能力が低迷している．しかし経済再建のためには機械や原材料の輸入を拡大させる必要があり，消費財の購入に充てるべき外貨は最小限に抑えなければならない．消費の増大は生産設備の更新を困難にし，結局は将来における消費の可能性を狭めるだけであろう[14]．また経済再建の柱が輸出にある以上，国際競争力をつけるためには物価水準の安定が必要であり，物価統制を強化する必要がある．家賃の引き上げも当面認めない．しかし消費を抑制し，物価を安定させるにしても，その最も重要な前提条件は賃金抑制である．児童手当の大幅な拡充により，幅広く労働者層に配慮がなされようとしている現在，これ以上賃金が上昇すれば，それは「物価統制のためにとられるべき諸措置を危険にさらし」，さらには「賃上げと物価上昇のイタチごっこを招来して，最終的に破局的なインフレに陥るだろう」，とベールは訴える[15]．それゆえ，賃金のこれ以上の上昇は，例外的な場合を除き，以後認めないという．

このベール演説と政府声明は，一見「賃金凍結」という一方的な措置を含むものであった．それにもかかわらず，労組側の反発は少なかった．実はベール演説の行われる2週間ほど前に，ファン・レイン社会省事務総長，国家調停委員会，労働協会による非公式の合同協議が開催されており，その席でファン・レインが児童手当の拡充，物価統制の強化などの措置と引き換えに賃金の凍結

---

14) "Regeeringsverklaring ten aanzien van loonen en prijzen," *Sociale voorlichting*, jaargang 2, nummer 4 (oktober 1946), pp. 7-9.

15) "De loon-en prijspolitiek," *Sociale voorlichting*, jaargang 2, nummer 4 (oktober 1946), pp. 5-6.

第1節 「賃金凍結」路線と児童手当　153

を行いたいと表明していた．そしてこれに対し，労組側は基本的に政府への協力を維持し，秩序安寧（rust en orde）に努力する意向を明らかにしている[16]．実際ベール演説でうたわれた物価統制の強化も，労組側の要求に応えるものだった．政府は，物価統制の具体的な手段として，地域物価委員会と「物価政策に関する中央諮問委員会」（Centrale Adviescommissie voor de Prijspolitiek）の設置を発表し，ここに労使の代表も加えることを明らかにした[17]．結果的には，政府声明に示されていた諸政策措置は，46年8月に労働協会が提出した覚書の内容がかなりの程度反映されたものになっていたのである．

　政府声明を踏まえて対応を協議した10月11日の労働協会の執行部会でも，反発の声は少なかった．カトリック労働者運動委員長のデ・ブラインは，政府の進める物価抑制策が十分でないという批判に対し，オランダの物価には外国の物価水準の影響が大きく，政府の可能なことは限定されている，と政府の見解を擁護する発言さえ行った[18]．

　もっとも労組のなかでもニュアンスの違いは存在した．オランダ労働組合連合は政策への協力を前提としつつも，労働協会覚書で出された要求の中で満たされていない，価格設定への労組の関与，食料品への補助金削減の撤回をあくまで要求すべきだ，との意見が強かった[19]．10月15日には反物価高集会（Anti-duurte-Congres）をアムステルダムで開催し，7項目の要求を決議して，もし政府が受け入れなければオランダ労働組合連合は積極的な賃上げに動かざるをえないだろう，とデモンストレーションも行った[20]．

---

16) Verslag bestuursvergadering SvdA, 20-9-1946, IISG, *Archief SvdA*, nr. 5. ここでファン・レイン事務総長は，「賃金凍結といっても，真に修正の名に値する賃金水準の修正であれば，それは受け入れられうる」ことも労働協会に対して強調している．
17) 各地域に物価委員会を設置し，そこに生産者，中間層，労働者，消費者の代表を加えて価格監視機能を担わせること，また中央諮問委員会には，物価政策に関する「重要な問題全般」について諮問を行うものとし，労使の代表を参加させることを予定していた．同時に政府は，家賃引き上げを「当面」認めないことも言明した．
18) Verslag bestuursvergadering SvdA, 11-10-1946, IISG, *Archief SvdA*, nr. 5.
19) Besluiten van de vergadering van het Verbondsbestuur, 23-9-1946, IISG, *Archief NVV*, nr. 9; Besluiten van de vergadering van het Verbondsbestuur, 7-10-1946, IISG, *Archief NVV*, nr. 9.
20) *de Volkskrant* (16 october 1946). この集会でオランダ労働組合連合は，①食料品の値上げ撤回，②価格設定・原料配分に対する労組の関与，③価格遵守監督に対する労組の関与，④価格規定違反に対する取締・罰則の強化，⑤公法産業組織に向けて労組を産業統括機構に包摂すること，⑥それまで賃上げの恩恵に浴していない労働者への賃上げの可能性を残すこと，⑦生産性向上が実

これに対してカトリック労働者運動では，当初は「物価政策の措置の効果が出るには時間がかかる」として，政府に対する支持には一定の留保をおいていたが[21]，まもなくオランダ労働組合連合との態度の違いを鮮明にした．オランダ労働組合連合の反物価高集会とときを同じくして10月15日にユトレヒトで開催された産業別組合・司教区組合代表者会議では，政府の立場に全体として同意できるということが合意された[22]．カトリック労働者運動の経済顧問であり，後に経済大臣となるファン・デン・ブリンクは，現在必要なことは国全体のパイの拡大であり，分配の問題，すなわち労働者への所得分配の問題はパイの拡大によってのみ実現されると説いている[23]．カトリック労働者運動は個別の問題に関して政府への要求は続けるものの，政府声明にみられる政策案を全体として認容し，地域物価委員会へも参加することを決定した．特に，まもなく政府が，食料品のうちバターについては補助金削減を見送ると労組側に回答したことから，カトリック労働者運動は政府の対応を評価し，政府と「社会平和（sociale vrede）」を保つことの重要性を優先させる方針を確認した[24]．そしてオランダ労働組合連合も，当初は慎重な意見のあった地域物価委員会や「物価政策に関する中央諮問委員会」への参加を最終的に表明し[25]，政策過程に参加することで物価抑制に努力する方法を選択した[26]．

以上のように，労使組織，とりわけ労組側は児童手当の大幅拡充，物価政策への関与，消費者融資の充実などの要求項目の実現に対する見返りとして，ベール政権の賃金凍結を柱とする政策を受容した．

4 「賃金・物価抑制政策」の実際

この労組の参加も得て進められた物価抑制政策は，一定の成果を収めること

現されれば，特別報酬を労働者に給付できる可能性を残すこと，の7項目を要求し，以上の措置がとられない場合には，全般的な賃上げは不可欠となろう，と決議している．
21) Notulen dagelijks bestuur NKV, 23-9-1946, KDC, *Archief NKV*, nr. 7.
22) *de Volkskrant* (16 october 1946).
23) Bogaarts, *op. cit.*, pp. 1467-1468.
24) Notulen dagelijks bestuur NKV, 13-1-1947, KDC, *Archief NKV*, nr. 12.
25) Besluiten van de vergadering van het Verbondsbestuur, 7-10-1946, IISG, *Archief NVV*, nr. 9.
26) 地域物価委員会は全国で348の委員会が活動し（1948年），価格管理が実効的に執行されているか監視を行った．また中央諮問委員会には労使の代表も参加し，物価政策全体に対する助言機能を果たしている．

に成功した．翌1947年の経済省の調査では，繊維製品，化学製品，ゴム製品，陶磁器，文房具，電化製品，自転車関連部品など生活に密着した日用品の分野で顕著な価格の低下が報告された[27]．ハイスマンス経済相も議会に提出した答弁書において，物価抑制政策の成果として日用品を中心に，多くの品目で小売価格の下落が達成されていると強調した．そして「現在，賃金の安定が達成されており，これを維持するためにも，物価の下落によって人々の困窮状況を緩和する努力をさらに続けるつもりである」と言明し，「物価政策に関する中央諮問委員会」や地域物価委員会の果たす役割について強い期待を示した[28]．同様にドレース社会相も物価抑制政策の効果を強調し，この物価抑制を継続させるためには，やはり賃金の抑制も必要である，と賃金凍結政策の維持に理解を求めている[29]．

ただ，1946年秋の政府声明以降も徐々に食料品価格は上昇傾向にあった．食料品を中心に卸売物価指数は46年12月から47年12月までの1年間に266から280へ，また年収1800ギルダー以下の低所得者層の生活費指数は同時期に197から202に上昇をみせている（1938-39年を100とする）[30]．物価抑制にも限界があったのである．

しかし物価上昇にもかかわらず，労組が賃上げ要求に動くことはなかった．児童手当の大幅な拡充，労働協会を通じた物価政策などへの参加を労組が重視していたこともあるが，高らかに打ち出された「賃金凍結」が，現実には柔軟に適用されていたことも指摘できる．

たとえば1947年になると，各産業レベルで合意された場合には，上積み手

---

27) 繊維製品では，たとえば羊毛製の靴下が2.35ギルダーから2.2ギルダーへ，陶磁器ではティーポットが2.1ギルダーから1.78ギルダーへ，文房具では鉛筆1本が14セントから12セントへ，それぞれ価格が低下している．詳細は "Prijsverlagingen," *Sociale Voorlichting*, jaargang 2, nummer 8 (februari 1947), pp. 16-17 を参照．

28) "Sociaal-Economische Politiek," *Sociale Voorlichting*, jaargang 2, nummer 10 (april 1947), pp. 12-14．

29) "De behandeling van de begrooting van Sociale Zaken in de Staten-Generaal," *Sociale Voorlichting*, jaargang 2, nummer 9 (maart 1947), pp. 15-19．ドレースは，ベルギーで賃金凍結宣言とストライキ，賃上げ・物価上昇の悪循環が続いていると指摘し，「現在，我々がとっている方法に固く踏みとどまることが必要であると信じる」と述べる．

30) *Verslag van de Nederlandsche Bank N. V. over het boekjaar 1947*, uitgebracht in de Algemene vergadering van aandeelhouders op 27 april 1948 (Amsterdam: Blikman & Sartorius), p. 8.

当・賞与の支給が認められた[31]．また47年6月には減税の実施により，週給40-60ギルダーの俸給生活者は，賃金の約2％に相当する減税を受けることができた．この結果，物価水準の若干の上昇にもかかわらず，労働者の購買力は政府声明の時点から1年間でほとんど変化なく維持された[32]．

政府と労使も，1947年秋からいっそう緊密な連絡を開始した．9月23日には，労働協会と「賃金・物価政策に関する省間協議委員会」(Interdepartementele Commissie van overleg inzake Loon en Prijspolitiek) との間で初めての協議が行われた．「賃金・物価政策に関する省間協議委員会」とは社会省・経済省の担当者が合同で賃金・物価に関する検討・協議を行う委員会である．それまで労働協会は，国家調停委員会や社会省とのあいだで必要に応じて賃金などの問題について協議を行ってきたが，賃金・物価抑制政策のような複数分野にまたがる政策課題については，政府と労働協会が正式に協議する場は存在しなかった．同年以降，この協議は頻繁に行われ，当面のさまざまな政策に関する相互の見解の相違点をすりあわせ，合意をとりつけていく作業が行われた[33]．この協議の中で労働協会による賃金・物価抑制政策への協力が改めて確認されるとともに，政府は家賃凍結の継続，補助金給付水準の維持などを約束した．また協議を受けて11月には，地域・熟練度別の賃金体系に改定を加えた修正賃金体系も作成されている．

この労働協会と省間委員会との協議はこれ以後，政府と労使代表の意見の相互調整のためのきわめて重要な場となり，10年強にわたってネオ・オランダのコーポラティズム的意思決定の結節点となった．

このように政府は，政府声明以後も，賃金に対する相応の補償を認め，また労使の協力に対して物価統制の継続，労使の政策形成への包摂に積極的な方針

---

31) *Jaarverslag over 1947*, Centraal Sociaal Werkgevers-Verbond, pp. 21-22. この上積み手当（賞与，休暇手当などを含む）の支給のさい，当該産業の労使の合意があれば国家調停委員会の認可は不要とされており，多くの産業でこの上積み給付が実行された．

32) *Verslag van de Nederlandsche Bank N. V. over het boekjaar 1947*, p. 8.

33) Verslag van de gemengde vergadering van de Interdepartementele Commissie van overleg inzake Loon en Prijspolitiek met vertegenwoordigers van de SvdA, 23-9-1947, 25-9-1947, 26-9-1947, 15-10-1947, 23-10-1947, 30-10-1947, IISG, *Archief SvdA*, nr. 244. 省間委員会からファン・レイン社会省事務総長，ブラウウェルス経済省物価総本部長らの主要関係官僚，労働協会からはスティケル，フェルミューレン，デ・ブライン，ルペルトら雇用者団体や各労組連合の最高指導者がこの協議に参加している．

をとって応えていった．労働協会は1948年5月，政府声明から約1年半の期間を次のように総括する．すなわち物価は若干の上昇を見せたものの，何も措置が取られなければ約7％ものインフレが生じたであろう．これが抑制されたのは政府により積極的な物価統制，補助金の継続といった対応策が講じられたことによる．他方，賃金については児童手当，上積み給付，減税などによって相当の増加を示している．「多くの措置が取られたおかげで，生活費指数が大幅に上昇することは避けられた」，その結果，賃金と物価の乖離は大きく減少したとして，政府の諸政策に高い評価を与えたのである[34]．

この労組側の協力的な姿勢は，この時期の労使関係の安定からも見て取ることができる．47年中の労使紛争数は272件で，前年の270件とほぼ同数であったにもかかわらず，労使紛争による延べ損失日数（aantal verloren arbeidsdagen）は68万1600日から20万3400日へと激減した．主要な組合のほとんどは，ストライキではなく交渉による解決方法を選択した．ボハールツの指摘するように「政府の賃金・物価政策は，労組が協力するに値するものだった」といえよう[35]．

第2節　補助金削減と1ギルダー給付

1　マーシャル・プランとオランダ

しかし抑制的な物価・賃金政策が一定の成功を収めたにもかかわらず，大幅な国際収支の赤字は一向に解消せず，オランダ経済の重大な足枷となった．1946年から47年にかけての冬は格段に寒く，燃料輸入が増加した．1947年の夏は日照り気味であり，農産物の生産は伸び悩んだ．

インドネシア（東インド）問題も，オランダに重くのしかかっていた．大戦中日本に占領された東インドでは，10万人を超えるオランダ民間人が抑留されて現地の行政・経済の中枢から完全に排除されたため，現地住民に対するオランダの権威は完全に失墜し，日本の敗戦直後の1945年8月17日，スカルノ，

---

34) "Het gevoerde beleid ten aanzien van lonen en prijzen," *Sociale Voorlichting*, jaargang 3, nummer 11 (mei 1948), pp. 201-204.
35) Bogaarts, *op. cit.*, pp. 1469-1470 ; *Verslag van de Nederlandsche Bank N. V. over het boekjaar 1947*.

ハッタらの民族運動指導者によってインドネシア共和国の独立が宣言された[36]．しかしオランダはこれを認めず，軍事衝突と休戦を繰り返していた．

1946年11月のリンガジャディ協定では，オランダとインドネシアは国家形態として連邦制を採用し，オランダ・インドネシア連合を結成することで一旦は合意し，停戦が成立する．しかし1947年7月にオランダは本格的な軍事行動を再開し，インドネシアの制圧を試みる[37]．これに対し国連，とりわけアメリカの主導する安全保障理事会がオランダに圧力を加えたため，オランダは停戦を余儀なくされ，1948年1月，今度はレンヴィル協定が結ばれる．しかし1948年12月にはオランダは再び軍事行動を開始した．こうして，戦前にはオランダ本国に巨額の収益をもたらした植民地は，戦後には収益の源泉どころか，一連の軍事行動を通じてオランダに多くの財政的・経済的負担を課し，国際収支の赤字を一層深刻化させた．

もちろん，このオランダの抱えた国際収支の赤字問題は，他の西欧諸国にも共通していた．イギリス，フランスをはじめとして戦後復興に取り組む諸国のほとんどは，輸入の急増により国際収支の大幅な赤字を記録した．たとえばイギリスでは，1946年に15億6200万ドルだった貿易赤字が47年には25億9600万ドルに増加している．1948年時点の試算によれば，1948年から1951年の4年間に西欧諸国のドル不足は200億ドルを超えることが見込まれた．またフランス，イタリアの場合には，物資の不足やインフレを背景に，共産党やこれと連携する労働運動の急進化といった政治・社会問題も大きな問題となっていた．

ただオランダの場合，他のほとんどのヨーロッパ諸国に対しても貿易赤字が存在していたことが注目される．1947年にはベルギーに対する2億2900万ギルダーの貿易赤字を筆頭として，イギリスに1億6800万ギルダー，フランスに5900万ギルダーの貿易赤字が存在した．この時期ヨーロッパ諸国は相互に

---

36) 東インドの民間人抑留の問題については，L. van Poelgeest, *Nederland en het Tribunaal van Tokio: Volkenrechtelijke polemiek en internationale politiek rond de berechting en gratiëring van de Japanse oorlogsmisdadigers* (Arnhem: Gouda Quint, 1989). L. ファン・プールヘースト著［水島治郎・塚原東吾訳］『東京裁判とオランダ』（みすず書房，1997年）も参照．

37) 2度にわたるオランダの軍事行動については，オランダでは「警察行動」（polititionele acties）との呼称が用いられている．共にスポール中将の指揮下に行われた．

二国間協定を結んで決済を行っていたため，特定国とのあいだに生ずる赤字は外貨準備を取り崩して対応するほかなく，オランダにとってこれは大きな困難を伴った．戦前のオランダは東インド産の錫などをヨーロッパ諸国に輸出して外貨を得ていたが，戦後には有力な輸出品を欠いていた．その結果オランダは，ヨーロッパの中でも最も深刻な国際収支問題を抱えたのである．

オランダ政府がこの状況に強い危機感を抱いていたのは言うまでもない．1947年11月に中央計画局が発表した経済予測によると，1948年中に外貨不足は18億ギルダーに上ることが見込まれた．国際収支危機を避けるためには，約5億ギルダーの対外資産と金準備（buitenlands bezit en goud）の取り崩しに加えて，10億ギルダーに上る輸入額の削減の断行が必須である．しかしそのためには，たとえば国内消費を9億ギルダー削減（国内消費総額の約12％に相当），投資を7億5000万ギルダー削減（約40％に相当）して国内支出を大幅に圧縮する必要がある．しかしこれは今後の経済再建に深刻な影響を及ぼそう．また将来の生産能力，ひいては輸出にも悪影響を与えるだろう．「その結果国民に混乱と緊張が生じ，政治的な変動が起こる可能性もある」と中央計画局は強い懸念を示した[38]．

このような情勢のもとでアメリカ政府によって打ち出されたマーシャル・プラン（ヨーロッパ復興計画）は，オランダ経済にとって特に重要な意味を持っていた．

周知の通り1947年6月5日，マーシャル米国務長官がヨーロッパ諸国に対する援助の意思を表明し，48年4月3日の「1948年対外経済協力法」の成立によりマーシャル・プランは動きだした．マーシャル援助としてアメリカは，1948年4月から1951年6月までの3年3ヵ月の間に計102億6000万ドルをヨーロッパ諸国に供与し，その9割近い91億2800万ドルが贈与だった[39]．

マーシャル・プランの目的は，ヨーロッパ諸国の経済を早期に自立化させ，

---

[38] 9億ギルダーの消費削減で6億ギルダーの外貨需要の削減が，7億5000万ギルダーの投資削減で3億7500万ギルダーの外貨需要の削減がそれぞれ可能になると計算された．Pierre van der Eng, *De Marshall-hulp: Een perspectief voor Nederland 1947-1953* (Houten: De Haan, 1987), pp. 53-56; Bogaarts, *op. cit.*, pp. 1126-1135.

[39] 廣田功・森建資編著『戦後再建期のヨーロッパ経済 復興から統合へ』（日本経済評論社，1998年）．永田実『マーシャル・プラン 自由世界の命綱』（中公新書，1990年），127-129頁．

同時に共産勢力の伸張を阻止することであった．そこでアメリカは援助資金の有効利用をめざし，被援助国と二国間協定を結んで生産の増強，財政の安定，貿易障壁の緩和などを条件に各国に援助を行う方式をとった．またアメリカの生産物の輸出市場としてヨーロッパを確保する狙いもあり，援助の大半はアメリカを中心とする北米からの物資輸入に充てられた．援助物資の種類や数量については被援助国の意向が尊重されたものの，アメリカの経済協力局による審査が必要とされた．また各国はマーシャル・プランによる援助物資の売却代金を自国の見返り資金勘定に振り込むことが義務づけられており，この見返り資金の利用にはやはりアメリカ経済協力局の承認が必要だった．見返り資金の用途には生産的な投資や，財政安定のための政府債務償還などの枠がはめられ，消費拡大や失業救済などの直接生産増強につながらない用途や，財政赤字の補塡は禁止された[40]．

またアメリカは，援助の効率的な活用にはヨーロッパ内の経済協力が不可欠という立場から，マーシャル援助の受け皿として被援助諸国間の経済協力を要求した．これに応じて7月12日にはマーシャル・プラン参加国16ヵ国によるパリ会議が開催され，ヨーロッパ経済協力委員会（CEEC）が設置される．このヨーロッパ経済協力委員会（後にヨーロッパ経済協力機構：OEEC）はヨーロッパ共同の復興計画を作成し，マーシャル・プランの援助額や内容に関し協議した．またマーシャル援助によって設立されたヨーロッパ決済同盟は，ドル引き出し権の創設により従来の二国間決済を容易にし，多国間決済の進展も促したことで，ヨーロッパ内の貿易発展に大きく貢献した[41]．

オランダでは，共産党のような一部の左翼勢力を除けば，マーシャル・プランは問題なく受け入れられた[42]．与党のカトリック人民党や労働党はこれに積極的に賛成し，野党の反革命党やキリスト教歴史同盟，自由民主人民党なども

---

40) 浅井良夫「ドッジ・ラインと経済復興――マーシャル・プランとの比較検討」油井大三郎ほか編『占領改革の国際比較――日本・アジア・ヨーロッパ』（三省堂，1994年），162-192頁．
41) マーシャル援助と欧州決済同盟の設立については，須藤功「戦後アメリカの対外通貨金融政策と欧州決済同盟の創設」廣田ほか編，前掲書，313-353頁．
42) 共産党はマーシャル・プランに対し，これはアメリカの膨張政策（expansiepolitiek）の一環であり，アメリカの市場拡大の手段にすぎず，オランダの経済をアメリカの利益に従属させるものにほかならないとして批判した．Bogaarts, op. cit., pp. 1137-1142.

プラン自体に反対することはなかった[43]. 労使組織も同様に協力姿勢を表明した. 世論も好意的であり, 1947年7月の世論調査では, 75%の回答者がマーシャル・プランへの参加に賛成し, 反対は8%にすぎなかった[44].

オランダにはマーシャル・プランにより, 3年3ヵ月の期間中に総額8億900万ドル (うち贈与はその約80%に相当する6億5900万ドル) が供与された. ミルウォードによると, オランダはフランスと並びマーシャル・プランによって最も利益を得た国だった. 彼の検討によれば, もしマーシャル・プランが実行されなければ, 両国は復興に必要な輸入を確保できず, 経済再建に重大な影響を及ぼしたという. 両国は資本財輸入を中心に北米地域に大幅な貿易赤字を抱えており, これを国内生産の増加や輸入パターンの変化によって解消することは不可能だったと見られるからである[45].

オランダ経済に対してマーシャル・プランが果たした役割は, 次のように要約できる.

まず第1は, 国際収支の大幅な改善である. オランダの経常収支赤字は1948年には14億6900万ギルダーに達し, 49年には9億8200万ギルダー, 50年には13億6200ギルダーと依然としてきわめて巨額に上っていた. しかしマーシャル・プランにより, 48年には5億4300万ギルダー, 49年には6億2900万ギルダー, 50年には11億4200万ギルダーものドルの流入が生じた[46]. これにより外貨危機は回避され, 国内支出抑制のための極端な緊縮政策も不要となった.

マーシャル援助は, その大半がアメリカからの輸入に充てられた. 他のヨーロッパ諸国と同様, マーシャル・プランによるオランダの輸入品は農産物, 原料・半製品が中心だった. 最大の比率を占めたのは小麦である. 1947年の日照りにより, ヨーロッパ全土で小麦の収穫が減少し, オランダでも備蓄が底をついていたからである. 原料では綿花の比率が高い. オランダでは19世紀末

---

43) 反革命党の場合には, インドネシア問題をめぐってオランダに圧力を加えるアメリカの姿勢に対する強い反発があったが, 援助そのものを批判したわけではなかった.
44) Van der Eng, *op. cit.*, pp. 110-112.
45) Alan S. Milward, *The Reconstruction of Western Europe 1945-51* (London: Routledge, 1992), pp. 106-107.
46) J. L. van Zanden, R. T. Griffiths, *Economische geschiedenis van Nederland in de 20e eeuw* (Utrecht: Het Spectrum, 1989), p. 193.

から東部のトウェンテ地方で織物工業が発展していたが,当地の織物企業はマーシャル援助による綿花や機械の輸入によって息を吹き返し,オランダの織物工業は早期に戦前の生産水準を越えることができた[47].

　第2は,見返り資金の利用である.見返り資金の活用方法については,各国で用途が大きく異なっている.フランス,ドイツ,イタリアではそのほとんどが投資目的に用いられたのに対し,オランダやデンマークではそれぞれ37%,17%と低く,イギリスやノルウェーではほとんど投資には利用されなかった.前者の典型的な例はフランスである.フランスではモネの計画庁が主導する経済の近代化計画が多額の投資資金を必要としていたが,民間資本市場では資金調達が困難だったため,見返り資金はこの近代化計画に積極的に投入された.資金は発電施設の建設,運輸・通信関係の設備投資など,民間からの長期の資本投資が困難な分野に重点的に配分され,その結果,被援助諸国の見返り資金による投資総額の約半分は,フランスによる投資が占めた[48].

　これに対して,後者の国々では見返り資金は投資以外,とりわけ政府債務の償還などに充てられた.その代表はイギリスであり,見返り資金の引き出し額の97%は政府債務の償還に用いられた.いうまでもなく見返り資金は,それが投資に利用されれば生産を促進し,政府債務の償還の場合にはインフレを抑制する.ただイギリスやノルウェーの場合には,インフレ抑制を目的としていたというより,アメリカが投資内容に介入する事態を避け,見返り資金自体は債務償還に回して他の財政資金を投資に振り向けたという見方もできる[49].とはいえ,各国のインフレに対する姿勢が間接的に見返り資金の利用形態に影響していたことは確かであろう.

　オランダでは,見返り資金の投資への配分は37%にとどまり,残りは政府債務の償還(24%)や軍事目的(19%)などに充てられた.見返り資金に対する関心が政府内で生じるのも比較的遅く,配分方法が検討されたのは1949年

---

47) Van der Eng, *op. cit.*, pp. 175-176.
48) Milward, *op. cit.*, pp. 108-112;マーシャル・プランを資金源としたモネらの「プラン」については,中山洋平「フランス第四共和制の政治経済体制:二つのモネ・プランと53年危機——「近代化」と〈国家社会関係〉の歴史的展開」『国家学会雑誌』第105巻3・4号(1992年),214-284頁が詳しい.
49) 浅井,前掲論文,179-180頁.

に入ってからのことだった．見返り資金の利用が大幅に遅れた理由としては，オランダ政府やオランダ銀行が見返り資金勘定の存在について，むしろその通貨的な安定への貢献という副次的な効果に着目していたことがあげられる．オランダ銀行の見解では，見返り資金勘定は，過剰流動性を吸収して潜在的なインフレ（latente inflatie）を抑えることで，通貨の安定をもたらし，安定的な復興に貢献するとして重要な役割を与えられていた．そのため，国際収支の赤字が深刻だった1951年前半期まで，資金の支出はきわめて慎重に行われた[50]．

しかも，見返り資金の配分方法をめぐり，当局者の間で相当の意見の開きがあった．オランダ銀行総裁のホルトロップは，やはりデフレ効果を期待して全額を政府債務の償還に充てることを主張し，投資計画や住宅建築に投入すべきとするヒルスフェルト（マーシャル援助担当のオランダ代表委員）と対立した．結局，妥協により，投資と償還の双方に資金を配分することで決着したが，具体的な配分先はなかなか決まらなかった．そのため1951年にアメリカが軍事支出の増額を要求すると，6億ギルダーの見返り資金が軍事支出に回され，1953年にオランダ南西部を水害が襲うと，この復旧・防災対策に4億ギルダーの支出が決まるなど，全体として場当たり的な対応が目立った[51]．

見返り資金による投資プロジェクトとしては，農業関連投資の占める比率が高いことが特徴的であり，他国と較べても際だっている．農業生産の合理化・機械化，エイセル湖の干拓事業，水害の復旧などに資金が充てられ，戦後のオランダの農業が国際競争力をつけるうえで大きく貢献した．

また工業部門では，鉄鋼業大手のホーホーフェンス（Hoogovens）のブレードバント・プロジェクトが有名である．政府はホーホーフェンスの大規模な事業拡張計画に対し，9600万ギルダーの見返り資金を含む1億5000万ギルダーを資本参加の形で投じて全面的に協力した．この9600万ギルダーは，工業促進に投じられた見返り資金投資額の約80％にあたる．1952年に新しい圧延工場が稼働を始めると，粗鋼生産は飛躍的に伸びた．その結果，オランダ工業で利用される粗鋼の大半は国内供給が可能となり，経済発展に貢献した[52]．

---

50) *Verslag van de Nederlandsche Bank N. V. over het boekjaar 1951*, p. 52.
51) Van der Eng, *op. cit.*, pp. 196-202.
52) *Ibid.*, pp. 180-183. 見返り資金による事業としては，この他にもロッテルダム港の再建，アーネムの住宅建設，ドレンテ州南東部の地域開発などが知られている．

しかし全体としては，農業部門を除けば見返り資金による投資の規模は小さかった．フランスやドイツで電気・ガス・動力関連や鉱業，機械産業にも見返り資金を用いた大規模な投資が行われたのに対し，オランダではこれは皆無に近い．オランダではマーシャル・プランは，国際収支危機を回避し輸入を確保するうえできわめて重要な役割を担ったものの，通貨の安定によるインフレ抑制重視の経済運営，そして第4章で見たような経済計画に対する否定的な姿勢の結果，見返り資金の方は政府債務の返済や軍事支出に主として充てられ，相対的には積極的な役割を果たすことはなかったといえる．

なおこのマーシャル・プランの受け入れを通じて，西側同盟国の一員としてのオランダの外交の枠組みも固まった．戦間期までオランダは，英・独・仏の3ヵ国のはざまに位置する国として，いずれの大国とも等距離を保つ中立政策を外交政策の基本としてきた[53]．第二次世界大戦後もしばらくは，インドネシアにおける軍事行動を牽制するアメリカへの反発もあり，対米同盟に関与するより国連中心主義を基本とすべきとする主張も存在し，外交方針は流動的だった．しかし1948年以降，チェコスロバキアの政変，マーシャル・プラン開始など東西冷戦の進展を受け，オランダは他のヨーロッパ諸国と同様の西側同盟路線へと明確に移行し，ブリュッセル条約の調印（48年），NATOへの加盟（49年）によって，アメリカを中心とする西側軍事同盟に積極的に参加する道を選択する[54]．これと併せて共産党や関係労組の排除も一層進められた[55]．

2 ベネルクス統合とオランダ

マーシャル・プランは西欧の経済再建のみならず，ヨーロッパ経済協力機構（OEEC）の設立を通じて経済統合のきっかけとなった．オランダは恐慌期に

---

53) オランダを含むヨーロッパの小国の中立政策については，百瀬宏『小国　歴史にみる理念と現実』（岩波書店，1988年），3-6章．

54) Duco Hellema, *Buitenlandse politiek van Nederland* (Utrecht: Het Spectrum, 1995), pp. 111-162. この親米路線への転換の中心的役割を果たしたのが，労働協会の創設に関わった元中央社会雇用者連盟委員長のスティケル外相（自由民主人民党）である．H. A. Schaper, "Het Nederlandse veiligheidsbeleid, 1945-1950," in N. C. F. van Sas ed., *De Kracht van Nederland* (Haarlem: H. J. W. Becht, 1991), pp. 150-170 も参照．

55) たとえば下院では外務常任委員会などの各委員会から共産党が閉め出され，アムステルダムでは共産党員の市助役が解任されている．Ger Verrips, *Dwars, duivels en dromend : De geschiedenis van de CPN 1938-1991* (Amsterdam: Uitgeverij Balans, 1995), pp. 258-260.

各国が設けた貿易障壁によって輸出が大幅に落ち込み、経済に深刻な影響を受けた経験があったこと、戦後再建の鍵を握るのもヨーロッパ市場であるという認識から、この経済統合の試みには強い関心を持っていた。ベネルクス関税同盟・経済同盟はそのような経済統合の嚆矢だった。

すでに1944年9月には亡命先のロンドンで、オランダとベルギー・ルクセンブルクの首脳により、終戦を見越してベネルクス関税同盟の設立協定が締結されていた。しかし実際に終戦を迎えると、オランダとベルギー・ルクセンブルク[56]との間で予想以上の経済状況の相違が明らかとなったため、実際に関税同盟が発効し、共通の域外関税の導入と域内関税の撤廃がほぼ実現したのは48年1月のことだった。ベルギーは既に44年中に連合軍による国土解放が達成されており、オランダと比較すれば大戦による被害はかなり小さく、相当の工業生産能力を保持していたこと、戦後もコンゴの植民地経営が続いて一定の収益を確保していたことから、両国経済の戦後の出発点に差が生じていたのである。これは両国の外貨準備高にも反映していた。実際、戦後ただちにオランダとベルギーの間には著しい貿易不均衡が生じたため、オランダは3国間の協定を援用し、赤字額をベルギー・ルクセンブルク経済同盟からの借款でまかなう結果となった[57]。

それでも1948年になると、先述のようにアメリカがマーシャル援助の条件としてヨーロッパ内経済協力を要求してきたことを踏まえ、ベネルクスの経済統合をめざす動きは加速した。オランダには、経済同盟に入ることでベルギーに対する貿易赤字がいっそう増加することへの懸念もあったが、マーシャル援助によりヨーロッパ諸国間の多角間決済を可能とするヨーロッパ決済同盟の設立が決定されたことで、その問題は解決された。こうして3国間の協議が積み重ねられ、1949年10月1日には将来の経済同盟の結成をにらんだ事前同盟（Voor-Unie）が結成され、域内の物資流通のほぼ3分の2について制限を完全に撤廃した。最終的にベネルクス経済同盟の発足が合意されるのは1958年2月のことであるが、その間にも3国は、労働力・資本・物資の域内自由移動や、

---

56) すでに1922年には、ベルギーとルクセンブルクはベルギー・ルクセンブルク経済同盟を発足させている。
57) ベネルクス関税同盟と経済同盟をめぐる交渉については、Bogaarts, *op. cit.*, pp. 1300-1323.

投資政策や通商政策をはじめとする政策面での協調を着実に進めており，その結果域内の貿易量は飛躍的に拡大した[58].

3 補助金削減問題

このマーシャル・プランの開始とベネルクス経済統合の進展は，補助金の削減問題を通じ，オランダの所得政策にも影響を及ぼした．

終戦後，政府は食料品を中心に大規模な価格補助金を投入し，生活関連物資の価格抑制と安定供給に尽力してきた．食料品補助金の7割はパン，バター，肉類，牛乳の4品目が占めた．しかし1948年までに補助金の支出額は25億ギルダーに達し，国家財政の圧迫要因ともなっていた[59].

先述のようにアメリカはマーシャル・プランの導入に際し，被援助国に通貨価値の安定のための適切な財政・金融政策を求めており，それは1948年6月29日にオランダとアメリカの間で署名された二国間協定にも明記されていた．また，ベネルクスの結成と経済統合の進展も，従来の補助金政策に対する見直しを必要とした．48年6月の上旬のアルデンヌ城ベネルクス首脳会談では，経済同盟の条件として配給制の廃止，補助金の削減を通じた財政健全化，価格の自由化を進めることが合意され，コミュニケとして発表された．生産水準の回復がベルギーに較べてかなり遅れ，価格補助金の総額がベルギーより大きかったオランダでは，これは相当規模の補助金の削減を意味していた．

しかし賃金抑制政策が継続する中で，補助金削減により国民生活に直接関わる食料品や燃料の価格が上昇すれば，生活費を押し上げ，購買力を減少させるのは確実である．そこで政府は48年9月，2億5000万ギルダーに及ぶ補助金

[58) 1953年には通商政策や社会・経済政策の分野で政策協調を進める議定書も署名された．貿易量は，オランダからの輸出が1947年の2億9600万ギルダーから1957年には18億2600万ギルダー，輸入は5億2200万ギルダーから28億8000万ギルダーにそれぞれ大幅に増加した．なお，オランダとベルギー・ルクセンブルク間の経済統合に関する協議で障害となっていたのは，依然としてオランダ側が大幅な貿易赤字を記録していたことのほか，ベルギー・ルクセンブルク側が賃金抑制政策を続けるオランダから低価格の農産物や鉄鋼が大量に流入してくることを強く警戒していたこと，逆にオランダ側では自前の工業を育成する必要から，工業化の進んだベルギーから工業製品が流入することに対する抵抗感があったことなどがあげられる．Van Zanden et al., *op. cit.*, pp. 248-251.

59) 1948年中の価格補助金支給額も6億5000万ギルダーに達することが見込まれていた．*Stichting van den Arbeid : Verslag over de werkzaamheden in het jaar 1948* (Den Haag: SvdA), pp. 58-59.

の削減問題をめぐって労使と意見を調整するため，労働協会に協議を呼びかけ，9月17日と23日，「賃金・物価政策に関する省間協議委員会」と労働協会との協議が行われた[60]．

　この席で政府代表のファン・レインは，補助金削減の必要性について労働協会側の理解を求め，次のように主張した．マーシャル・プランの導入，ベネルクスの経済統合の進展によって，オランダを取り巻く環境は変化しつつある．マーシャル・プランによる援助額はオランダの国民所得の12％にも上る．しかし，マーシャル援助の条件として財政の健全化が必要であり，アルデンヌ城首脳会談でも補助金削減が約束されたことから，政府としては補助金削減は実行する責任があり，11月1日に開始したい．ただ低所得者層に重い負担を課すことは望ましくないので，補助金削減により値上がりする品目は限定する．たとえば高級白パンの価格は上がるが，通常の白パンと茶パンの価格は据え置く．豚肉の価格も上がるが，牛肉は据え置く．同様にバターは値上げしてマーガリンは据え置く．この選択的な値上げ方式をとれば，消費者は自衛行動（uitwijkmogelijkheden），すなわち価格が据え置かれた品目の消費の増加によって対応するであろうから，生活費に対する補助金削減の影響は緩和されるであろう，という[61]．

　これに対し，雇用者側は概して補助金削減の必要性を認め，政府の措置をそのまま受け入れる用意があるとの好意的な反応を示した．しかし労組側は，足並みをそろえて補助金削減が生活費上昇をもたらすことを批判し，協議は難航した．オランダ労働組合連合代表のフェルミューレンは，何らかの補償措置がなければ政府の措置は認められないと主張した．そこでファン・レインは労働協会に対し，問題を認識するのであればまず労働協会が自らこの問題を検討し，何らかの対案を提示することを求め，労働協会側もこれを了承した．ただし彼は，いかなる提案を労働協会が作成するにしても，それが補助金削減という目

---

60) これは通算すれば第8回目の省間協議委員会と労働協会との協議にあたる．

61) Verslag van de gemengde vergadering van de Interdepartementele commissie van overleg inzake de loon- en prijspolitiek met vertegenwoordigers van de SvdA, 17-9-1948, IISG, *Archief SvdA*, nr. 244. 同時にファン・レインは，牛乳についてはむしろ値下げが可能だとの見通しを示した．

168　第5章　戦後再建期の所得政策

的に沿うものであることは要望した[62]．

　ボールを投げ返された形の労働協会は，省間協議委員会との協議終了後，執行部会を数回にわたって開き，対応を協議した．その席で労組側は補助金削減に対する不満を改めて表明した．全国キリスト教労働組合連合委員長のルペルトは11月1日に予定された補助金削減が拙速にすぎると批判した．カトリック労働者運動委員長のデ・ブラインは，消費者の自衛行動を前提とした政府案を批判し，たとえ価格据え置き品目の消費が増えるとしても，やはり結果としては標準家計で週40セントの負担増になると指摘した．もし一定の対応策がとられなければ，これまで労働協会を構成する労使が一致して避けてきた一律の賃上げを要求することもあるという[63]．

　しかし三労組連合は，補助金削減の批判に終始していたわけではない．三労組連合は各労組内部，及び三労組連合の連絡機関である労組連合協議会でも検討を開始した．労組連合協議会は，消費者の自衛行動を算入すべきでないという立場から，補助金削減による生活費の上昇は単純に計算して週94セントと算出した．そしてこの生活費の上昇に対しては補償が不可欠であること，ただ現行の賃金基準の改定を伴うような賃上げは避けるということで見解が一致した．そして労組連合協議会として，生活費上昇への補償として週当たり1ギルダーの特別手当（toeslag）を賃金に上乗せすること，特別手当の負担は価格に転嫁しないこと，特別手当の対象者に年金生活者も含めることを正式に要求としてまとめ，労働協会に提出した[64]．

4　1ギルダー給付

　労働協会の執行部会では，特別手当の支給は生産コストを引き上げるとして，雇用者委員に難色を示す者もいた．中央社会雇用者連盟のマウリッツは，1947年から48年にかけて実質賃金はむしろ上昇していると主張して，特別手当を

---

[62]　Verslag gemengde vergadering Interdepartementele commissie, 23-9-1948, IISG, *Archief SvdA*, nr. 244.
[63]　雇用者側でも，オランダ・プロテスタント雇用者連盟のボルスト委員長は，財政の健全化の手段の中心に補助金削減が置かれたことに嫌悪感を示し，行政機構の簡素化など方法は他にもあると批判した．Verslag bestuursvergadering SvdA, 24-9-1948, IISG, *Archief SvdA*, nr. 31.
[64]　Verslag bestuursvergadering SvdA, 4-10-1948, IISG, *Archief SvdA*, nr. 31.

通じた賃金の上積みに疑問を投げかけた．特に雇用者側から批判が集中したのは，労組側が特別手当の価格転嫁禁止を要求したことだった．

　労組側はこれに対し，補助金削減による負担を一方的に労働者が負うことは認められない，何らかの補償は労使間の平和（arbeidsvrede）にむしろ有益である，と反論した．また労組側は，48年に入って企業が高い配当を支払っていることも指摘し，労働者への収益の分配が遅れているのではないかと主張する．そして，労働協会として労組連合協議会の提案を採用し，政府に対して労使共同提案として主張するよう迫った．

　もっとも，雇用者側も賃金面における措置の必要性は認識していた．ボルスト・プロテスタント雇用者連盟委員長は「裕福でない労働者が物価上昇で圧迫を受けることは，社会的に認めがたい」と労組側の要求に一定の理解を示した．特に労働協会の議長を務めていたダメ中央社会雇用者連盟委員長は，労使が一致して提案を政府に提示することの重要性を認識していた．彼は労組連合協議会の提案を「建設的（constructief）」行動と高く評価し，労使間の意見を調整して労働協会としての統一見解の作成に尽力する．その結果雇用者側は，特別手当の価格転嫁，および手当て支給対象者の年収額に上限を設定することを労組が認めるのであれば，特別手当の支給に応じられるとの姿勢を見せた．

　さらに双方の主張のすりあわせの結果，手当の具体的な額は決まらなかったものの，妥協案が成立した．当初雇用者側からは，支給対象者の年収額の上限を3700ギルダーとする案も出されていたが，労組の要求でこれは5000ギルダーまで引き上げられた．また最大の対立点であった特別手当の価格転嫁については，「全般的な（in het algemeen）」物価上昇は防止する，との表現で合意された．こうして10月15日，長時間の会合の末，省間協議委員会との協議の始まる直前になって，ようやく特別手当の支給について労働協会としての合意が成立した[65]．

　同日，引き続いて省間協議委員会—労働協会の協議が行われた．ここで政府は，労働者への手当支給案には一定の理解を示した．また現行の物価・賃金政策を維持するために，手当負担の価格転嫁も禁止すべきとの認識を示した．し

---

65) Verslag bestuursvergadering SvdA, 15-10-1948, IISG, *Archief SvdA*, nr. 31. また支給対象者は23歳以上とし，それ以下の年齢の場合には既婚者にのみ手当を支給することも合意された．

かし，労組側の主張する給付額の1ギルダーには強い難色を示した．値上がり品目の限定で家計負担は相当減少するはずである，と省間協議委員会側は主張を繰り返した．彼らの試算では，消費者の自衛行動を考慮に入れなければ，確かに家計の負担は週当たり95セント上昇する．しかし自衛行動によって，これは実際には31セントに抑えられるという[66]．この試算を踏まえて委員会は，特別手当の額は週48セントに抑えること，ただこれに加えて児童手当を第三子から週当たり30セントずつ増額して支給する，という逆提案を行った[67]．

労働協会，特に労組側は，この政府提案を批判した．労組側は，あくまで週当たり1ギルダーの手当の支給を求めることを確認した．もし政府の提案を受け入れてしまえば，「善意の (bona fide) 労働組合は，組合員たちの要望に応えることができない」という．

前節で示したように，カトリック労働者運動は児童手当の拡充を強く求めてきた．しかも1948年に入ると，カトリック労働者運動はカトリック雇用者連盟と共同で，児童手当の累進制を強化するよう運動を開始していた．そのためカトリック労働者運動には，児童手当が増額されること自体には異論はなかった．

しかしカトリック労働者運動は，この補助金削減に対する対応として第三子以降の児童への児童手当を用いることには懐疑的だった．児童数が1人ないし2人の家庭はこの児童手当増額の恩恵にあずかれず，48セントの特別手当を受け取るにとどまるため，実質購買力が低下することは確実だからである．そこでカトリック労働者運動は，今回は1ギルダーの特別手当の方が「心理的にも」好都合であるとし，労組連合協議会決定を堅持して，児童手当の増額ではなく特別手当の要求に集中することを決定した[68]．カトリック労働者運動のデ・ブライン委員長は労働協会の執行部会でも，政府の提案に反対する点において，「善意の労働組合の間にはいささかの意見の違いもない」と三労組連合の一致を強調している．

---

66) ただバターやパンと異なり，石鹸や食用油，ガス・電気などの値上げは自衛行動の対象とならないため，そのまま負担として計算された．
67) Verslag gemengde vergadering Interdepartementele commissie, 15-10-1948, IISG, *Archief SvdA*, nr. 244.
68) Notulen dagelijks bestuur NKV, 18-10-1948, KDC, *Archief NKV*, nr. 12.

ところが雇用者代表の中には，政府提案に賛意を表す者も出てきた．中央社会雇用者連盟副委員長のフィリップス（フィリップス白熱電球製作社の取締役会副会長）は，1ギルダー手当はやはり高すぎるとして，政府提案が妥当な水準だと主張した．またカトリック雇用者連盟のアルブレヒツ委員は，政府が児童手当の増額を提案したことに強い関心を示した．この結果，政府の逆提案は一種の「分断工作」としての効果を発揮した．一時はほぼ一致した姿勢で政府と協議に臨んだ労働協会は，雇用者側の態度の変化により，10月19日の執行部会では決裂寸前の状況に陥ったのである．雇用者側の姿勢に驚いたカトリック労働者運動のデ・ブライン委員長は，もし手当額48セントが決定されることがあれば，労組はただちに賃上げを求めて行動に移るだろうし，労働協会の賃金に関する役割は終わりを告げ，ついには大きな混乱と生産減少を招くだろう，と警告を発した．

もっとも，雇用者側が本当に従来の労使協調路線の決裂の危険を冒してまで，政府案を採用する意思があったかどうかは疑わしい．労働協会代表委員 (gedelegeerde) のスローテマーケルの説得を受けると，雇用者側はいとも容易に妥協に応じたからである．むしろ雇用者側の本意は，政府の提案を用いて労組側に一定の譲歩を迫ることにあった可能性がある．労組側は1ギルダーの手当支給が実行されるのであれば，補助金の削減をさらに進めることにも協力しようという姿勢を見せ，これは雇用者側にも快く受け入れられた．こうして労働協会は10月19日，労使の見解を完全に一致させ，特別手当1ギルダーの支給で足並みをそろえて政府に要望することを決定したのである[69]．

同日引き続いて行われた省間協議委員会と労働協会との協議でも，省間協議委員会側は先の政府提案に固執することはなかった．労使の一致した協力関係を優先し，特別手当については額を1ギルダーとすることで労働協会の結論をそのまま受け入れた．補助金をめぐる協議の最初にファン・レインが述べたように，政府にとって，補助金削減が円滑に遂行できることが最大の目的だったからである．

なおその場で政府側は，週1ギルダーの手当が値上げによる負担増を補って

---

[69] Verslag bestuursvergadering SvdA, 19-10-1948, IISG, *Archief SvdA*, nr. 31.

余りある過剰補償になってしまうことも指摘した．1ギルダー手当の要求が満たされた労組側は，この点では特に異論なく同意した．そして1ギルダーの範囲内で，補助金を予定以上に削減する，という妥協案が成立した[70]．

この補助金削減幅の上積みについては，この合意成立後ただちに労働協会と省間協議委員会の各代表からなる，細部調整委員会（opvullingscommissie）という小委員会が設置され，具体的な品目と新たな値上げ幅の検討に入った[71]．その検討の過程で，通常のパンに対する補助金を全面的に廃止するという案が浮上し，細部調整委員会の委員たちはこれに同意した．この方式をとった場合，パン800グラム当たり4セントの価格の上昇が生ずる．標準家庭のパン消費量を週6520グラムとすれば，この価格の上昇のもたらす負担は週当たり32.6セントと見込まれる．これに政府当初案に盛られていた補助金削減による家計の負担増加額の68セント（新たな計算方法に基づいて算出）を加えれば，ほぼ正確に1ギルダーになるというのである[72]．

労働協会は，この細部調整委員会案を全会一致で承認した．中央社会雇用者連盟のフィリップス委員は，「善意をもって人々が1つのテーブルを囲んで座るときには，なんと多くのことが達成されることだろうか」とこの合意を手放しで称賛した[73]．省間協議委員会もこの補助金削減案を受け入れた[74]．こうして当初予定の2億5000万ギルダーより多い，3億3000万ギルダーの補助金削減と補償措置の全体が確定し，11月から実行されることが決定された[75]．10

---

70) Verslag gemengde vergadering Interdepartementele commissie, 19-10-1948, IISG, *Archief SvdA*, nr. 244.

71) 労働協会からはオランダ労働組合連合執行委員のフェルミューレン，中央社会雇用者連合のマウリッツ，労働協会総務のベルスが，省間協議委員会からはファン・レインを含む3名の官僚がこの細部調整委員会に参加した．

72) 当初案による家計の負担額として細部調整委員会が算出した額は，週当たり砂糖および砂糖関連食品20セント，小麦粉食品3セント，石鹸10セント，油が6セント，ガス・電気が10セント，豚肉13セント，家庭用石炭5セント，高級パン16セント．この合計から牛乳の値下げに伴う負担額減少（15セント）を引くと68セントとなる．はじめ政府は家計負担の増加を31セントと試算し，労組側が94セントと計算していたことを考えると，これは経済学的な根拠に基づいて算出したというより，両者の妥協の産物である．Berekening van de voor verdere verlaging der subsidies nog beschikbare marge, 25-10-1948, IISG, *Archief SvdA*, nr. 244.

73) Verslag bestuursvergadering SvdA, 26-10-1948, IISG, *Archief SvdA*, nr. 31.

74) Verslag gemengde vergadering Interdepartementele commissie, 26-10-1948, IISG, *Archief SvdA*, nr. 244.

75) 以上の事態の進行に対し，リーフティンク財務相は不快感を経済関係閣僚会議で表明した．

月27日，政府はコミュニケを発表し，補助金削減と補償措置についての計算方法も詳しく説明した[76]．また政府はこれと並行して，カトリック系の労使・中間層の諸団体が主張してきた児童手当の拡充についても，積極的に応えていく姿勢を表明した．これは2人目以降の子どもを対象とした，週当たり24セントの児童手当引上げとなって実現した．

議会ではこれらの一連の措置に対し，支給対象者の範囲をめぐって批判が出たものの，主要政党は補助金削減と1ギルダー給付自体については異論なく承認した．反対を表明したのは共産党だけだった．ワーヘナールら共産党は，補助金削減以前に生じた物価上昇分も補償すべきとして手当を2.5ギルダーとするよう主張したが，他党の支持は得られなかった[77]．

以上のようにマーシャル・プランの導入と補助金削減という状況においても，ネオ・コーポラティズム的回路を通じ，政労使三者の利益の相互調整によって，賃金・物価の抑制政策は危機にさらされることなく問題の円滑な処理が可能となった．しかも興味深いのは，購買力低下への補償として特別手当が給付されただけではなく，特別手当額の算出はもちろん，本来政府の専権事項であった補助金削減の個別内容の決定にも労使が関与し，合意を形成していった点である．先述のように労組が「政治的交換」に参加する利点としては，経済的便益とならんで政治的便益，すなわち政策の決定・執行に対する影響力の確保があげられる．本節の例がそれに該当するのは明らかだろう．また，前節でみたように児童手当の拡充案の作成，物価監視機構への参加などさまざまなレベルで労組の政策決定への関与が認められたことも，同様に政治的便益の1つである．しかしこの政治的便益の享受は，政策過程への労組の包摂を通して，経済社会

今回のような重要な案件については，省間協議委員会はまず経済関係閣僚会議と協議すべきだとして，「全国民を代表しているわけではない」労働協会との協議が優先されたことを批判した．しかしドレース首相や前労働協会議長のスティケル外相，ユーケス社会相，マンスホルト農相らが一致して労働協会との協議を尊重する姿勢を示したため，リーフティンクの意見は容れられなかった．P. F. Maas ed., *Parlementaire geschiedenis van Nederland na 1945 : Het kabinet-Drees-Van Schaik (1948-1951)* (Band A, Nijmegen : Gerard Noodt Instituut, 1991), pp. 558-559.

76) *Haagsche Courant*, 28-10-1948. ただし，閣議決定のさいに手当支給対象の労働者は，労働協会提案の年収5000ギルダーから3700ギルダーに引き下げられ，また23歳以下の既婚労働者も支給対象から外された．なおこの1ギルダーの特別手当は，コミュニケをラジオで読み上げた当時の社会相ユーケスの名を取って「ユーケスの1ギルダー」(de Joekes-gulden) と呼ばれた．

77) Maas, *op. cit.*, pp. 560-563.

問題に関する政府の危機認識を労組に共有させる契機ともなる．次節の最後で示す生産性向上問題への労組の関与も，その1つの例である．

第3節　ギルダー平価切下げ問題

　1940年代後半に戦後再建を進めていたオランダでは，45年に基本的な賃金体系が確立すると，それ以後は以上みてきたように生活費の上昇に対応して児童手当，上積み手当，もしくは特別手当といった形で補償されるにとどまり，賃金本体は手つかずのまま形式的には「賃金凍結」路線を維持してきた．しかし49年の平価切下げは，そのような微調整による補償を不可能とし，公式の賃上げを不可避とした．

　1949年9月18日，イギリスはポンドをドルに対して30.5％切り下げることを発表した．マーシャル援助を受けていたにもかかわらず，国際収支の慢性的な赤字を抱えていたイギリスは，アメリカの支持を得て，国際競争力の回復のため大幅な切下げに踏み切ったのである．

　オランダ政府はただちに対応策の検討を開始した．先述のようにオランダでは，輸出主導の戦後再建を図るイギリスとの競争は重要課題であり，オランダの輸出品の国際競争力を大幅に下げる事態は避けねばならなかった．しかも1949年には，マーシャル・プランによる援助を除けば依然として大幅な国際収支の赤字が計上されていた．他のヨーロッパ諸国も相次いで切下げを選ぶなか，オランダのみ平価を維持し続けることは不可能だった．

　もっともオランダのような小国の場合，平価の切下げは早期に国内物価の上昇をもたらす．そして生活費の上昇は，労組の本格的な賃上げ要求を惹起する可能性がある．中央計画局の試算では，切下げ幅を30％に置いた場合，生活費の上昇は8％に達すると見込まれた．オランダ銀行総裁のホルトロップやユーケス社会相はこの物価・賃金水準に及ぼす影響を考慮し，切下げ幅を24.2％にとどめることを提案する．しかし閣議では，国際競争力の低下を懸念する声が多数を占めた．9月20日，オランダ政府はイギリスと同水準の30.5％の平価切下げを発表した[78]．

---

78)　*Ibid.*, pp. 565-566.

平価切下げに対する対応をめぐって，労働協会では労使の意見が対立した．三労組連合は労組連合協議会における検討を経て，1950年1月1日から賃金（及び老齢暫定年金を含む社会保障支出）を5％引き上げ，同時に児童手当も増額することを要求した．

しかし雇用者側はこれを拒否した．雇用者側は，物価上昇を緩和するため価格補助金の増額を政府が検討しているため，労働者の生活費の上昇は一定程度抑制できると主張した．しかも生産性の回復が遅れている中で，賃上げによって実質賃金の維持が図られるならば，結果的には国際収支にも悪影響を及ぼすだろうというのである[79]．

国際収支に対する懸念は，労組側も共有していた．平価切下げにより一時的ながら国際収支の一層の悪化が予想されており，労組側はこの問題を避けて通るわけにいかなかった．カトリック労働者運動委員長のデ・ブラインは労働協会の執行部会で，オランダの経済環境はいまだ困難な状況にあるが，「とりわけ国際収支に我々は関心を向けなければならない」と訴えた．しかしそのことは，労働者が一方的に賃金の抑制を受け入れれば解決するということではない．この「国際収支のパズル」（puzzle van de betalingsbalans）を解くためには，理論的には消費水準の低下と生産性の向上の2つの手段がある．しかし今回は，消費水準の低下を容認することはできない．すでに各労組には物価上昇に対する苦情が殺到している．もし消費水準がこれ以上低下すれば，労組は労働者の信認をつなぎ止めることに失敗し，オランダ国民は混乱状態に置かれるであろうという．それゆえ，三労組としては賞与制（tarifiëring）やシフト制労働の拡充などのかたちで生産性の向上に積極的に協力するが，賃上げは譲れないと主張した[80]．

労働協会で労使が合意に達することができなかったため，1949年12月2日に行われた内閣と労働協会の協議では，労使は個別にその見解を述べるにとど

---

[79] *Jaarverslag over 1949*, CSWV, pp. 20-23.
[80] Verslag bestuursvergadering SvdA, 18-11-1949, IISG, *Archief SvdA*, nr. 32.
なお，三労組連合が賃上げに固執した背景には，統一労働組合センターの主導するストライキ活動が活発化していたことも無視できない．各労組連合は，統一労働組合センターの動きに重大な関心を寄せていた．たとえば Notulen dagelijks bestuur NKV, 21-11-1949, KDC, *Archief NKV*, nr. 13.

まった．ところがこの席で政府側は，労組が生産性向上に協力することを条件に，労組側の要求する賃上げを拒否しない立場を表明する[81]．おそらく政府の側には，成果主義賃金（prestatiebeloning）の導入など生産性向上を図り，また今後の補助金削減を円滑に進めていくためには，賃金面での労働者への一定の補償が必要であろうという認識があったと思われる．

政府が労組の要求に対して柔軟な態度を見せたことから，雇用者側の態度も軟化した．雇用者団体は相互の協議のうえ，5％の賃上げは認める，ただしそれは産業別の交渉で合意された場合に限るということで合意し，労働協会に提案した[82]．この案と労組の主張との違いは実質的には大きなものではなかった．労働協会では，国際収支の均衡（het sluitend maken van de betalingsbalans）を達成するため，生産性の向上に協力することでは労使代表は一致していた．そこでこの5％の賃上げを一律とするか産業別の交渉に任せるかについては労働協会は結論を出さず，政府に委ねる方針をとった．

これを受けて閣議は，一種の妥協案を決定し，1949年12月22日，政府コミュニケとしてこれを発表した．まず5％の賃上げの形態については，一律強制とせず，雇用者側の意向に沿った産業別交渉が選択された．ただ政府は同時に，各産業からの賃上げ申請にはできる限りすみやかに（ten spoedigste）国家調停委員会が決定を下すべきことも発表し，手続きの簡素化によって労組側にも配慮を見せた．またこれとあわせて，児童手当の増額，燃料への価格補助金の削減も発表された[83]．

労組が賃上げと引き替えに生産性向上のために協力する姿勢を見せたことを，政府は高く評価した．コミュニケでも政府は，国際収支が依然不均衡であること，賃上げによって経済にいっそう負担がかかることに対する懸念を表明し，生産性向上に一層努力する必要があることを強調した．その結果，生産性向上策を検討するために，労働生産性促進委員会（Commissie ter bevordering van de Arbeidsproductiviteit）が設置された．委員長は国家調停委員会委員長でもあるベルヘルが務め，労使からは代表委員が送られた．この委員会は，生産性

---

[81] Notulen van de vergadering tussen een delegatie uit de ministerraad en vertegenwoordigers van de Stichting van de Arbeid, 2-12-1049, *Archief SvdA*, nr. 245.
[82] Verslag bestuursvergadering SvdA, 9-12-1949, IISG, *Archief SvdA*, nr 32.
[83] Maas, *op. cit.*, pp. 568-569.

向上をめぐり成果主義賃金, 労働時間, シフト制労働, 作業形態, 賃金体系といった諸分野について調査と検討を行い, その結果は多数の報告書となってまとめられた[84]. 労組は戦前から, 労働者間に収入格差を生む賞与制賃金 (tarieflonen) には批判的な対応をとっており, その結果, 戦後労働協会が設定した賃金基準はきわめて平等主義的なものになっていた. しかし国際収支の大幅な不均衡が続く中で, 三労組は賃上げの見返りとして, 生産性上昇のため一定の範囲内ながら, 成果主義 (prestatie) を賃金に持ち込むことを容認した.

先述のように政府と政治的交換関係を結んだ労組は, 政策決定への参加という政治的便益を獲得したが, そのことは同時に, 政策策定を通じて政府と認識を共有せざるを得ない, ということも意味する. 生産性向上の必要性と伝統的な主張である賃金平準化のはざまで, 労組は今後も賃金や社会経済政策への影響力を確保し続けるためにも, 一定の範囲で政府の要求に妥協せざるを得なかったのである.

---

84) *Jaarverslag over 1949*, CSWV, pp. 24-26 ; P. S. Pels, *De ontwikkeling van de loonvorming* (Alphen aan den Rijn : Samson, 1951), pp. 51-52.

第6章　朝鮮戦争と第一次支出削減

第1節　朝鮮戦争と国際収支危機

1　朝鮮戦争の勃発

　1940年代後半の戦後再建期を経て,マーシャル・プランによる援助効果も相当上がってきた1949年から1950年にかけての時期には,オランダ経済の将来についてようやく楽観的な見通しが出されるようになった.1946年に100億ギルダーにすぎなかった国民所得は1949年には160億ギルダーまで増加した.国際収支は依然赤字だったとはいえ,輸出は順調に伸び,輸出額の対輸入額比率（dekkingspercentage）は1949年には72％にまで上昇して,ほぼ戦前と同じ水準を回復していた.活発な国内投資と輸出需要を背景に,工業生産指数は1938年を100として1948年には112,49年には126にまで上昇した.また戦後初期のインフレはほぼ完全に押さえ込まれ,賃金の安定と物価政策の一定の成功,見返り資金勘定への流動性の吸収にも支えられ,1949年9月のギルダー切下げ時を例外とすれば,物価は安定的に推移していたといってよい[1].

　経済成長が始まる中で,それまで統制色の濃かった経済政策全般にも,自由化の風が吹き始めた.1948年から経済相を務めたファン・デン・ブリンクのもとで配給の廃止,価格の自由化,輸入制限の緩和が進められた.ただ所得政策は例外だった.

　また,1950年7月からはヨーロッパ決済同盟の発足によって多角的な精算システムが導入され,域内の貿易は飛躍的に容易になった.加盟国間の貿易自

---

[1] F. J. ter Heide, *Ordening en verdeling : Besluitvorming over sociaal-economisch beleid in Nederland 1949-1958* (Kampen : Kok Agora, 1986).

由化も OEEC のもとで徐々に進められていた．オランダは輸出市場の拡大を狙ってヨーロッパの域内貿易の進展に大きな期待をかけ，ベルギーとともに輸入数量制限の撤廃や関税引下げを進めるとともに，ヨーロッパ内の貿易自由化促進のため，自ら積極的に行動した．1950年6月にスティケル外相が提出したスティケル・プランはその一例である[2]．

しかし，1950年6月に勃発した朝鮮戦争は，物価の上昇と国際収支の危機をもたらしたことで，オランダ経済に重大な影響を及ぼした．最大の原因は一次産品価格の上昇だった．戦争開始後ただちに国際需要の増大から原材料の国際価格は急騰し，わずか2ヵ月の間にゴムは70％，錫は33％上昇，羊毛に至っては価格は2倍以上にはね上がった．コーヒー，紅茶などの農産物も値上がりした．オランダでは輸入額の最大の割合を一次産品が占めているためこの影響は大きく，輸入物価指数は1950年の第Ⅰ四半期の102から第Ⅳ四半期には114，1951年の第Ⅰ四半期には122，第Ⅱ四半期には134と輸入品の価格は大幅に上昇をみた[3]．

その一方，最終生産物価格の上昇は緩やかだった．そのため工業製品の輸出を中心に工業化を進めていたオランダでは，輸出価格上昇の恩恵は少なかった．1950年の第Ⅰ四半期の輸出物価指数が100だったのに対し，第Ⅳ四半期は101，1951年の第Ⅰ四半期は107，第Ⅱ四半期は115であった．1950年中に交易条件の悪化は約13％に上り，その結果，最終生産物価格の上昇による輸出額の増加をかなり上回る形で輸入額は増大した．

また戦争による緊張の高まりは，民間企業による投機的な在庫需要や消費者の買いだめを促し，やはり輸入増を促した．さらに1949年の平価切下げは，当初は国際競争力の強化による輸出増より，Jカーブ効果による輸入額の増加をもたらした．ヨーロッパ市場における流通・資本移動の自由化による一時的な輸入の増加といった短期的な要素もこれに加わった．またオランダにとって主要な輸出相手国だった西ドイツでは，ヨーロッパ決済同盟の引き出し権を用いてもなお国際収支の赤字を補うことができなかったことを受け，管理貿易の

---

2) スティケル・プランについては以下を参照．W. A. Brusse, "The Stikker Plan," in R. T. Griffiths ed., *The Netherlands and the Integration of Europe 1945-1957* (Amsterdam: NEHA, 1990), pp. 69-92.

3) *Centraal Economisch Plan 1951* (Den Haag: Centraal Plan Bureau, 1951), p. 14.

復活によって輸入数量制限を発動したため,オランダからの輸出は著しく減じた.

この結果,1950年の経常収支は10億6600万ギルダーの赤字となり,1951年には前半期だけで既に8億ギルダー近くの赤字を計上するなど,国際収支の赤字は深刻化した.OEEC諸国の中で比較すると,オランダは1950年にはベルギーやイタリアの2倍,イギリス,西ドイツに継ぐ貿易赤字を計上し,1951年にはイギリスに継ぐ貿易赤字国となった[4].しかもオランダの貿易赤字はその大半が他のヨーロッパ諸国に対して生じていたため,ヨーロッパ決済同盟に対する債務残高は,1951年7月末には2億6700万計算単位に達した[5].割当額の3億5500万計算単位にはまだ若干の余裕があったものの,ヨーロッパ決済同盟に対する債権残高は全額が信用供与されたわけではなく,残高の額に応じて金決済の割合を増加させることが義務づけられていたため,オランダは相当額の金決済を余儀なくされた[6].以上の結果,金外貨準備も減少し,1951年の第II四半期には,金外貨準備は輸入額1.1ヵ月分の水準にまで落ち込んだ.これに加えて輸入価格の上昇と投機的な買い占めは国内の物価上昇を招き,卸売価格は1950年に16%,1951年の前半期には6ヵ月で13%の上昇を示した[7].

朝鮮戦争はまた,オランダの財政にも大きな負担を課した.かつての中立政策を放棄して1948年NATOに加盟し,西側同盟国の一員としての立場を明確にしたオランダは,朝鮮戦争が勃発すると米軍主力の国連軍を積極的に支援し,陸軍部隊や艦船を派遣したほか,アメリカの意向に添ってNATOの戦力拡充のために軍備力の整備を進める方針をとった.この結果,年間8億6000万ギルダーだった国防費は15億ギルダーに膨張し,財政赤字を大幅に拡大した.

---

[4] *Verslag van de Nederlandsche Bank N. V. over het boekjaar 1951* (Amsterdam: Blikman & Sartorius, 1952).

[5] ヨーロッパ決済同盟における1計算単位は,一定量の純金を基準とし,事実上1ドルに一致する.ヨーロッパ決済同盟については,西倉高明『基軸通貨ドルの形成』(勁草書房,1998年),第7章も参照.

[6] C. Goedhart, "Tien jaar monetaire politiek," in *Tien jaar economisch leven in Nederland : Herstelbank 1945-1955* (Den Haag: Martinus Nijhoff, 1955), pp. 139-140.

[7] *Verslag van de Nederlandsche Bank*, pp. 15-16 ; James Goodear Abert, *Economic Policy and Planning in the Netherlands 1950-1965* (New Heven and London: Yale University Press, 1969), p. 134.

2 オランダの国際収支危機対策

先に述べたように，この国際収支の危機に直面した国には，理論上，競争的切下げに踏み切るか，輸入制限を導入して管理貿易を復活させるか，それとも国内支出を削減する施策をとるか，といったいくつかの選択肢が存在する．しかし1949年のギルダー切下げをめぐる政府部内の議論からも明らかなように，小国であるオランダの場合，競争的切下げは輸入価格の上昇を通じてインフレをいっそう昂進させることが予想された．その結果，今回の国際収支危機の対応策として競争的切下げの可能性があげられた形跡はない．

輸入制限については，一時検討はなされたものの，賛成者は一部にすぎなかった[8]．リーフティンク財務相（労働党）は，経済関係閣僚会議における討議で輸入数量制限の導入の可能性を示唆したが，ファン・デン・ブリンク経済相（カトリック人民党）は貿易自由化の流れに逆行するものとして強くこれを批判し，意見が分かれる．そこで専門的な見地からの判断を得るため，1950年12月，この問題を検討するために中央経済委員会 (Centrale Economische Commissie) が設置され，経済関係閣僚会議からの諮問を受けた．

この委員会は早期に作業を終え，答申を提出した．その答申の中で中央経済委員会は，国際収支の改善のために輸入制限措置をとることを一致して否定し，次のように主張した．もし輸入制限を再導入すれば，それは端緒についたばかりのヨーロッパの経済協力・貿易自由化に困難をもたらすだろう．ベネルクスの経済統合も危機にさらされるだろう．オランダはこれまで自由化と統合の擁護者 (kampioen voor de liberalisatie en integratie) として行動してきた以上，今になって貿易制限と二国間主義に移行することは政治的に不可能である．それどころか，オランダが貿易制限を発動すれば，それは他国の直接・間接の輸入制限を誘発し，却ってオランダに大きな不利益をもたらすことが予想される，というのである．

この答申を受けて行われた経済関係閣僚会議では，リーフティンク財務相は依然として数量制限の導入を主張し，中央経済委員会の見解に反対してファン・デン・ブリンク経済相と対立した．そして1951年初頭の政権危機により結

---

[8] 輸入制限問題をめぐる展開については，J. M. M. J. Clerx, *Nederland en de liberalisatie van het handels-en betalingsverkeer* (Groningen: Wolters-Noordhoff, 1987), pp. 77-80, 83-101.

論は3月の新内閣の発足まで持ち越され,結局,数量制限の導入は見送られる.

しかし,国際収支の赤字は1951年になっても継続し,7月には対外準備が最低水準にまで落ち込んだ.ヨーロッパ決済同盟への債務残高も限度に近づいてきた.これを受けて今度は,リーフティンク財務相はOEECのもとで進められた自由化措置を一部撤回し,オランダの自由化達成率基準の60%より自由化率を引き下げるべきことを主張した.ファン・デン・ブリンク経済相は再び強く反発し,そのような政策転換は重大な結果をもたらし,「ベネルクス政策の終焉」を招くものだと反論した.

この状況を踏まえ,7月および8月の2回,ふたたび経済関係閣僚会議は中央経済委員会に自由化率引下げの是非をめぐる諮問を行った.しかし中央経済委員会は,輸入制限措置には欠点が多く,品目の選定にも困難が伴うことが予想され,やはり後述の支出削減中心の政策の継続が相当であろうと答申する[9].この結果,自由化率の引下げも実施されることはなかった.

もっとも,OEECでは加盟各国が貿易自由化を段階的に引き上げることが規定されていた.オランダの場合,自由化率を1951年の12月には60%から75%まで引き上げることが義務づけられており,これは経済関係閣僚会議でも困難であるとして見解が一致した.そこでオランダは51年7月,自由化率引上げに関する免除条項を援用し,自由化率の75%への引上げの延期をOEECに申請し,受理される.そのため自由化率引上げの実現は,国際収支の危機が完全に過ぎ去った52年3月にずれこんだ.

しかし,自由化引上げの延期措置はとられたものの,実は52年1月1日の時点ですでにオランダは,自由化率を自発的に71%にまで引き上げていたように,現実には貿易自由化のプロセスをさらに進める方針を継続させていた.それゆえオランダでは,国際収支の危機に対し貿易制限が有効な手段として発動されたとみることはできない[10].このことは,同時期に国際収支の赤字に対

---

9) ただ,この時点でオランダは,自由化率基準の60%を超える65%の自由化を達成していたため,中央経済委員会もこの「自由化の余剰」(extra liberalisatie)を削減して60%にまで下げることを主張し,9月1日から公式には自由化率は60%に引き下げられた.しかしこれは実質的な意味を持たなかった.Ibid., p. 84; Verslag van de Nederlandsche Bank over het boekjaar 1951, p. 6.

10) C. Weststrate, *Economic Policy in Practice: The Netherlands 1950-57* (Leiden: H. E. Stenfert Kroese N. V., 1959) p. 130.

し，西ドイツのように管理貿易の復活による輸入制限を行ったり，イギリスのように自由化率を大幅に引き下げた国とはきわめて対照的である．オランダは，自国が積極的に推進してきた多角的な貿易自由化の方針に反した措置をとることは困難だった．輸入制限を断行した場合，他国がとるであろう対抗措置による損失の方が明らかに大きいという意識も強かった[11]．そして政権内部においても，雇用をはじめとする国内経済への配慮から輸入制限の容認に傾きがちな社会民主主義勢力は，中道のキリスト教民主主義勢力に対して劣位にあった．

この結果，平価切下げや輸入制限といった選択肢を持たなかったオランダ政府にとって，国際収支の危機を脱するほぼ唯一の手段は国内支出の削減だった．実際第1次ドレース内閣は1950年の後半に入ると，1950年初頭にはいくぶん緩和傾向にあった経済政策の方針を変更し，厳格な引き締め政策に転じる．この方針は，1951年3月に第2次ドレース内閣が成立すると一層強化された[12]．

まず金融政策から見てみよう．朝鮮戦争勃発後，企業は在庫形成（voorraadsvorming）の資金を調達するため，商業銀行や農業系金融機関からの借入額を大幅に増加させていた．この抑制をめざし，まず割引率の引上げや公開市場操作という正統的な手法が採られた．割引率は1950年9月には2.5%から3%へ，51年4月には4%へと引き上げられた．公開市場操作による流動性の吸収も試みられた．1951年4月には，2億ギルダーに上る利率3.5%の国債が発行された．

しかし，豊富な流動性を確保していた民間銀行はオランダ銀行からの借入を最小限に抑えていたことから，割引率の変更自体の効果は大きくなかった[13]．信用供与の抑制策としてより効果的だったのは，銀行に対する最低準備率の導入，貸付限度額の設定による信用供与の総量規制といった直接的な統制策だった．1945年の通貨改革以後，5万ギルダーを超える信用供与にはオランダ銀行の個別認可が必要とされていたが，1951年1月にはこれに代わり信用供与の

---

11) *Centraal Economisch Plan 1951*, pp. 29-31.
12) この時期の経済政策の概観については，F. Hartog, "Economic Policy in The Netherlands," in *Economic Policy in Our Time*, Vol. III (Amsterdam: North-Holland Publishing Company, 1964), pp. 90-95 (E. S. カーシェン他著〔渡部恒彦監訳〕『現代の経済政策』下（東洋経済新報社，1966年）108-115頁）．
13) Ter Heide, *op. cit.*, pp. 114-117.

総量規制が導入された．そして商業銀行に最低準備率が設定され，最低準備率を超える信用供与を行う場合にはオランダ銀行からの借入を義務づけたほか，条件に応じて貸出限度額が設定された[14]．

また1951年の5月には，投機的な輸入の防止策として，輸入代金の前払いを原則的に禁止する措置や，外国為替の先物買い（aankopen van vreemde valuta op termijn）について，25％の額を現金で銀行に払い込むことを義務づける措置もとられている[15]．

財政面では，増税と支出削減が並行して進められた．軍事支出の増加を可能とするためにも，増税と他の予算項目の支出削減は急務だった．歳入面では，資産税，売上高税（ただし小売り段階を除く），法人税，所得税，相続税，自動車税の税率がいずれも引き上げられた．また奢侈品課税の対象品目は拡大され，投資控除の幅は縮小された．歳出面では，地方政府も含めて投資支出の減額，価格補助金の大幅削減が行われた[16]．

財政・金融政策に加えて，民間の建設活動の抑制や物価統制の強化，国内供給の確保を目的とした，食料品（チーズやじゃがいもなど）輸出への課徴金の賦課などの措置も行われた．

第2節　社会経済協議会答申と賃金抑制

しかし，先に述べたように，国内支出を削減するためには，財政金融政策に加え，賃金抑制を通じた消費支出の抑制が効果的と考えられていたことから，賃金面でも何らかの措置をとる必要があった．この賃金抑制を柱とする所得政策はいかに進められたのか，またそこで成立まもない社会経済協議会がいかなる役割を果たしたのか，を以下で検討する．

---

14) 民間銀行のオランダ銀行からの借入額は，1951年1月の1700万ギルダーから，12月には1億2500万ギルダーに増加した．Westrate, *op. cit.*, p. 129.
15) *Verslag van de Nederlandsche Bank*, pp. 6-7.
16) たとえば1951年4月には，長期借入によって資金調達ができない限り，新投資計画を開始しないよう地方政府に指示が出された．

1 1950年9月の賃金引上げ

1950年後半から1951年にかけて,朝鮮戦争による影響を受けて2回の賃金改定が実施された.

第1次の賃上げは1950年7月,物価水準の上昇に対応して行われた.1950年7月,輸入価格の上昇が生活必需品価格に波及してきたことを受け,三労組連合は労組連合協議会で協議のうえ,物価凍結の即時実行と物価統制の強化を政府に要求した.この時点では三労組連合は賃上げを求めていたわけではないが,8月に入ると三労組連合は方針を転換し,賃金の一律5%の引き上げと社会保障給付の上積みを前面に出して要求する[17].

三労組連合側が態度を硬化させた背景には,同年夏に統一労働組合センター系の組合を中心として,大都市圏を中心にストライキ活動が活発化していたことがあった[18].ストに入った労働者らが大幅な賃上げを要求する状況下で,三労組連合が何の賃上げも要求しない場合,三労組連合への支持を捨てて統一労働組合センター系のストに合流する組合員が出てくる可能性も否定できなかった.労組連合協議会は8月18日,コミュニケを発表してオランダ全土の労働者に対し,三労組連合への信認を堅持して統一労働組合センター系のスト活動に加わることのないよう,強い訴えかけを行った.その結果,三労組連合は急進派労組との対抗と,雇用者側への賃上げの要求という二正面作戦を強いられた[19].

---

17) *Jaarverslag over 1950*, Centraal Sociaal Werkgevers-Verbond, pp. 26-30.
18) 1950年の7月から8月にかけて,アムステルダムのタクシー運転手や港湾労働者,建設労働者,ロッテルダムの港湾労働者らが賃上げを求めて次々とストに入り,アムステルダムは一時騒然とした.ストに参加したのは統一労働組合センター系の組合が中心だった.実際,1950年中に生じた労使紛争による喪失労働時間の91%は統一労働組合センターの関与したものである.統一労働組合センターから分裂して成立した独立産業労組連合(Onafhankelijk verbond van bedrijfsorganisaties: OVB)系の組合も参加した.*Nieuwe Rotterdamse Courant*, 16-8-1950, 17-8-1950.これに対してオランダ労働組合連合,カトリック労働者運動,全国キリスト教労働組合連合傘下の組合は一致してストライキ戦術を否定し,ストはテロと脅迫(terreur en intimidatie)を用いた統一労働組合センターの押しつけだとして批判した.*Nieuwe Rotterdamse Courant*, 18-8-1950.これらのストが賃上げ要求という経済目的のみならず,政治性も帯びているとの懸念もあった.Notulen dagelijks bestuur NKV, 22-8-1950, KDC, *Archief NKV*, nr. 13.
19) Communiqué van de Raad van Vakcentralen, 18-8-1950, Algemeen Rijksarchief, Tweede Afdeling, *Archief van Het Centraal Sociaal Werkgevers-Verbond*, lijstnummer 3.労組連合協議会はこのコミュニケの中で,統一労働組合センター系の組合によるストライキ活動について,「労働者にとっていっさい益のないもの」と断じ,「数週間前に開始された政府と労働協会の協議は,賃金と

これに対し雇用者側は，雇用者団体の連絡機関である「労働問題に関する執行協議会」で対応を検討し，国際収支の悪化や輸入価格の上昇により経済状況が困難になっている以上，賃金の上昇は認められないという点で一致し，三労組連合の要求に難色を示したため，労働協会における協議は難航した[20]．しかし大都市圏で頻発するストへの懸念から政府が賃上げを認容する態度をとったこと，雇用者の中でも，労使関係の秩序維持に協力している三労組連合にある程度の譲歩はやむを得ないという空気が広がってきたことから，結局，雇用者団体でも一定の賃上げを認めることが決定された．その結果，賃上げの方式については，全産業一律とするか産業単位の交渉に委ねるかという点で一致は見られなかったものの，賃上げ率は5％とすることでは，労働協会は9月4日，合意に達する[21]．

これを受けて政府は9月6日，三労組連合側の要求に沿い，5％の賃上げを全産業一律とすることを決定した．これにより，朝鮮戦争勃発以降の物価上昇による購買力の低下はほぼ補われることが予想された．ただその一方，三労組連合の要求した物価凍結措置については，政府は貿易自由化の流れに逆行するとして認めなかったので，その点では雇用者側の意向を汲んでいた[22]．

2　社会経済協議会の答申

しかし，この1950年9月の段階では，朝鮮戦争の影響は輸入物価の上昇を

物価の問題に対し満足のいく解決方法を可能な限りすみやかに見いだすことを目的として」いるとして理解を求めたうえで，「オランダのすべての労働者に対し，善意の労組の指導部への信認を堅持する」こと，統一労働組合センター系の運動には全力で対抗することを訴えた．

[20] Beschouwingen van de centrale werkgeversorganisaties over de loon- en prijspolitiek naar aanleiding van de desbetreffende nota van het NVV dd. 7 juli 1950 en het voorstel van de Raad van Vakcentralen dd. 17 augustus 1950, 25-8-1950, ARA-II, *Archief C.S.W.V.*, nr. 3; Bespreking in het Bestuur van de Stichting van den Arbeid, 25-8-1950, ARA-II, *Archief C.S.W.V.*, nr. 3.

[21] 労働協会の協議の結論，4-9-1950, IISG, *Archief SvdA*, nr. 245. なお社会保障給付や児童手当を5％増額する件については，労使は完全に一致を見た．

[22] P. F. Maas, *Parlementaire geschiedenis van Nederland na 1945: Het kabinet-Drees-Van Schaik (1948-1951)*, (Band A, Nijmegen :Gerard Noodt Instituut, 1991), pp. 586-588. なお9月6日の命令では，政府は労働協会の意向に反して賃上げ対象者の年収額の上限を3600ギルダーとしていた．しかし労働協会は，これでは対象者の範囲がかなり狭まるとして強く反対し，内閣に電報を送付する．Telegram aan de Raad van Ministers, 6-9-1950, IISG, *Archief SvdA*, nr. 19. これを受けて政府は10月10日の命令改定により，労働協会の希望に沿って，年収3600ギルダー以上の労働者にも賃上げを認めることを発表した．

除けばまだ相対的には小さかった．これ以後1951年の前半にかけて国際収支の悪化，軍事支出の増加による財政赤字の拡大，輸入物価の上昇などがさらに進行した．そのため，前述のようなマクロ政策による対策とならんで賃金・物価面の包括的な対策が必要とされた．

すでに1950年9月14日には，ファン・デン・ブリンク経済相とユーケス社会相はこの年に設立されたばかりの社会経済協議会に諮問を行い，今後拡大が見込まれる国際収支と財政の赤字の問題を解消するため，賃金・物価分野の政策に関し，諮問を行った．これを受けて社会経済協議会は，フォス元通商産業航行相を委員長とし，各構成団体代表にホルトロップ・オランダ銀行総裁，ティンベルヘン中央計画局長も加えた計21人からなる賃金・物価委員会（Commissie Lonen en Prijzen）を設置し，具体的な経済状況の分析と翌年向けの政策提案の作成に入った．これは社会経済協議会にとって，社会経済政策に関わる最高諮問機関としての最初の本格的な活動でもあった[23]．

社会経済協議会の検討の基礎となったのは，同時期に作成された中央計画局の経済予測だった．中央計画局の予測によれば，1951年には経常収支の赤字額は5億5000万ギルダーに達することが見込まれた[24]．輸入乗数を1.5とすれば，この赤字の解消のために削減すべき国内支出は約8億ギルダーに相当する．これに国防費の増額予定の3億ギルダーを加算すると，民生用支出の削減総額は11億ギルダーと計算される．

この大幅な支出削減の必要をまかなうために，中央計画局は理論上，次の4つの可能性を提示した．まず第1は労働生産性をさらに7％上昇させることである．もしこれが消費や投資の増加を誘発せずに実現すれば，それは11億ギルダーの民生用支出削減に相当する効果を生むだろう．第2は，金外貨準備の取り崩しや外国からの借入などの国際金融上の手段．第3は民間企業及び政府投資の削減．第4は民間及び政府消費の削減である．

---

23) Sociaal-Economische Raad, *Advies inzake de naaste toekomst te voeren loon-en prijspolitiek* (1951), pp. 5-7. なお賃金・物価委員会の審議には内務省，経済省，社会省からそれぞれ1名が陪席した．
24) ただこの予測のさい，1950年から51年にかけての生産性の上昇率を4.5％，輸入価格の上昇率を16％，輸出価格の上昇率を9％，消費水準を一定，国防支出を10億ギルダーとするなどのいくつかの前提を置いていた．*Ibid.*, pp. 10-11.

社会経済協議会は，この中央計画局の経済予測を基本的な前提として，次のように検討を加えていった．

まず労働生産性の上昇について．試算によれば，もし労働生産性の上昇が11億ギルダーの支出削減をもたらすためには，これは既に予測されている4.5％の生産性の向上を加えて計11.5％となる必要がある．しかしこれは，生産性の上昇による消費や投資の増額分を無視して計算したものであり，現実性は薄い．しかも軍事力整備による労働力の民間からの流出，原材料の供給の不安定性を考えると，生産性が大幅に向上する可能性は少ないと予測され，他の手段を用いることが不可欠である．

つぎに金外貨準備の取り崩しであるが，もしこれを用いれば準備高の激減を生じ，不測の事態への対処が困難になるため，現段階でこの方法を採用することはできない．外国からの借款も，オランダ政府の対外債務残高が既に高レベルに達していることに鑑み，将来の増税を通じてより多くの負担を課すものと考えられるため，やはり採用できない．

その結果，投資と消費の削減が残された手段となる．投資に一方的な負担をかけることは将来の生産能力の観点から望ましくないが，消費を大幅に抑制することも難しい．そこでこの2つの適当な組み合わせを算出しなければならないが，兵役召集による労働力供給の減少などに鑑み，投資支出により重点を置いた削減を行うのがよい．具体的には，「投資支出の10％削減＋消費支出の5％削減」あるいは「投資支出の20％削減＋消費支出の3％削減」のいずれかが望ましい，とされた．

この投資・消費支出削減を進めるうえでまず用いるべき政策手段は，やはり財政金融政策である．すなわち財政政策においては，均衡財政の実現をめざし，歳出面では政府投資と政府消費，補助金の支出の削減を進めること，歳入面では奢侈品その他の間接税を引き上げると共に法人税・所得税の見直しを行うことなどが勧告される．また貯蓄促進のために国債を発行する．そして金融政策においては信用監督の強化によって引き締めを進め，投資の削減を促すことが求められた．

もっとも，財政金融政策は社会経済協議会の直接関わる政策ではないため，答申では税の引き上げ率や補助金の削減額といった具体的な数値は出していな

い．答申では奢侈品の生産規制や一部の消費財に配給制を導入するなどの直接規制の可能性も示唆してはいるが，やはり具体性は少ない．むしろ政労使の合意形成の場としてこの協議会が最も詳しく論じたのは，やはり，財政金融政策のようなマクロ政策と相補う関係にある賃金・価格政策であった．

社会経済協議会によれば，賃金の抑制は次のように重要な意味を持っていた．賃金を抑制し，場合によっては実質賃金を切り下げることが，貿易依存度が高く，しかも現在国際収支の赤字に悩まされているオランダのような小国では必要である．なぜなら，賃金の抑制は次の2つの経路を通って国際収支の改善に結びつくことが予測されるからである．すなわち第1は消費水準の抑制である．労働者が「国家的見地から望ましい消費」(nationaal gewenste consumptie) を行うように，すなわち国内生産に見合う量の消費支出を行うように賃金の水準を抑制すれば，輸入に頼る割合は減少するであろう．また国内投資の一定の水準を確保するためには，消費の抑制による貯蓄の確保もまた重要である．第2は賃金コストの減少による輸出品の価格抑制である．もしこれが成功すれば，輸出の拡大が見込まれ，また企業の収益性も向上して雇用が確保される．ただ，賃金労働者のみに一方的な負担がかかることは社会的公正の面から許容できないとの見地から，投資の削減もこれと平等に進めるべきだともしている[25]．

続いて物価政策も検討された．物価政策は賃金抑制と同様，輸出品の価格を抑制することに貢献するという点で国際収支の改善に有用である．もっとも，消費削減を通じて輸入の減少をも図る賃金抑制とは異なって，物価の安定は消費・投資水準を低下させる効果は持たない．国内的にみればむしろ物価政策は，賃金の抑制に対する一種の補償であり，所得再配分の色彩も濃い．この観点からしても，物価統制の継続が望ましい．

以上の検討を経て，答申は次のように結論する．現下の国際収支危機に対処するには，消費水準の3-5%程度の削減と投資水準の10-20%程度の削減を組み合わせて行うことが適当であり，これを目標として財政金融政策と賃金・価格政策を進めるべきである．この答申は1951年2月16日，社会経済協議会の

---

25) *Ibid.*, pp. 20-22. なお答申では，輸入価格の上昇や間接税の引上げにより物価水準の上昇が見込まれるため，実質賃金は引き下げつつも，名目賃金は一定の引上げを必要とする可能性があることを指摘していた．

総会で全会一致で承認され,政府に送付された[26].

この答申が出された後,第2次ドレース内閣が成立した.この内閣は第1次ドレース内閣の緊縮政策を継承し,3月17日に発表した新政権の政策方針でも,国際収支の赤字を踏まえた新たな政策パッケージが提示された.その内容は社会経済協議会の答申に沿うもので,国際収支危機に対処する手段として国内支出の抑制を前面に出していた[27].その中心は,先に説明したような財政金融政策,すなわち政府支出の削減と増税,抑制的な信用政策などである[28].

消費水準については,内閣は引き下げ幅として5%が望ましいと表明した.ただ,輸入品価格の上昇,そして今後の補助金の削減によって10%ほど実質賃金が低下することが見込まれたことから,近い将来に行われるべき賃上げの幅を5%に抑えることで,結果的に消費水準の5%低下を実現することが提案されていた.また投資水準は,社会経済協議会の答申を超える,25%にのぼる削減を政府は目標とした.

3 賃上げ率5%の決定

ただ,第1章でも論じたように,所得政策は財政金融政策と異なって,政府が一方的に強行することはできない.賃金水準に関する最も重要な協議機関は労働協会であり,その意向を無視した賃金の設定は困難だからである.また社会経済協議会の答申も,それ自体で効力を持つわけではない.そこで社会経済協議会の答申が出されると,次なる所得政策の舞台は,まず労働協会,そして

---

26) ただここで注意すべきは,社会経済協議会はこの答申の中で,国際収支の赤字削減と財政支出増加のために用いるべき手段として国内支出の削減というオプションを選択したにとどめ,特定の賃上げ率を勧告することはなかったことである.これは社会経済協議会で委員が対立していたからではない.社会経済協議会総会でティンベルヘン中央計画局長が幾度となく強調したように,「具体的な賃金の具体的な水準 (de concrete hoogte van concrete lonen) について判断を下すことは,目的としてはおりませんでした.判断を下すことは,社会経済協議会の役割ではございません」との認識が,この段階では社会経済協議会の委員の間に一般的だったからである.
Verslag van de vergadering van de Sociaal-Economische Raad, 16-2-1951, ARA-II, *Archief Sociaal-Economische Raad*, inventarisnummer 128.
27) 軍事力整備と国内支出の抑制はアメリカの要求にも沿うものであり,アメリカのこの時期のマーシャル援助は,このオランダの緊縮政策を評価した結果供与された.
28) 特に財政政策としては,消費者補助金の4億5000万ギルダーから1億7500万ギルダーへの削減,建設計画の延期,奢侈品税・収益課税,贈与税・相続税の引上げ,税の早期徴収,投資控除の減額,国債発行などが発表された.

労働協会と省間協議委員会の協議に移った．

1951年3月20日から翌日にかけて，労働協会の執行部会と労働協会—省間協議委員会間の協議がそれぞれ断続的に開かれ，政労使の一致点を見いだす努力が重ねられた．まず労使は，社会経済協議会の協議と同様，国際収支の危機に対応するため賃金・物価面で協力する必要は確認した[29]．

しかし，具体的な賃上げ率に関しては双方の隔たりはなかなか埋まらなかった．雇用者側は，消費水準を5％引き下げるには名目賃上げ率を4％程度に抑制することが妥当だとして，週当たり2ギルダー（平均的な週給のほぼ4％に相当する）の一律給付を主張する．これに対して三労組連合は，統一労働組合センター系の組合がふたたびスト活動を活発化させていること，組織内からも十分な賃上げを要求する圧力が高まっていることを踏まえ，インフレと補助金削減による購買力の低下はきわめて深刻だとして，3月20日の段階では10％，21日には若干態度を軟化させて6％の賃上げが必要だと主張した[30]．

結局，労使の間の溝が最後まで埋まらなかったことから，政府は三労組連合の主張する6％と雇用者側の主張する4％の中間であり，しかも政府の意向にも沿う5％を賃上げ率として決定し，3月22日，国家調停委員会の命令が公布された[31]．同時に児童手当や他の社会保障給付も5％引き上げられた．

公布後も，オランダ労働組合連合では政府決定への批判が相次いだ．3月22日の執行委員会（Hoofdbesturenvergadering）では，賃上げ5％を拒否することが合意された．連合執行委員（Verbondsbestuurder）のファン・ウィンヘルデンは，「政府の決定は，われわれ幹部と数千の組合員の顔に平手打ちを食ら

---

29) Verslag bestuursvergadering SvdA, 20-3-1950, 21-3-1950, IISG, *Archief SvdA*, nr. 20.

30) Verslag van de gemengde vergadering der interdepartementale commissie voor de loon-en prijs-politiek met vertegenwoordignrs van de Stichting van de Arbeid, 20-3-1950, 21-3-1905, IISG, *Archief SvdA*, nr. 246. オランダ労働組合連合のオーステルハイスは省間協議委員会との協議の席で，物価上昇をとらえて統一労働組合センターや独立産業労組連合がアジテーションを行っていること，三労組連合にも賃上げを要求する電報が寄せられていることを取り上げて賃上げを求めた．ただオランダ労働組合連合と比較すると，カトリック系の労組連合の立場は柔軟だった．カトリック労働者運動は当初，賃上げ率として5％でかまわないとする立場を労組連合協議会で示し，10％を望む他の二労組連合と調整したうえで，6％の賃上げ率で合意したという経緯があった．カトリック労働者運動委員長のデ・ブラインは，大都市部のストの動きに警戒を示しつつ，「国際収支と財政の赤字に鑑みれば，犠牲は払われねばならない」との認識を表明した．

31) *Jaarverslag over 1950*, Centraal Sociaal Werkgevers-Verbond.

わせるものだ」と述べて批判した．一時は，オランダ労働組合連合として24時間ストを打つことさえ真剣に検討された．ただこれは，ストがひとたび開始されれば統一労働組合センターが主導権を握ってしまう可能性があること，現場の組合員が暴走して24時間でストが終了しない恐れもあることから見送られた．その代わり，各産業別に5％以上の賃上げを要求していくという方針が一旦は決定される[32]．

このようにオランダ労働組合連合が批判的姿勢を崩さなかったのに対して，カトリック労働者運動は政府決定を容認することを表明し，両労組の相違も際だってきた．3月23日にカトリック労働者運動執行部は加盟組合委員長と協議を行ったうえで，政府決定に対する態度を表明した．その中でカトリック労働者運動は，今後物価上昇が続いた場合にはさらに補償を求めることや，扶養人数の多い家族に対する措置の要求といった一定の留保は置きつつも，国際収支の悪化に対処することの重要性，共産主義の脅威に対抗した軍事力整備の必要性を訴えた．そして一部の労働運動の「革命的なアジテーション」を批判するとともに，「現在国民の置かれている困難な状況に対し，共に，勝利をもって立ち向かおう」と呼びかけた[33]．

またカトリック労働者運動は，オランダ労働組合連合の強硬な姿勢に対しては，「ストをもって政府の決定に対抗することはできない……それは，事実上内閣の退陣（het aftreden van het kabinet）を意味することになるからだ」と批判を向けた[34]．全国キリスト教労働組合連合もこれに同調した．この結果，孤立状態に陥ったオランダ労働組合連合は，最終的に三労組連合間の協力関係を維持することを優先した．オランダ労働組合連合は，賃金と物価に関する監視・協議を継続すること，消費水準の低下が5％を超えた場合には補償を要求することを条件に，産業別の賃上げ要求計画を撤回し，賃上げ率5％への反対をなし崩し的に終了させた[35]．反共を自認していたオランダ労働組合連合には，

---

32) Ernest Hueting, Frits de Jong Edz., Rob Neij, *Naar groter eenheid : De geschiedenis van het Nederlands Verbond van Vakverenigingen 1906-1981* (Amsterdam : Van Gennep, 1983), pp. 233-235.
33) Resolutie KAB, IISG, *Archief SvdA*, nr. 20.
34) Notulen dagelijks bestuur NKV, 27-3-1951, KDC, *Archief NKV*, nr. 14.
35) Notulen dagelijks bestuur NKV, 2-4-1951, KDC, *Archief NKV*, nr. 14.

朝鮮戦争による東西対立のただ中で，従来の方針を転換させてまでストに訴えること，しかも，労働党の参加する政権に公然と反旗を翻すことは困難であった．

政府も，このオランダ労働組合連合を含む三労組連合が最終的に政府決定を容認する方針を示したことを評価した．4月に入ると早速省間協議委員会は労働協会との協議を再開し，物価の動向を共同で注視していくことを確認した．そして4月18日に発表された政府コミュニケ（regeringscommuniqué）では，「消費削減は5%を超えることは認められない．それゆえ，消費削減が継続的に5%を超過することが生じた場合には，……そのとき生じていると考えられる消費水準の低下に対し，さらに補償を行うことになろう」と明確に言明した[36]．傘下の単組や組合員レベルで不満の残る三労組連合の立場について，政府が相当慎重に配慮していたことが窺える．また雇用者側も，政府の意向を汲んで，この賃上げによる賃金コストの増加を価格に転嫁しないことを確約した．

以上で説明したような緊縮的な諸政策パッケージは，1951年中に次第に効果を現してきたように思われた．1951年中の家計消費額は前年比で4%，民間投資額は29%もの減少を見せた．財政政策を通じた流動性の吸収は効果を上げ，抑制的な金融政策は銀行の信用供与に対する強力なブレーキとして作用した．オランダ銀行の評価によれば，「割引率引上げと，割引率を効果的にするための諸措置は重要な効果を発揮し」，企業投資の抑制に貢献した．消費者物価も，1951年の後半には安定を見せた[37]．ただその一方で，支出削減の結果として失業は増加し，戦後最高水準を記録した．

1951年の後半になると，経常収支はそれまでの大幅な赤字から一転して黒字となった．51年の前半期に経常収支の赤字額は7億9200万ギルダーに達していたにもかかわらず，後半期には戦後最高の5億4000万ギルダーもの黒字を計上した．その結果，51年中の経常収支の赤字は2億5200万ギルダーにとどまり，1950年の赤字額の10億9100万ギルダーを大きく下回る．貿易収支と貿易外収支は共に大幅に改善を見せた．輸出額は前半期の2億9220万ギルダーから後半期は3億4790万ギルダーへ大幅に伸びたのに対し，輸入額は4

---

36) P. S. Pels, *De ontwikkeling van de loonvorming* (Alphen aan den Rijn : Samsom, 1951), p. 97.
37) *Verslag van de Nederlandsche Bank N. V. over het boekjaar 1951*, pp. 50-52.

億1610万ギルダーから3億8810万ギルダーへと減少した[38]．

　この国際収支の改善を受けて，輸入の減少を目的とした諸規制措置は徐々に緩和された．たとえば9月には，外国為替の先物買いにおける現金による払い込み比率は25％から10％に引き下げられ，12月には廃止された．そして1952年に入ると財政金融面で緩和策が相次いでとられることになる．割引率は二度にわたって引き下げられ，雇用と生産の回復を狙って財政刺激策が採られていった[39]．

　もっとも，この国際収支の驚異的な改善の原因を，政策パッケージの直接的な効果に単純に帰することはできないだろう．国際収支の改善の最大の要因は，むしろ外在的なものだったからである．その第1は，国際価格水準の下落である．朝鮮戦争勃発後1年を経て，品薄感から高騰していた原材料や食料品の国際価格は1951年後半には下降し始め，戦争勃発時の水準に戻りつつあった[40]．第2は，戦争勃発直後の投機的輸入や在庫投資の拡大が一段落し，需要が減少局面に入ったことである．実質賃金の低下以上に家計消費額が減少したことは，この結果であった．さらに，輸入価格に較べて上昇が遅れていた輸出価格が1951年後半になると次第に上昇を見せたことは，輸出額の増加に寄与した．

　また，1951年段階ではまだマーシャル援助が行われており，5億ギルダーに上る援助によって依然として国際収支の赤字がファイナンスされていたことも見逃せない．以上を考慮すれば，後に中央計画局が評しているように，1950-51年にかけての国際収支の改善についての「主たる」原因を，この時期にとられた緊縮政策に求めることは難しい．ただ緊縮政策が一定の効果を持ったことも確かであり，国際収支の改善に対してある程度の補完的な役割を果たしたものと見るのが適当であろう[41]．

　しかしここで重要なことは，少なくとも同時期の認識として，政労使の協調関係に支えられてこれらの政策パッケージが実行可能となり，その結果，国際

---

38) *Ibid.*, pp. 34-37.
39) 割引率は1952年1月に4％から3.5％，8月に3％へと引き下げられる一方，4月には信用供与に対する制限措置は撤廃された．さらに53年に入ると，公共事業，住宅建設などの財政支出計画が次々と打ち出された．
40) Abert, *op. cit.*, pp. 135-136.
41) Westrate, *op. cit.*, pp. 136-137.

収支の危機というオランダの政治経済の迎えた難局を乗り切るうえで大きな役割を果たした,と見なされたことであろう.ティンベルヘン中央計画局長は,今回のプログラムの中で最も特徴的だったことは,実質賃金の減少を含む政策を労組が受け入れたことにあったと述べ,政府の政策に労組が協力したことが,その政策目的の実現を支えた最も重要な点だったことを強調している[42].実際,国際収支の回復のため,労組が本来最も重視してきたはずの雇用は一定程度犠牲にされたにもかかわらず,労組はこの失業の増加を容認する立場をとった.政府や雇用者側もこの政策の「成功」を高く評価した.以上のような国際収支危機への対応策として,政労使三者の合意によるネオ・コーポラティズム的な政策パッケージが「有効」な対処法となりうると見なされていたことは,1956-57 年の国際収支危機のさい,再度同様の対策がとられたことからも明らかであろう.

第3節 経済成長と経常収支の黒字期 (1952-55 年)

1 実質賃金の引上げ

1950-51 年の国際収支危機を乗り切ると,オランダは物資とインフラの欠乏によって悩まされてきた戦後復興の段階をほぼ終了し,経済成長を謳歌する時代に入った.1951 年から 1970 年代に入るまで,国内総生産は平均 5% 近い伸びを続けた.また 1951 年後半から経常収支が黒字に転じたオランダは,1952 年,マーシャル・プランの終了後にもかかわらず,単年度として初めて経常収支の黒字を記録し,この経常収支の黒字はそれ以後 55 年までの 4 年間にわたって継続する[43].

国際市場に対する依存度の高いオランダにとって,この経済の黄金期 (Gouden Jaren) を支えた最大の要因は国際経済の発展にあった.固定相場制によって価格の安定が保証され,OEEC や GATT のもとで進められた貿易自由化にも支えられて国際的な需要が高まったことは,オランダ経済に特に有利

---

42) Abert, *op. cit.*, p. 135.
43) この時期の経済状況については,J. L. van Zanden, and R. T. Griffiths, *Economische geschiedenis van Nederland in de 20e eeuw* (Utrecht: Het Spectrum, 1989), pp. 210-236; Ter Heide, *op. cit.*, pp. 267-268.

に働いた．オランダの輸出額は1950年代には年率8％，1960年代には10％もの増加を示し，オランダ経済の牽引車となった．ネオ・コーポラティズム的協調のもとで賃金・物価面での安定が継続していたことも，国際競争力をつけるうえで貢献した．

また高い収益率に支えられて投資も活発に行われた．1949年に始まる工業化政策により，投資優遇などの政策的な配慮がなされていたことも見逃せない．政府による投資活動も拡大した．1953年に生じた水害の復旧にさいし，政府は見返り資金を重点的に投入して復旧事業を進めた．これらの結果，オランダの粗投資額は1950年代から60年代には年率6％台の増加を示し，輸出と並んでオランダ経済の成長を支えたばかりか，生産設備の更新を通して生産性の向上に貢献した．雇用も大幅に改善した．

経済成長の過程で，オランダの経済構造も大きな変化を遂げた．農業は徹底した合理化が行われ，機械化と大規模化が進行した結果，就労人口は減少する一方，生産量は年々増加した．国際競争力をつけた野菜・畜産品・観賞用植物は広く輸出されるようになった．

この国際収支の黒字と経済成長によって彩られた1950年代半ばにおいても，政労使の三者協議に基づく賃金の決定システムは，依然として維持された．もっとも経済成長による国民所得の伸びを背景に，賃金水準の決定にあたって，窮乏経済下における賃金の決定方法とは異なるコンセプトが採用されたことは重要である．そこでここでは特に，1954年秋の賃上げをめぐる政策過程を検討したい．

1954年の7月，労組連合協議会は労働協会に書簡を送付し，労働協会で賃金の改定をめざして現在の経済状況に関する検討を行うことを要求した[44]．三労組連合が賃上げの必要性を認識したのは，1つには，54年に入ってから家賃や野菜・果物の値上がりによって生活費が上昇していたからだった．しかし三労組連合の認識はそれにとどまらなかった．実質国民所得が順調に増加しているにもかかわらず，賃金は常に物価上昇の後追いにとどまり，実質賃金は終戦直後の水準から余り変化していない．しかるに企業は生産性の向上によって高

---

44) 労組連合協議会から労働協会執行部会への書簡，IISG, *Archief SvdA*, nr. 25.

い収益をあげ,高配当を維持している.労働者もこの「福利の向上」(toegenomen welvaart),すなわち経済成長によるパイの拡大の分け前に与るのは当然ではないか,と三労組連合は主張した.

1954年7月9日の労働協会執行部会でも,この主張は基本的に受容された.しかし賃金水準の決定にあたっては,従来の物価上昇率や消費削減などとは異なる計算方法が必要とされるため,雇用者側の提案にもとづき,社会経済協議会に具体的な検討が委ねられる[45].社会経済協議会では賃金物価小委員会にこの問題の検討を委ねた.この賃金物価小委員会(ティンベルヘン委員長)は,中央統計局や中央計画局のデータを利用して2ヵ月弱の間に検討を終え,8月27日には覚書案を社会経済協議会総会に提出し,承認される[46].

この覚書では,オランダの経済が順調に成長を続け,失業は低下し,国際収支も黒字で外貨準備が大幅に増加していることが指摘された[47].将来の見通しも楽観的だった.特に国際収支に関しては,次のような予測が述べられている.「あらゆる計算値によっても,国際収支は大幅な黒字を計上し続けるだろう.このことは,国際収支に不利な影響を及ぼしかねないような経済政策上の変化があったとしても,それを補うだけの余裕が残されているということを意味している」[48].

この経済状況を踏まえ,覚書は次のように主張する.従来は賃金の水準を最低限度の生活費(kosten van levensonderhoud)程度まで抑制してきた.しかしそれは終戦直後の一種の緊急状態の時にのみ妥当することであり,現在はむしろ1人当たりの国民所得全体の上昇に応じて実質賃金も引き上げるべきである.賃金コストの増加が輸出に与える影響については慎重に見極める必要があるが,生産性の向上に鑑みれば,賃金生活者への経済成長の分配は十分可能であり,必要でもある.雇用にも重大な影響は与えないだろう.このように覚書

---

45) なお政府の側は,この問題について社会経済協議会に諮問する必要は特に認めていなかった.ただ社会経済協議会は「諮問なき答申」を出す権限を持っていたため,この問題で「諮問なき答申」の方法をとることは可能だった.しかし「諮問なき答申」は社会経済協議会の活動から見れば例外であり,ここでも覚書(nota)という無難な形式が採用された.

46) Verslag van de vierenzestigste vergadering van de Sociaal-Economische Raad, 27-8-1954, ARA-II, *Archief Sociaal-Economische Raad*, nr. 128.

47) Sociaal-Economische Raad, *Nota betreffende het vraagstuk van eventuele loonsverhogingen* (1954).

48) *Ibid*., p. 15.

は述べ，1人当たりの国民所得の増加率と現実の賃金水準との格差は2-4.5%の範囲にある，と算出する[49]．そして，輸出の拡大，生産性の向上，雇用や国際収支の状況などに鑑みて，「現下の経済情勢に基づけば，……賃金の引上げに問題はないと考えられる」との結論を導き出した．

この覚書の確定を受けて，具体的な賃上げ率をめぐる交渉が9月，労働協会で開始された．ただ，この時期労働市場の逼迫により，労働力を確保するために基準賃金を超える賃金を支払う産業も出てきており，実態に合わせて基準賃金を上昇させる必要が生じていた．そのため労使で合意されるであろう賃上げ率は，社会経済協議会が国民所得から算出した2-4.5%より高めに設定されることは容易に予想された[50]．

労働協会で雇用者側が出してきた提案は，賃上げ率を最大5%の認可制とし，この枠内で賃金交渉を各産業に委ねるというものだった．これに対し三労組連合は，輸出の伸びによって企業が恩恵をこうむっていることを指摘し，賃上げは一律強制とすること，賃上げ率としてはたとえば7-8%とすることを要求した[51]．オランダ労働組合連合のフェルミューレンは，近年賃上げ率が常に5%となって終わっていることを指摘し，もし今回もまた賃上げ率が5%に決定されるとしたら「人々を心理的に失望させるだろう……そして，あらかじめ賃金交渉の結果が5%になることを予見していた統一労働組合センターの正しさが立証された形になり，彼らの思うつぼとなろう」と主張した[52]．

一見架橋不可能に思われた労使の対立状況であったが，9月14日，スール

---

49) 1949年から52年にかけてのいずれの年を基準年とするかについては合意が得られなかったため，望ましい賃上げ率の数値に相当の開きが生じる結果となった．

50) G. H. Scholten, *De Sociaal-Economische Raad en de ministeriële verantwoordelijkheid* (Meppel : J. A. Boom en Zoon, 1968)．なおこの時期には家賃引上げをめぐる問題も賃金交渉に影を落としていた．先に説明したように，賃金抑制に大きく貢献した要因の1つに，生活費の抑制を支えるため，ドイツ占領下で導入された家賃凍結が政策的に継続していたことがあった．しかし1950年代に入ると，戦後建設された家屋の家賃との開きが拡大したこと，家主の負担が増大したことから批判が高まり，政府は徐々に戦前の家屋の家賃を段階的に引き上げる方針を明らかにした．労使は，家賃引上げによる生活費圧迫への補償は減税によるべきと主張していたが，減税が家賃の引上げ額を完全に補償することは困難であり，賃上げによる補償が必要と考えられていた．そのため政府が家賃引上げの時期を発表しない限り具体的な賃金補償交渉を行うことは難しく，労使の出方をそれぞれ見極め困難なものとしていた．*Nieuwe Rotterdamse Courant*, 2-9-1954.

51) Verslag bestuursvergadering SvdA, 2-9-1954, IISG, *Archief SvdA*, nr. 25 ; Scholten, *op. cit.*

52) Verslag bestuursvergadering SvdA, 11-9-1954, IISG, *Archief SvdA*, nr. 25.

ホフ社会相(労働党),ツェイルストラ経済相(反革命党)と労働協会との間で協議が行われると,事態は解決に向かった[53]. この席で政府側は,かねてから懸案となっていた家賃引上げを翌1955年半ばに実施することを労働協会に発表し,労使双方に対して,合意を達成するよう強く要望した. もし合意が得られない場合には,政府は,労使双方にとって満足のできない決定(voor beide partijen onbevredigende beslissing)を下さざるを得ないだろう,というのである[54].

家賃引上げ,特に戦時中から凍結の続いていた家賃の引上げは,雇用者側がこの時期重視していた政策課題の1つだった. そのため,政府がその実施を表明したことを雇用者側は高く評価した. そこで雇用者側は,家賃引上げによる生活費の上昇への補償も考慮に入れて賃上げを行うことが望ましい,と方針を転換した. 9月14日の労働協会執行部会で,雇用者側は,認めうる賃上げ率を6%にまで引き上げた. 三労組連合も,この6%の提案を基本的に評価した. カトリック労働者運動委員長のミデルハイスは「労働協会で6%の合意が達成されるならば,それはきわめて重要な意味を持つものだろう」と述べて賛意を表した[55].

各労使組織内部でもこの提案に同意が得られたことを受けて,9月17日,労働協会執行部は賃上げ率を最大6%とし,その範囲内で産業別に賃金交渉を行うということで完全に合意する. 政府もこれをそのまま承認し,9月23日,国家調停委員会は10月1日を施行日として賃金基準を6%引き上げる命令を公布した. なお,賃上げ率は「6%以内」となっていたものの,労働市場の逼迫を背景に,実際には圧倒的多数の産業で6%の賃上げが実現した[56].

この1954年秋になされたような「福利分配型賃上げ」(welvaartsloonronde)は,1956年3月にも繰り返され,6%以内の賃上げと3%の一時金(uitkering ineens)の支給が行われた. このときも当初労働協会では合意が得られず,一時は決裂状態に至ったため,やはりスールホフ社会相,ツェイルストラ経済相

---

53) *Verslag tweede halfjaar CSWV*, 1954, pp. 247-250.
54) Verslag van de vergadering van het Algemeen Bestuur van het CSWV, 16-9-1954, ARA-II, Archief C.S.W.V., inv. nr. 5.
55) Verslag bestuursvergadering SvdA, 14-9-1954, IISG, Archief SvdA, nr. 25.
56) Scholten, *op. cit.*, p. 286.

らによる調停が行われ,合意が達成されている.

このように50年代中葉には,輸出額の増加による経済成長と国際収支の改善を背景として,それまできわめて抑制的に推移してきた賃金水準の引上げが進められた.もっとも,賃金決定過程そのものは自由化されたわけでは決してなく,依然として政労使の緊密な協議のもとで進められた.むしろ社会経済協議会という中立委員も含めた協議機関が政策過程に加わってきたことで,むしろオランダのネオ・コーポラティズムは賃金問題を軸に制度化の度合いを強めていく傾向が見てとれる.

2　ケインズ主義的経済政策の採否

ところで第1章で述べたように,オランダにおいては,完全雇用をめざした北欧型のケインズ主義的経済政策は現実にはほとんど実行されていない.1950-51年の緊縮政策は国際収支の赤字対策として行われたものであり,その結果,失業は戦後最大を記録し,雇用は国際収支回復のための犠牲とされた.1954-56年には,今度はオランダ経済は戦後最大の好景気を迎え,失業も戦後最低レベルまで低下するが,好調な国際収支を背景に,この時期行われたマクロ政策はむしろいっそう拡張的な性格を持つものだった.本来なら,この時期はケインズ主義的な財政政策の発動の必要性が最も低かった時期である.それにもかかわらず,1954-56年にかけて実施された大規模な減税は,財政出動に匹敵する経済効果を持つものだった.この時期進められた投資控除の拡大や早期減価償却などの投資優遇措置も,同様に親景気循環的に作用した.ファン・デン・ベルトの手による中央計画局の研究が明らかにしているように,1950年代における財政金融政策は,実は反景気循環的というより親景気循環的の傾向が強く,景気対策としての役割を果たしていたとは解釈できない[57].

この非ケインズ主義的な財政措置に対しては,オランダ銀行や中央計画局が積極的な支持を与え,議会でもキリスト教民主主義諸政党や自由民主人民党が全面的に擁護の論陣を張って多数派を構成した.労働党やオランダ労働組合連合はこれを批判し,積極的景気政策(actieve conjunctuurpolitiek)を主張する

---

[57] Centraal Planbureau, *Conjunctuurpolitiek in en om de jaren vijftig* (Den Haag: Staatsdrukkerij- en uitgeverijbedrijf, 1963).

が，失敗する．

　ここでは，1955年の減税をめぐって活発に行われた政策論争を取り上げることで，この時期のオランダにおける経済政策に関する認識を理解する一助としたい[58]．第2次ドレース内閣は1955年，好景気による税収の拡大，潤沢な外貨準備高を背景に，負担軽減（lastenverlichting）を通じた需要の拡大，国際競争力の強化を狙って大規模な減税策を打ち出した．間接税，直接税（所得税，資産税）の引下げとならび，1951年に軍事支出増加と国際収支赤字に対応して導入された諸増税措置の撤廃がこの減税案の中心だった[59]．中央計画局も，工業化計画で予測された以上にオランダ経済が成長を続けており，インフレや国際収支の問題も少ないと根拠づけ，減税にはいかなる問題もないとお墨付きを与えた．またオランダ銀行も，1955年の賃上げにより労働分配率が再び上昇して国際競争力に翳りが出ているとして，減税による負担軽減は望ましいと判断する[60]．

　しかし議会審議では，二大与党の1つである労働党はこの減税案に対し，積極的景気政策の観点からは正当化できないとして反発した．労働党は財政通のホフストラ下院議員を代表として，次のように論陣を張った．現下の好景気と労働市場が逼迫している経済状況を考えると，減税はとりあえず延期するのが賢明である．むしろ減税は，将来失業率が上昇した時点で，購買力を刺激するために実施するのが望ましい．現在は増収分を減税ではなく債務償還に優先的に充て，それによって将来の財政出動の余地を残すべきである，というのである[61]．

---

58) この減税問題については，Ter Heide, *op. cit.*, pp. 278-298.
59) このうち間接税の減税は，先に述べた1955年の家賃引上げに対する補償措置としても位置づけられていた．
60) オランダ銀行の見解は，「純粋に国内で完結した反景気循環的政策が，国際環境からくる影響をまぬがれると信じるのは幻想（illusie）」であり，「反景気循環的政策が成功する可能性があるのは，国際収支の危機の時のみに限られる」，それゆえ国際収支の黒字の場合には積極的景気政策の効果は薄いというものだった．*Ibid.*, pp. 288, 297.
61) なおホフストラと近い関係にあり，この減税にケインズ主義経済学者として理論面で反対の論陣を張った人物として，ロッテルダム経済高等専門学校（現ロッテルダム・エラスムス大学）教授のウィテフェーンを挙げることができる．彼は政府予算を真っ向から批判し，現在のような好景気の時期には，政府支出の削減，民間投資活動の抑制こそ必要だと主張する．彼は，投資抑制の切り札として「非課税扱いの景気基金」（belastingvrij conjunctuurfonds）を提案した．この基金は，企業が自発的にオランダ銀行に行う封鎖預金のことであり，好況時には企業は余

しかしこれに対し, 与党であるカトリック人民党や他の政党は, 政府案を支持して労働党を批判した. 減税によって国民負担が引き下げられることは, それ自体重要な意味を持つ. むしろ財政黒字は不要であり, 基本的に望ましくない. そして減税が引き金となって「自由に企業活動が開花する」ならば, それこそ「健全な経済成長の最良の保証である」とする. また共産党も, 勤労者大衆は減税の益にあずかるべきだとの観点から, 野党であるにもかかわらず減税案の支持に回り, その結果労働党は議会で完全に孤立する. また労使組織の中でも, 労働党の見解を支持したのはオランダ労働組合連合だけだった. 雇用者団体やカトリック労働者運動, 全国キリスト教労働組合連合は基本的に政府案を評価し, むしろそれぞれの立場から, さらに減税を進めるべきことを主張した[62].

結局, ケインズ主義的な積極的景気政策の立場から減税案に批判を行ったのは, 労働党とオランダ労働組合連合に限定された. 労働党はカトリック人民党と並ぶ主要与党であったにもかかわらず, カトリック人民党がプロテスタント政党や自由主義派の支持も取りつけることで, 公法産業組織や中央計画局, さらには工業化政策をめぐる論争の時と同様に, その政治経済秩序や社会経済政策をめぐる対立でカトリック人民党に大幅に譲歩することになった. テル・ヘイデが結論づけているように,「優れて社会民主主義的な発想に基づく政策提案を受け入れようという意欲はキリスト教民主主義系, および自由主義系の人々にはほとんど存在せず」, その結果,「社会民主主義的な政策の余地はきわめて小さいものだった」といえよう[63].

なお戦後のオランダにおいて, ケインズ主義的な経済政策を導入した唯一の政権としては, のちのデン・アイル中道左派政権 (1973-77年) が挙げられる. この政権にはカトリック人民党が加わっていたものの, デン・アイルを含む労働党, 急進党など左派勢力が政権内で優勢であり, 完全雇用をめざした景気刺激策, 社会保障給付の引上げなどを開始した. しかし石油危機も重なり, この

剰収益をこの口座に非課税扱いで預金でき, 不況時には投資に利用できるとされた. *Ibid.*, pp. 288-290.
62) たとえば雇用者団体は法人税の減税, カトリック労働者運動は日用品の売上税の減税などを主張した.
63) *Ibid.*, p. 298.

拡張政策はインフレと大幅な財政赤字，経常収支赤字をもたらしたうえ，失業率もむしろ悪化の一途をたどったため，早期に行き詰まりをみせる．そして1975年，財務相のダイセンベルフ[64]らを中心に緊縮政策への大幅な転換が断行され，財政再建とインフレ抑制，ギルダー価値の維持を最優先の課題として，財政支出の抑制，金融の引き締め，賃金・社会保障支出の押さえ込みが進められた．この緊縮路線は以後の内閣にも継承されている[65]．

---

64) ダイセンベルフはオランダ銀行総裁を経て，1998年よりヨーロッパ中央銀行総裁を務めている．
65) デン・アイル内閣期以降の経済政策の展開については，Anton Hemerijck, *The Historical Contingencies of Dutch Corporatism* (Ph. D. Thesis, The University of Oxford, 1992), pp. 289-346.

第7章　第二次支出削減
── ネオ・コーポラティズムの「モデル・ケース」──

　1950-51年の国際収支問題を乗り切ったオランダ経済だったが，1956年の後半になると，またしても同様の危機を迎えることになる．これを受けて政府は，労使組織の全面的な協力も得て，やはり国内支出削減による国際収支均衡の回復策を打ち出していく．ただこの引き締め政策は，ケインズ主義的な経済政策の発想からはむしろ1954-56年の好況時にこそ実施すべき政策であったことは，先に示したとおりである．この国際収支の赤字を受けて漸く「内閣とオランダ銀行の受動的な姿勢は，積極的な姿勢へと変容した」，という皮肉混じりの評価は正しいであろう[1]．

　国際収支の均衡の回復をめぐるプロセスは，1950-51年の時と基本的に共通である．ただ今回のケースは前回と比較すると，いくつかの点でより興味深い展開を示している．

　第1は，政労使協議における政策合意が決定的な役割を果たし，実質的に内閣や議会・政党に優越する形で政策の実質を規定していったことである．特に社会経済協議会の役割は大きかった．1951年の答申では，社会経済協議会は検討内容を民間投資と個人消費の削減にほぼ限定したばかりか，具体的な削減率については複数の可能性を示したにとどまった．しかし今回，社会経済協議会は作業部会の綿密な検討を経て，政府支出・民間投資・個人消費の3項目すべてを対象とし，かつ具体的な負担区分に関しても答申を出すことに成功する．この踏み込んだ政策提案は実際の政府や議会の対応に強い影響を与え，支出削減政策をかなりの程度規定した．

　第2は，政策実施期間が比較的長期にわたったことである．答申を出してから半年で国際収支が好転した1951年と異なり，今回は国際収支の回復が明確

---

[1]　F. J. ter Heide, *Ordening en verdeling: Besluitvorming over sociaal-economisch beleid in Nederland 1949-1958* (Kampen: Kok Agora, 1986), p. 298.

になったのは58年のことであり,支出削減政策は2年間にわたって緩められることなく継続した.そのため特に労組側から不満が高まってくるが,これも再びネオ・コーポラティズム的決定回路を通じて処理され,全体としての政策パッケージの維持に成功する.

以上の点に鑑みれば,この1956-58年の支出削減問題をめぐる展開はオランダのネオ・コーポラティズムが成功をみた,1つの典型的なあり方を示しているといえよう.そこで以下では,①国際収支赤字の背景,②社会経済協議会における検討過程,③労使組織の対応,④内閣と議会の対応,⑤支出削減政策の継続と補償,⑥国際収支の好転,に分けて検討する.

第1節 国際収支危機

1 国際収支危機の背景

まず,なぜそれまで4年間にわたって継続してきた国際収支の黒字が,1956年になって大幅な赤字に転じたのだろうか.最大の理由は,国内支出の増加という内在的な理由である.先述のように1950年代半ばには国際収支の改善と国民所得の増加を背景に,賃上げや減税が相次いで実施される.賃金は1955年1月に6%引き上げられ,1956年には好調な企業収益を反映して10%上昇し,個人消費支出を押し上げた[2].減税と好況に支えられ,民間投資支出も大幅に増加した.工業,運輸,建設のいずれの項目でも投資額は1年で20%近い増加を示した.政府支出の増加も目立っていた.公務員給与の増額に加えて,地方政府が公共事業や教育関連投資を活発に進めたことがその主たる原因と見られる.こうして1956年には,前年に比して,消費支出は前年比10%増加,投資支出は18%増加した.好況時にもかかわらず拡大政策をとった財政金融政策,そして1955-56年の大幅な賃金上昇がこの政府支出,民間投資支出,個人消費支出の全項目にわたる増加の背後にあった.

もっとも,国内の経済政策にすべての責めを帰すことはできないだろう.実

---

2) 内訳は,①休暇手当2%,②一時金2.5%,③賃上げ2.6%,④その他2.9%である.また公務員の給与も56年中に11%上昇した. *Centraal Economisch Plan 1957* (Den Haag: Centraal Planbureau, 1957), pp. 40-42.

はこの 1956 年から 57 年にかけての時期は，他のヨーロッパ諸国の多くも多かれ少なかれ国際収支の赤字を抱えていたからである．その原因は，1950 年の朝鮮戦争と同様に国際的な緊張の高まりだった．

まず，1956 年夏にはスエズ動乱が起こった．同年夏，エジプトのナセル大統領がスエズ運河の国有化を発表すると，英仏は軍を派遣してこれを牽制し，中東情勢は一気に緊迫した．原油価格は上昇し，スエズ運河の閉鎖によって海上輸送のコストも大幅に上昇した．また朝鮮戦争の時と同様，消費者や企業は買い占めや在庫形成に走り，輸入の増加をもたらした．

同年 10 月にはハンガリー動乱も生じた．ソ連を中心とするワルシャワ条約機構軍は，ワルシャワ条約機構からの脱退を表明したハンガリーに進入して新政権を樹立した．西側諸国はこれを強く非難し，東西間の緊張は高まった．

さらにオランダ経済に打撃を与えたのは，ニューギニアの帰属をめぐるインドネシアとの対立が 1956 年，頂点に達したことだった．この年オランダ憲法にニューギニアがオランダ王国の構成領域と明記されたことに反発したインドネシアは，1949 年の独立後成立していたオランダとの国家連合を離脱したばかりか，オランダ系企業の接収・オランダ人の追放に踏み切り，オランダへの債務も一方的に破棄するに至る．

1956 年の国際収支の赤字は，以上のような国際的・国内的諸条件が重なり合って生じたものだった．政府・民間投資・個人消費の 3 部門の支出額の大幅な増加にもかかわらず，労働市場の逼迫により国内生産は伸び悩み，生産額は前年比 6% の上昇にとどまった[3]．そのため輸入額が大幅に増加する一方，輸出額の伸びは 5% にとどまり，その結果，経常収支は 1955 年の 7 億 8100 ギルダーの黒字から，1956 年には 7 億 5000 ギルダーの赤字へと大幅に落ち込んだ[4]．経常収支自体は翌 57 年に赤字額が減少に向かうことが予測されたものの，50 年代後半にはオランダは資本収支に関しても赤字国となっていたため，1957 年には外貨準備がさらに落ち込むとの懸念が一般的となった[5]．

---

[3] 1956 年には失業率は 1.2% と過去最低を記録し，約 10 万人の求人数に対して失業者数は 4 万人にすぎなかった．*Ibid.*, p. 40.
[4] *Ibid.*, pp. 45-53.
[5] もともとオランダ政府は，国際貿易の拡大に対応するため，「外貨準備は……毎年一定の増加が必要である」との立場に立っていた．そのため，「経常収支は……均衡するだけでは不十分」

それでは、この1948年、1950年に続く戦後3度目の国際収支危機に対する措置はいかなるものだったか。先に論じたように、50年の国際収支危機の時には、オランダ政府でも労働党のリーフティンク財務相が輸入数量制限を導入して国際収支の赤字解消を図るべきだという主張を行い、結果的には容れられなかったものの専門部会に対する諮問も行われた。しかし、今回の場合、一部を除けば国際収支改善のための輸入制限の復活が口にされることはほとんどなかった。その背景としては、1950年代に発展を遂げつつあったヨーロッパ統合をめぐる動き、そしてそこにおけるオランダの果たした役割を理解しておく必要があるだろう。

2 オランダとヨーロッパ統合の進展

1950年代前半のヨーロッパでは、政治統合と経済統合が並行して進展しつつあった。まず経済面では、1951年にヨーロッパ石炭鉄鋼共同体 (ECSC) 条約が仏・西独・伊・ベネルクスの6ヵ国によって調印され、1952年に発足する。また同じ1951年には、西ドイツ再軍備問題と密接に関連しつつ準備されてきたヨーロッパ防衛共同体の設立条約も調印され、ヨーロッパは軍事面を軸に政治的な統合への歩みも踏み出すようになる。

オランダは、輸出市場の確保が経済再建に死活的な意味を持つとの観点から、ヨーロッパの市場統合には積極的な姿勢をみせてきた。しかしイギリスが参加せず、フランスが主導権を握る可能性の強い、大陸ヨーロッパ諸国のみの政治統合に関しては懐疑的だった。オランダは政治統合に関しては、相互の関税引下げ、共通市場の創設などの経済統合を前提として進めるべきという立場だったのである。

特にオランダ政府の中で、この経済統合に積極的な役割を果たしたのはベイエン外相だった。ベイエンはIMFや世銀の理事を歴任し、第3次ドレース内閣では外務大臣（無所属）を1952年から56年まで務めた人物である[6]。彼は

であり、借入の返済、移民による所得移転、途上国援助、資本輸出などの必要性を勘案すると、外貨準備の増加のために望ましい年間経常収支額は5億ギルダーになるという。*Centraal Economisch Plan 1957*, pp. 72, 84-87.

6) なお第3次ドレース内閣には、外交担当の無任所相としてカトリック人民党からルンスも入閣しており、ベイエンとルンスは対外的にはいずれも外相として行動した。この背景には、当時

石炭鉄鋼共同体の方式を念頭に置きながら，1952年，相互の関税・数量制限の撤廃，共通域外関税の導入を柱とする関税同盟の結成を6ヵ国外相会議に提案した．これとあわせて彼は，この関税同盟にECSCに置かれたような超国家的組織を設置し，共通市場の達成や相互の政策の調整を委ねることも主張した．これがベイエン・プランとして知られる経済統合計画である[7]．

当初このベイエン・プランには，フランスを始めとするヨーロッパ各国ばかりかオランダ政府からも疑問が出されていた[8]．しかし1954年8月，フランス国民議会が防衛共同体条約の批准を否決して政治・軍事面の統合が挫折すると，風向きは変わった．政治・軍事面よりも，心理的な負担の少ない経済面で統合を進めようという意識が強まったのである．フランス以外の5ヵ国は，防衛共同体の失敗にもかかわらず何らかの形の経済統合を進めることには異論はなく，ベイエン外相が主張していた関税同盟案は次第に支持を広げていった[9]．

またベイエン・プランは，石炭鉄鋼共同体の最高機関議長を務めたモネやベルギーのスパーク外相らの主張していた，ECSCの活動を交通やエネルギー部門にも広げる統合拡大案とも共鳴するところが多かった．そこで1955年3月のベネルクス外相会談では，このベイエン案を軸としてスパークらの案も加味した提案をベネルクスの共同提案とすることが決定される．そして1955年6月，イタリアのメッシナで開かれた6ヵ国外相会談で，ベネルクス案を基本とした共同市場の設立が合意される．これは1957年3月のローマ条約の調印，

ECSCを構成していた他の5ヵ国の外相が全員カトリック系だったため，労働党や反革命党が「ヴァティカンのヨーロッパ支配」(Vaticaans Europa) を懸念して，カトリック人民党が外相ポストを握ることに強く反対していたという事情があった．最終的には妥協により，無所属のベイエンとカトリック人民党のルンスが共に入閣した．J. Bosmans, *Staatkundige vormgeving in Nederland, Deel II, De tijd na 1940* (Assen/Maastricht:Van Gorcum, 1990), pp. 58-59. なおルンスは1956年に正式にベイエンのあとを襲って単独で外相に就任し，カトリック人民党の政権参加が継続したことに支えられ，1971年まで外相を務める．

7) ベイエン・プランについては以下を参照．R. T. Griffiths, "The Beyen Plan," in R. T. Griffiths ed., *The Netherlands and the Integration of Europe 1945-1957* (Amsterdam: NEHA, 1990), pp. 165-182; Alan S. Milward, *The European Rescue of the Nation-State* (London: Routledge, 1992), pp. 185-196.
8) ベイエン・プランなどヨーロッパ統合の試みとフランスの対応については，廣田功「フランスの近代化政策とヨーロッパ統合」廣田功・森建資編著『戦後再建期のヨーロッパ経済 復興から統合へ』(日本経済評論社，1998年), 133-172頁．
9) またフランスでも1955年2月にはマンデス＝フランス内閣が倒れ，新首相にヨーロッパ統合に前向きなフォールが就任する．

58年1月のEEC (ヨーロッパ経済共同体)・EURATOM (ヨーロッパ原子力共同体) の成立へとつながる画期的な合意であった. ミルウォードの表現を用いれば,「ベイエン提案がEECの歴史の出発点であり, この提案がECSCとEECを結びつけた」といえるだろう[10].

以上の展開を考えると, この時期共同市場の積極的な推進者であったオランダが, 国際収支の赤字対策として輸入制限を導入できる状況になかったことが理解できる. 確かに労働党の閣僚であるファン・デル・キーフト財務相などは, ドル圏からの輸入について制限措置を発動する必要性があるのではないか, と輸入制限の可能性を示唆している. しかしこれは, ただちに経済関係閣僚会議でツェイルストラ経済相 (反革命党) やベイエン外相らの反対を受け, 諮問に付されることなく輸入制限は行わないという方針で決着してしまう[11]. この時期のオランダでは, 平価切下げのみならず輸入制限も, 国際収支の改善手段としての選択肢からはずされていたのである. この結果, オランダが国際収支の赤字対策として利用できる主たる手段は, 1950-51年のときと同様, 緊縮的な経済政策を通じた国内支出の削減しか残されていなかった.

なおこれに対してフランスでは, 2回に及ぶフラン切下げが行われた. フランスの場合, 国際収支の赤字に加え, アルジェリア戦争のための多額の軍事支出がインフレを起こしていたことも見逃せない. 1956年からすでに7億ドルの外貨準備の減少を経験していたフランスでは, 57年に入ると外貨準備の落ち込みが加速し, 3月にはフランは激しい投機の対象となった. これに対処するためフランス政府は, 輸入品に20%の課徴金を課して輸入の抑制を図ると共に, 1957年8月, 58年12月とフランの切下げを行った. 総合的な経済政策による引き締めが発動されたのは, 2回目の切下げと同じ1958年12月のことであった[12].

---

10) Milward, *op. cit.*, p. 196.
11) J. M. M. J. Clerx, *Nederland en de liberalisatie van het handels-en betalingsverkeer* (Groningen: Wolters-Noordhoff, 1987), pp. 214-216.
12) *Ibid.*, pp. 210-211.

第2節　社会経済協議会答申による政策パッケージ

1　社会経済協議会における協議

　1956年のオランダは政治的には，下院選挙とそれに続く組閣に4ヵ月を要するなど不安定な状況にあった[13]．その最大の原因は，10年に及ぶ連合政権を支えてきたカトリック人民党と労働党の間の溝が次第に深まってきたことにあった．両者の対立の直接の契機は，1954年にカトリック司教団が発表した司教教書『今日の公的生活におけるカトリック教徒』（*De katholiek in het openbare leven van deze tijd*）である．1952年の下院選挙におけるカトリック人民党の不振を憂慮した司教団は，信徒の結束の回復をめざし，自由主義，社会主義などの「非教会的潮流」（onkerkelijke stromingen）に属する組織への加入を禁止した．この禁止には実効性はほとんどなかったものの，司教教書が最大の標的としていた労働党はこれを政党選択の自由を奪い，民主政を脅かすものだとして反発し，カトリック人民党と労働党との関係は悪化する[14]．

　その結果，1956年の選挙後も，両党は連合政権の継続自体にはおおむね合意していたものの，組閣は難航した．ドレース，ロメ，デ・ハーイ・フォルトマンら実力者が次々と組閣者（フォルマトゥール）や情報提供者（インフォルマトゥール）として組閣の可能性を探ったが失敗する．最終的に9月，カトリック人民党と労働党の各議員団長であるロメとブルヘルが合意に達し，第4次ドレース内閣が成立する．

　この流動的な政治状況のため，政府が社会経済協議会に支出削減をめぐる諮問を行ったのは1956年9月のことだった．しかし政治的対立とは距離をおく社会経済協議会は，3ヵ月という短期間に結論をまとめることに成功し，全会一致で，しかも賃金・物価のみならず財政・税制にまで踏み込んだ提言を行うことになる．その意味で社会経済協議会は，本来の政治的意思決定機関である内閣に代わって，政策の立案・合意の準備作業を行い，政治的空白のもたらす損失を最小限にとどめる役割を果たしたともいえる．

---

13)　この時期の政治的な展開については，Bosmans, *op. cit.*, pp. 60-66.
14)　司教教書については，J. A. Bornewasser, *Katholieke Volkspartij 1945-1980, Band I, Herkomst en groei (tot 1963)* (Nijmegen : Valkhof Pers, 1995), pp. 340-351.

1956年9月5日,ツェイルストラ経済相(反革命党)とスールホフ社会相(労働党)は連名で社会経済協議会に対し,以下の2点について諮問を行った.まず第1は,現下のオランダの経常収支と外貨準備をめぐる状況を把握し,もし支出削減が必要ならば,いかなる方式で(op welke wijze)支出削減を実現すべきかという問題である.第2の点は,第1の点と密接に関連することであるが,1957年中に導入が予定されている老齢年金保険の保険料負担,および家賃引上げ分の補償を賃金にどう反映させるかという問題だった[15].

社会経済協議会はこの諮問を受けると,諮問内容の重大性に鑑みて臨時に「支出問題の展開に関する委員会」(Commissie Ontwikkeling Bestedingen:以後支出問題委員会と略記)を設置し,この委員会に支出削減問題の実質的な検討と予備答申(prae-advies)の策定に当たらせることを決定した.答申作成に迅速さが要求されていること,重要な政策課題が審議対象になっていること,また,労使の利害に直接反映する問題であるため,各労使組織の代表的地位にある人物を委員として加える必要性があったことなどから,常設の賃金物価委員会とは別に臨時に委員会を設置すべきであるとの意見が大勢を占めたのである[16].

こうして成立した支出問題委員会は,社会経済協議会総会と同様に同数の政府任命委員,労組側委員,雇用者側委員によって構成された.委員数は各6名の計18名[17].これに加えて経済省,社会省,農水省,財務省,中央計画局からそれぞれ1-2名の代表が出席した.主要三労組連合の委員長3名は,全員労組側委員として参加した.委員会の委員長には雇用者側からトウェインストラ,副委員長にはオランダ労働組合連合委員長オーステルハイスが選ばれた[18].

トウェインストラ委員長は9月25日の第1回委員会の席で,社会経済協議

---

15) また特に賃金に関しては,1957年中に予定されている,老齢年金制度の導入に伴う保険料負担や,家賃の25%の引上げに対する補償の問題もあわせて考慮するよう求めている.
16) Notulen dagelijks bestuur Sociaal-Economische Raad, 7-9-1956, Algemeen Rijksarchief, 's-Gravenhage, Tweede Afdeling, *Archief van de Sociaal-Economische Raad 1950-1980*, inventarisnummer 136.
17) 雇用者側委員は工業2名,商業1名,中間層1名,農業2名から構成された.
18) オーステルハイスは,社会経済協議会の答申の出た直後の1956年12月,定年によりオランダ労働組合連合の委員長を退任することになる.後継者はファン・ウィンヘルデン."Aflossing van de wacht," *De Vakbeweging*, 25-12-1956, pp. 402-404.

会として一致した結論を出し,「全体の利益」(algemeen belang) にかなう政策を提言できるよう努力しよう,と委員たちに呼びかけた.政府委員,労使委員ともこの方針に異存はなかった.

しかし実際に協議が開始されると,合意に至る道のりは険しいことが明らかとなった.まず雇用者委員や一部の政府委員は,1955年から56年にかけての賃金引上げにより消費水準が大幅に上昇したことを国際収支の赤字の主たる原因とし,賃金抑制を中心として国内支出を抑制すべきである,との見解をとった.具体的には,1957年から導入される老齢年金について,雇用者が全額負担する予定だった保険料を労働者も一部負担することで実質的に賃金を抑制する必要がある,と主張した.

しかし労組委員や他の政府委員は,この見解に難色を示した.労組側のみるところでは,賃金の上昇は国際収支悪化の数ある原因の1つに過ぎず,国内支出削減のための主たる手段として賃金の抑制を用いることは,労働者に一方的に犠牲を強いることになる.本来の責任は雇用者側にある.国際収支の赤字も1950年代半ばの減税や投資控除の拡大によって企業が過大な投資を行った結果生じたものである.それゆえ投資控除の廃止といった投資抑制政策を進める方が先決である.もし民間投資の削減なくして消費水準の削減を進めるのであれば,消費水準の側に不当な負担がかかる,と主張する.労組側はさらに,輸入物価の上昇を理由に企業側が小売価格を上昇させ,購買力がさらに低下する可能性にも強い懸念を示した.

三労組連合の中でもオランダ労働組合連合は,この問題を踏まえて示威大会 (het demonstratieve congres) を開き,政府と雇用者に対する強い批判を表明した.彼らはかつて積極的景気政策の観点から反対した,1955年の減税をはじめとする親景気循環的政策が,企業の収益の急速な拡大を通じて企業の無責任 (onverantwoorde) な投資拡大を招いたと主張した.「これではまるで,夏に婚礼をお祝いしながら,次の冬のことを考えようともしないコオロギのようなものではないか」[19].賃金が1955年から56年にかけて上昇したのは事実であるが,それは生産性の向上に基づく正当なものであり,労働分配率自体はあ

---

19) E. Hueting, F. de Jong Edz., R. Neij, *Naar groter eenheid : De geschiedenis van het Nederlands Verbond van Vakverenigingen 1906-1981* (Amsterdam : Van Gennep, 1983), pp. 259-260.

まり変化していない. それゆえ, 国際収支不均衡に対処するための療法 (therapie) は何よりも投資の抑制を中心とすべきである. 具体的には, 投資活動に対する直接規制, 投資控除の廃止, 法人税増税などの強力な抑制策をとるべきとする[20].

もっともこの点では, 宗派系労組連合とオランダ労働組合連合の間にニュアンスの違いがあった. カトリック労働者運動委員長のミデルハイスは国際収支問題の解決に積極的な理解を示し, 老齢年金保険料の労働者による一部負担など, 賃金面の措置の必要性を認めていた. 彼は投資抑制・物価安定を雇用者側に要求しつつ, 同時に賃金抑制も認めることで「当事者が負担を平等に (evenredig) 分け合うべきである」と主張した. 全国キリスト教労働組合連合のルペルト委員長も, これに近い立場をとった[21].

またオランダ労働組合連合も含め, 三労組連合は国際収支の大幅な赤字という, オランダ経済の陥っている状況に対する憂慮は共有していた. しかも彼らは, 翌1957年1月に予定されていた一般老齢年金法の施行が, この経済状況の余波を受けて延期される恐れがある, との危惧も抱いていた. 老齢年金制度の導入を確実にするためには, 何らかの形で社会経済協議会における合意を得る必要がある, という点で労組は一致していた.

さらに, 一見対立が厳しいように見えながら, 実は労使が一致して賛成していた点があった. それは政府支出の削減である. 自治体や州政府も含め政府支出が1950年代に急増していることをとらえ, これも削減すべきとの主張は労使や政府委員の間に共通して存在していた. 労働者や経営者のみならず, 政府も支出削減の負担を負うべきであるというのである. その結果, 支出削減委員会は, 最終的には, 政府支出, 民間投資, 民間消費のそれぞれを偏らない形で削減し, 目標とすべき国内支出の削減を達成することで合意する.

三労組連合も, 支出削減政策自体は支持し, 一定の賃金面での犠牲を払う点

---

20) Nota met betrekking tot concept-advies inzake de bestedingen, 13-11-1956, ARA-II, *Archief Sociaal-Economische Raad*. しかしこれに対して雇用者側は, 投資はオランダの競争力の維持のために不可欠であり, 雇用維持のためにも有用だとして, 投資抑制に重点を置こうとする労組の主張に反論した. Verslag vergadering van de Commissie Bestedingen 7-11-1956, ARA-II, *Archief Sociaal-Economische Raad*.

21) Verslag vergadering van de Commissie Bestedingen 1-11-1956, ARA-II, *Archief Sociaal-Economische Raad*.

については受け入れる，ただし老齢年金を予定通り導入すること，物価上昇で生活水準が必要以上に低下しないよう政府と雇用者側に確約を求めていくという立場を選択した．

2 社会経済協議会答申の内容

1956年11月28日，社会経済協議会は総会を開き，支出問題委員会の作成した予備答申を全会一致で採択し，諮問から約3ヵ月弱で政府に提出した[22]．

この答申の中で社会経済協議会は，次のように議論を進めている[23]．まず諮問の第1点，すなわち国際収支の問題に関しては，国際収支の改善を進めるため，また同時にインフレの危険性を抑止するため，国内支出の削減が望ましいことは確かである．翌1957年には経常収支は改善して均衡する見込みだが，資本収支の面で相当の赤字が予測されるため，結果的に改善すべき国際収支額は3億5000万ギルダーと算出される．この国際収支の改善のため必要な支出の削減額は7億ギルダー．この7億ギルダーは，①民間投資，②個人消費，③政府支出（政府消費及び政府投資）という国民経済の3つの部門が分担する．「この各部門が適切な規模の負担を引き受けるならば，支出削減の結果として生ずる国民諸集団の負担を，公正に配分することができるだろう」というのである．具体的な削減額の配分は以下の通り[24]．

表1 支出削減額の配分

投資	政府投資（公営企業含む）	1億2500万ギルダー
	民間投資	2億2500万ギルダー
		投資削減額小計 3億5000万ギルダー
消費	政府消費	7500万ギルダー
	個人消費	2億7500万ギルダー
		削減額小計 3億5000万ギルダー
		支出削減額合計 7億ギルダー[25]

---

22) Verslag vergadering SER 28-11-1956, ARA-II, *Archief Sociaal-Economische Raad*, inventarisnummer 128.
23) *Advies inzake bestedingen*, Sociaal-Economische Raad, 1956.
24) *Ibid.*, pp. 11-12.
25) これらの削減予定額は，それぞれ政府投資の5.5％，企業投資の4％，政府消費の4％，家計消費の1.5％に相当する．

それぞれ部門別にみてみよう．

まず第1の部門は民間投資である．民間投資は1955年，56年と大幅に増加したことに鑑み，総固定資本投資総額の58億2000万ギルダーの約4％に相当する2億2500万ギルダーの削減が相当とされた．投資削減の手段としては，第1に投資控除の凍結．それまで1企業あたり3000ギルダーを越える投資については，新規の設備購入も設備更新も含め，投資額の一部が税控除の対象となっていた．答申では，この投資控除を1957年末まで凍結することで，約5000万ギルダーの投資額の減少を予測する[26]．

第2は，企業活動用の建築規制の強化である．従来から一定規模以上の業務用建築に対しては，政府による認可（rijksgoedkeuring）が必要とされてきたが，実際にはほとんどの場合，認可は容易に得られていた．答申ではこの規制を強化し，生産過程に直接関連しない建築を中心に建築投資活動の抑制を図ることで，さらに1億2500万ギルダーの投資の減少を勧告した．

最後は法人税の増税である．これにより5000万ギルダーの投資の減少が予想される．以上の3つの手段を並行して進めることで，合計2億2500万ギルダーの投資削減が可能となろう．

第2の部門は個人消費である．個人消費削減の柱であり，社会経済協議会において最も重要な争点だった点は，先にも触れた老齢年金保険料の負担問題である．従来の予定では，1957年1月1日に一般老齢年金法（Algemene Ouderdomswet）が施行されると，その保険料負担（賃金の1.6％に相当）は雇用者が全額負担することが内定していた．しかし，もし現在の状況でこれが実行されれば，雇用者はこの負担を価格に転嫁して物価安定を大きく妨げるであろうし，個人消費の削減も失敗しよう．以上の考慮から，答申ではこの1.6％の保険料額を労使で折半し，それぞれの負担を0.8％ずつとすることが主張された．もし雇用者の負担が0.8％で収まるのであれば，雇用者は価格転嫁の禁止を受け入れるのが容易になろうし，物価安定が継続することが期待できる．ただこの措置は労働者にとって，保険料負担により手取り賃金の0.8％の引下げを受け入れることをも意味していた．三労組連合が実質賃金の減少という組合員に

---

26) ただし，リスクが大きかったり，国民経済に対し本質的な重要性を持つ（van wezenlijke betekenis）場合には，例外的に投資控除の継続を認めることも明記された．

不人気な措置を敢えて受け入れた背景には，先述のように三労組連合が年来の要望であった一般老齢年金法の導入を最優先の課題と捉えていたことがあった．

個人消費削減の手段としては，これと併せて公共料金の引上げ，牛乳や砂糖などの食料品に対する価格補助金の段階的な廃止もあげられた．これによって消費者物価は約1％上昇することが予測される．また間接税の引上げ，政府支出や民間投資削減の影響による消費の減少などもあわせ，2億7500万ギルダーの消費額の削減が見込まれるとする[27]．

第3の部門である政府部門（公営企業を含む）については，消費支出と投資支出の双方で支出を削減する．消費支出に関しては，中央・地方を合計して7500万ギルダー，投資支出に関しては地方政府を中心に1億2500万ギルダーを削減することで，2億ギルダーの政府支出の削減が見込まれた[28]．ただ，削減対象とする具体的な費目については，住宅建設は削減の対象にしないことを求めた点を除き，社会経済協議会の管轄外としてあまり論じていないため，具体性に欠ける点は否定できない．

以上の3部門における支出削減の効果はどうだろうか．もしこの7億ギルダーに上る国内支出削減が答申通り実行された場合には，経常収支にして3億5000万ギルダーの改善をもたらし，経常収支は1957年には3億8000万ギルダーの黒字を計上することが見込まれる．これにより1956年中に生じた国際収支の不均衡は解消されると予測された[29]．

ただ，失業が増大することは社会経済協議会も認めていた．支出削減のもとで労働力需要が減少し，失業者数は1956年の3万9000人から57年には6万人に増加することが予想されていた．失業率にして1.9％である．しかし答申では，失業率は増加するにしても許容範囲内にあると判断し，問題視していない．国際収支改善のために，雇用は再び犠牲にされたといえる．

また，支出削減の成功のためには政府が物価安定政策を継続すること，企業もこれに協力すべきことが主張された．もし物価の安定に失敗すれば，労組が賃金の抑制に協力することが困難になり，賃上げ要求に走って支出削減計画全

---

27) *Ibid.*, pp. 17-25.
28) *Ibid.*, pp. 25-26.
29) *Ibid.*, pp. 28-31.

体を崩す恐れがあったからである．それゆえ老齢年金保険料に対する賃金補償や，57年中に行われる家賃引上げに対する賃金補償は，価格への転嫁を禁止すべきとしていた．

このような広範囲の内容を含んだ社会経済協議会の答申は，オランダの社会各層にそれぞれ「応分の」(evenwichtig) 負担を求めるものであり，一種のパッケージ・ディールとしての性格を持っていた[30]．答申は全体のまとめとして，次のように訴えている．

> 「ここで勧告した諸措置は，相互に密接に関連した一体のものであり，全体として必要とされる支出の削減を平等に分担しようというものである．そのため，諸措置が成功するか否かは，雇用者組織，そして労働者組織の協力いかんにかかっている．もし諸措置の間のバランスが崩れることがあるならば，その協力は困難となろうし，さらには望ましからざる物価・賃金上昇 (ongewenste prijs-en loonstijgingen) をもたらすだろう．そうなればそれは，我が協議会にとっても大変残念なこととなろう」[31]．

3 答申に対する労使・政府・議会の対応

こうして1956年11月，社会経済協議会で支出削減に関する答申が承認され，政府に提出された．しかし社会経済協議会の答申は，それがいかに重要な問題を扱うものであってもあくまで答申にすぎず，労使や政府が当然にそれに拘束されるわけではない．以下では，この答申を受けた労使組織，政府，そして議会の対応を検討する．

まず労組側である．各委員長が委員として支出削減答申の草稿作成に関わった三労組連合は，この支出削減計画を支持することに基本的に異論はなかった．ただ労組側の最大の懸念は，賃金の引下げを労組が容認する一方で，物価が予測以上に上昇し，実質賃金がさらに低下するのではないかということだった[32]．そこで答申の出された11月28日以後も，労組側は実質賃金の引下げを正式に

---

30) G. H. Scholten, *De Sociaal-Economische Raad en de ministeriële verantwoordelijkheid* (Meppel: J. A. Boom en Zoon, 1968), p. 349.
31) *Advies inzake de bestedingen*, p. 35.
32) たとえばカトリック労働者運動のミデルハイス委員長も，物価安定の重要性を強調している．Notulen dagelijks bestuur NKV, 3-12-1956, KDC, *Archief NKV*, nr. 17

受け入れるためには，政府が企業に対し実効性のある物価政策を行うこと，雇用者側もこれに積極的に応じることが不可欠の条件であると表明する．

確かに雇用者団体の中には，特に輸入原材料価格が変動しやすいことから，物価安定への協力は困難とする声もあった．雇用者の一部は，スエズ危機のもとでの原油価格・輸送コストの上昇を踏まえ，価格転嫁の余地を残す必要があると考えていた．中央社会雇用者連盟では「経営者に白紙手形を要求するようなことは認められない」との発言も出され，輸入価格の変動を受けやすい木材・家具製造業など一部の雇用者は，最後まで物価安定に協力できないという姿勢を崩さなかった[33]．しかし雇用者の多数派は，この支出削減プログラムのなかで労組が賃金面で協力する姿勢を示したことを高く評価した．そして最終的には，値上げが不可避となった産業の場合には経済相と個別に協議するという例外を設けることで，原則的に物価安定に協力することで雇用者側の合意が得られる[34]．

このような中で1956年12月7日，ハーグでツェイルストラ経済相とスールホフ社会相，関係官僚，三労組連合，四雇用者団体の代表者ら合計37人の参加する協議が行われた．協議の冒頭ツェイルストラ経済相は，経常収支の赤字は増大の一途をたどり，1956年の第Ⅰ四半期から第Ⅲ四半期まででに4億3000万ギルダーに達しているため，労使が一致してこの「わが国の経済の陥っている難局」に当たることが必要であると訴えた．とりわけ彼は，雇用者側に物価安定政策への疑念がくすぶっていることを踏まえて，企業が物価の抑制，賃金補償の価格転嫁の禁止に協力するよう呼びかけた[35]．

またこの協議で労組側も，雇用者の物価安定への協力を強く要請した．オランダ労働組合連合委員長のファン・ウィンヘルデンは，物価安定は社会経済協

---

[33] また価格転嫁の禁止による収益性の低下や，値上げ認可の手続きが長期間かかることなども指摘された．Verslag algemeen bestuur, 6-12-1956, ARA-II, *Archief C.S.W.V.*, lijstnummer 6.

[34] Verslag van het dagelijks bestuur van het Centraal Sociaal Werkgevers-Verbond, 6-12-1956, ARA-II, *Archief C.S.W.V.*, lijstnummer 39. 中央社会雇用者連盟の常任幹事会に出席した，支出削減問題委員会委員長のトゥェインストラは，「答申の根幹には物価の安定の成功がある．もしこれが失敗すれば，答申全体がひっくり返ってしまう（ondersteboven）」だろうし，さらには「とどめようもなく（ongebreidelde）賃金の要求が突きつけられる危険性もある」と述べ，雇用者側の協力を強く要請した．

[35] Verslag van de bespreking met de ministers van Economische en van Sociale Zaken, 7-12-1956, ARA-II, *Archief C.S.W.V.*, lijstnummer 6.

議会の答申の土台であり，これに失敗すれば，労働者は公共料金の引上げや消費者補助金の廃止に加えてさらに負担を強いられることになり，賃上げを要求せざるを得なくなろうと主張した．

　雇用者側は，この政府と労組の要請を基本的に受け入れた．そして物価安定に最善の努力を払うこと，また一般老齢年金法の保険料負担も価格に転嫁しないこと，また値上げに際しては事前に経済省と協議を行うことを約束した．この譲歩を引き出すために政府も雇用者側に対し，輸入原材料価格の上昇など，やむを得ざるときには経済省の承認のもとに値上げを認めること，また値上げの認可手続きは迅速に行うことを約束した．値上げの申請から認可にいたる手続きに時間がかかる (tijdrovend) ことは，雇用者団体が不満を抱いていた点であり，この改善は雇用者団体にとっても大きな得点であった．12月7日の政労使協議はこうして成功裏に終わった．

　雇用者団体はこの協議を受け，物価安定，投資削減を通じて支出削減プログラムを全面的に支持することを正式に決定・表明する[36]．そして12月末にはコミュニケを発表し，加盟各企業に対し，物価政策に協力して価格の抑制に努力するよう呼びかけを行った[37]．

　三労組連合も，以上のように合意が達成されたことを高く評価し，支出削減への協力を正式に決定する[38]．しかし，国際収支危機の回避という大義名分はあるにせよ，この合意が保険料負担による手取り賃金の減少，公共料金の引上げと補助金削減による生活費の上昇を伴うものである以上，一般の労働者が積

---

36) たとえば Notulen van de besloten algemene ledenvergadering van het VNW, 11-12-1956, Algemeen Rijksarchief, Tweede Afdeling, *Archief Verbond van Nederlandse Werkgevers*, Inventarisnummer 258.

37) 雇用者団体はコミュニケの中で次のように訴えた．社会経済協議会の答申は全会一致で承認され，政府も労組側もこれを支持する意向である．特に労組は消費支出削減のため賃金の抑制を受け入れる予定であり，当方としても物価抑制を積極的に支持する必要がある．経済相との協議によって，輸入価格の上昇の場合には価格転嫁が認められ，またその審査 (behandeling) にあたっては迅速な手続きが約束された．「我々は，多くの重大な反対と困難があることは承知している……しかし我々は同時に，全体の利益のために，そして産業界自身の利益のために (ook in het belang van het bedrijfsleven zelf)」，この賃金・物価安定化政策に対して「あらゆる助力を惜しむべきではない，ということも確信している」．*Nieuwe Rotterdamse Courant*, 28-12-1956.

38) オランダ労働組合連合では12月10日，連合幹部会で支出削減プログラムへの協力が確認された．Verslag van de vergadering van het verbondsbestuur, 10-12-1956, IISG, *NVV Archief*, nr. 16.

極的に受け入れ難いものであることも確かだった．それゆえ，労組はこの賃金抑制を，老齢年金法を施行するための必要な犠牲として理解を求めることで，組合員にこのプランを「売り込む」(verkopen)[39]ための説得活動に乗り出す必要があった．

たとえばオランダ労働組合連合では，機関誌『労働運動』*De Vakbeweging* に次のような主張が掲載される[40]．1955年の減税や賃金引上げの結果として生じた国際収支の悪化は，投資と消費の双方にわたる削減を必要としている．労働者も，賃金の一定の低下を受け入れることで消費支出の削減に協力することになる．

しかしこの負担を，単に労働者に所得の低下が強要されたものとみてはならない．なぜなら，これは老齢年金の保険料負担の結果生じたものであり，実質的には就労者から非就労高齢者への消費の移動（verschuiving）を意味するからだ．それゆえ，「現下の状況では，我々にはこの犠牲は適切なものに思われる」．

労働者側が消費の「移動」程度の犠牲で済むのに対し，雇用者側は2つの大きな犠牲を払っている．第1は物価安定であり，老齢年金保険料や家賃引上げに対する賃金補償を価格に転嫁することは禁止された．第2の，それ以上に大きな犠牲は投資の削減である．

このようにオランダ労働組合連合は主張し，「社会経済協議会が国民にもたらしたメッセージは，決して楽なメッセージ（prettige boodschap）ではない……しかし経済的な共同決定権とは，責任をも含むものだ……その点で社会経済協議会の支出削減プログラムは，全体としてバランスのとれたものだと思える」として支出削減への協力を訴えた．

以上の合意を受けて，労働協会で具体的な賃金改定の交渉が始まった．しかし社会経済協議会の答申で大枠が設定されていたため，協議されたのは技術的な問題にすぎず，短期間に結論が導かれた．すなわち老齢年金の保険料は賃金から天引きされるが，この保険料負担の一部は賃上げという形で雇用者が負担

---

39) Notulen dagelijks bestuur NKV, 3-12-1956, KDC, *NKV Archief*, nr. 17.
40) "Bestedingsbeperking," *De Vakbeweging*, 11-12-1956, pp. 390-392. 執筆者はルメルス．

する，ただし賃金の 1.2% に相当する額は労働者が負担する[41]．この労働協会の答申を受けた国家調停委員会も 12 月 14 日，答申に沿って賃金改定の命令を公布し，翌年 1 月 1 日に施行された．

賃金以外の支出削減政策はどう扱われたのだろうか．政府は，社会経済協議会が全会一致で支出削減方法を承認し，答申として提出したことを重く受けとめ，答申を政策の指針（leidraad）として用いることを表明した．答申が財政・物価・投資政策などさまざまな方面に及ぶものであったため，1957 年 2 月 15 日，政府は答申を具体化した「支出削減に関する覚書」（Nota inzake de beperking van de bestedingen）を議会に送付し，政策全体の方針を明らかにした[42]．

政府はこの覚書において，社会経済協議会の答申通り削減すべき支出額を 7 億ギルダーと算定した．ただその支出削減の内容については答申をそのまま受け入れたわけではなく[43]，たとえば民間投資に関しては，答申で 5000 万ギルダーの投資削減効果を予定していた法人税の増税額が 1 億ギルダーにまで引き上げられた．答申では大枠のみ決められていた政府支出の削減についても，額が引き上げられ，中央と地方での具体的な削減額の分担も明確にされた[44]．個人消費に関しては，政府案は答申にほぼ沿っていた．

この覚書を受けて議会では，1957 年の 2 月から 1 ヵ月にわたって支出削減プログラムをめぐる審議を行った．しかし，政労使の全面的な支持を受けて成立した包括的政策案に対しては，議会の側が大幅な変更をもたらす余地は最初から少なかった．しかもほとんどの政党は，支出削減の必要性を積極的に認めていた．

例外は共産党だった．共産党の総書記・下院議員団長であるデ・フロートは，

---

41) CSWV, *Jaarverslag over 1956*, pp. 68-70. また雇用者と労働者それぞれの負担割合の計算方法については，*De Onderneming*, 22-12-1956 を参照．
42) "Nota inzake de beperking van de bestedingen," *Handelingen en Bijdragen der Staten-Generaal*, I, 1956-57.
43) しかも 1957 年に入り政府は，農産物価格維持政策の大幅改正，農業労働者の賃上げなどの措置を決定し，これにより財政負担や消費者の負担が相当程度増加することが見込まれていた．
44) 政府支出については，中央の消費支出を 1 億 3000 万ギルダー，投資支出を 6 億 7000 万ギルダー，地方の消費支出を 2000 万ないし 2500 万ギルダー，投資支出を 7500 万ギルダー削減する方針が示された．答申と覚書の比較については，Scholten, *op. cit.*, pp. 336-341.

支出増大の原因を，オランダが NATO 加盟国として「戦時経済への転換」，すなわち軍拡を進めていることに求め，軍事費の削減こそ最も重要な支出削減策であると主張した．彼は政府の提案した支出削減のための諸措置を拒否し，ツェイルストラ経済相の辞任を要求した[45]．しかしこれらの主張を他の政党が受け入れることはなかった．

もちろん，議会の圧倒的大多数がこの支出削減プログラムを支持したとはいえ，国民経済全体に広範な影響を及ぼすこの「覚書」の諸措置について，議会や政党が政策の内容に関して全く影響力を持たなかった，というわけではない．

たとえば，個人消費の削減に関しては，消費者補助金の廃止に対して与党からも批判が出た．カトリック人民党は，牛乳補助金の引下げは児童数の多い家族をはじめ一般消費者に多大な負担をかけると批判した．労働党の議員からも，牛乳補助金を一部継続させるべきとの指摘がなされた．そしてカトリック人民党の議員が提出した，牛乳の値上げ幅を1リットルあたり10セントから6セントに圧縮することを求める動議や，労働党議員が提出した学校用牛乳価格の据置きを求める動議はいずれも可決された[46]．

また民間投資に関しては，政府が「覚書」で削減額を上積みしたことに対し，自由民主人民党や反革命党，キリスト教歴史同盟などから批判が寄せられた．政府支出に関しては，さらなる支出削減を求める動議が可決されている．

しかし全体としてみれば，議会は野党も含め社会経済協議会の答申を支持し，政府の政策方針を全体として追認した．その結果，社会経済協議会の勧告した諸措置は，まず労使の協議事項であった賃金・物価政策については，労働協会による合意，そして経済省・国家調停委員会による命令によって，具体的な政策として実現する．また支出プログラム全般についても，政府が基本的にこれを受け継ぎ，議会が承認することで政策として確定した．支出削減の規模，配分，またそのために用いる政策のいずれに関してもそうであった[47]．政労使の妥協として成立したこのパッケージ・ディールに対しては，政府や議会，労使組織のレベルで大きな変更を加えることは困難だったといえよう．

---

45) *Ibid.*, p. 359.
46) *Handelingen en Bijdragen der Staten-Generaal*, I, 1956-57, pp. 797-811.
47) Scholten, *op. cit.*, p. 384.

第3節　児童手当による所得補償

1 「赤線」を超えた物価指数

　だが，この支出削減問題はこれで決着したわけではなかった．むしろ支出削減プログラムがひとまず承認された後の1957年中の展開こそが，オランダのネオ・コーポラティズムの真価が試される舞台となった．

　先述のように政労使の三者は物価安定策で合意し，雇用者は賃上げによる負担増の価格転嫁を禁止された．しかし1957年に入ると，物価水準は全般的にじりじりと上昇を始める．これを受けて1957年1月22日，三労組連合は共同で首相に書簡を送り，物価抑制を強く要求した．すなわち同年末の時点で受容できる消費者物価指数として114.5を提示し（1953年の物価水準＝100），これを限界線に引かれた赤線（rode streep）と名付けたうえで，この限界を超えた場合には賃上げに進む可能性をにおわせた．「もし物価指数がこの限界を超えることがあれば，労組は賃上げを議題に乗せる可能性を留保するものとする」という[48]．特に労組側は，物価安定に非協力的であるとして雇用者側に厳しく批判の目を向けた．「物価安定の成否は，その大部分が経営者側の態度にかかっている．しかし我々はそれに対し不安である」[49]．労組側は，物価安定が失敗すれば，社会経済協議会の答申した支出削減プログラムは根底から崩れるだろうと警告した．

　もっとも，支出削減策が開始されて間もない1957年前半の時点では，労組側が支出削減政策の全体を揺るがしかねない賃上げ要求を，真剣に考慮の対象としていたとみることができない．オランダ労働組合連合のファン・ウィンヘルデン委員長が述べているように，賃上げ要求については「現下の状況では用いることがないことを望んでいる……もしそうなれば，我々は賃金と物価のいたちごっこにまきこまれ，困難は……さらに増大することだろう．我々が望んでいるのは，労働運動，そしてオランダ国民の感じ考えていることに対し，

---

48) W. F. van Tilburg, "De bakens uitgezet!," *De Vakbeweging*, 5-2-1957, pp. 34-37.
49) *Ibid.*, p. 37.

政府と議会が耳を傾けることである」[50].

しかし，三労組連合が物価安定を繰り返し要求したにもかかわらず，1957年の8月には早くも物価指数は，この赤線とされていた114.5を超えてしまう．

この事態は，労組を難しい立場に追い込んだ．賃上げ要求を控えたまま物価上昇をなし崩し的に認めてしまうことは，労組自ら実質賃金が予定を超えて低下することを容認することを意味し，組合員への威信を喪失させる危険があった．実際，オランダ労働組合連合では組合員の脱退が相次ぎ，1957年の1年間の組合員数の減少は1万4000人に達した．しかも賃金抑制に組合が服する一方で，投資抑制措置にもかかわらず企業投資の削減は1957年中には全く進まず，組合側の反発を買った[51]．傘下の単産からは，新たな賃上げ要求をためらうべきではないとの主張も聞かれるようになった[52]．

しかし三労組連合の指導部は，早々と指数が「赤線」を超えたことを批判しつつも，依然として慎重な構えを崩さなかった．経常収支の改善は進まず，貿易収支の赤字に至っては1950年の水準にまで悪化していた．8月には通貨危機の到来や平価切下げの風評が飛び交った．支出削減のための諸措置が効果を発揮するには，まだ時間がかかることは明らかだった．

実際，1957年の後半には，国際収支の改善の遅れを受け，またギルダーの信認を回復するために，政府もさらに踏み込んだ措置を進めていた．割引率は1957年7月に3.25％から4.25％に，翌8月には5％に引き上げられた．これにより，1956年2月から1年半のうちに割引率の引上げは5回に及んだ．8月から9月にかけては，法人税，奢侈品・準奢侈品の売上高税，タバコの消費税などの税率が相次いで引き上げられる．さらに9月には，オランダ政府はIMFから6875万ドル（2億6100万ギルダーに相当）の借入を行い，同額分のス

---

50) Hueting et al., *op. cit.*, pp. 261-262.
51) 民間純固定資本投資額は，1957年にはむしろ前年の41億ギルダーから45億6000万ギルダーにまで増大し，1958年になって37億8000万ギルダーに減少した．*Ibid.*, p. 262.
52) たとえばオランダ労働組合連合傘下の最大組合であり，ファン・ウィンヘルデン・オランダ労働組合連合委員長の出身母体でもある全オランダ金属電機産業労組（Algemene Nederlandse Bedrijfsbond voor de Metaalnijverheid en Elektrotechnische Industrie）はその機関誌で，生活費指数が114.5を継続的に超える状態になれば，新たな要求を突きつけるべきだ，と明言している．*De Metaalkoerier*, 17-8-1957.

タンド・バイ取り決めを結んで為替相場の安定を図った[53]．

　三労組連合は，この物価上昇の最大の原因が，輸入原材料の値上がりという外在的なものであることには理解を示していた．もしここで支出削減プログラムを越えて賃上げを強行すれば，雇用者側は，かつて内部の異論を押し切って政労使の三者協議で約束した，例の保険料や家賃補償の価格転嫁の見送りを撤回することで対抗することが予想された．そうなれば，失業のさらなる拡大，場合によってはギルダーの平価切下げという事態が生ずる可能性も指摘された．

　特にプロテスタント系組合は，抑制的な立場を鮮明に打ち出した．全国キリスト教労働組合連合のルペルト委員長は，同じプロテスタント系の反革命党のツェイルストラ経済相の物価安定化政策に全幅の信頼を寄せ，賃金抑制の継続を強調した[54]．同労組連合の機関誌でも，かつて首相宛の書簡で「物価上昇が限度を越えるならば，賃上げ要求を議題として出す権利を留保する」と述べたことを引用し，「しかしその書簡で明確に言明していたのは，この権利を留保する［下線は原文］ということである．現在問題なのは，この権利を用いるべきかどうか，ということなのだ」としたうえで，現下の状況では賃上げを求めるつもりはない．「一律の賃上げ（algemene loonsverhoging）を行えば，物価上昇を誘発するのは確実である．そうなれば利を得る労働者がいるだろうか」．それゆえ長期的にみれば「見せかけの解決」（schijnoplossing）は無意味だ，と主張した[55]．

　しかし宗派系の組合にとっても，生活費の無制限の上昇は容認できるものではなかった．購買力の低下によって一般の労働者の間に不満が高まっていることは確かであり，三労組連合が共同で対策をとる必要性についてはオランダ労働組合連合と一致していた[56]．三労組連合が消費者団体などと共同で設立した

---

53) E. S. カーシェン他著［渡部恒彦監訳］『現代の経済政策』下（東洋経済新報社，1966年），122-124頁．International Monetary Fund, *Annual Report 1958* (IMF: Washington, D. C.), pp. 98-100.

54) ルペルトは「ツェイルストラ経済相の物価安定化政策には深い敬意を払っている」とし，1957年中の物価の上昇を，霜による野菜の被害など天候上の理由や，国際価格の上昇によるものと見なして，賃上げ要求の必要性を否定した．A. N. P. 17-7-1957, opgenomen in de circulaire van het Algemeen Bestuur, 27-8-1957, ARA-II, *Archief C.S.W.V.*, nr. 7.

55) "Het gesprek begonnen," de Gids, Orgaan van het Christelijk Nationaal Vakverbond in Nederland, d. d. 21-9-1957, opgenomen in de circulaire van het Algemeen Bestuur, 27-8-1957, ARA-II, *Archief C.S.W.V.*, nr. 7.

56) Notulen van de vergadering van het bestuur van het CNV, 2-9-1957, IISG, *Archief CNV*, nr. 25.

消費者連絡機構（Consumenten Contact Orgaan）は，この生活費の上昇を受けて活発に活動を展開し始めた．この組織は物価監視を主たる任務とし，おのおのの値上げがコストの上昇に裏付けられた正当なものであるかを調査し，必要とあれば経済省に当該値上げについての説明を要求し，協議を行った[57]．

2　児童手当による対応策の検討

　このような状況下で1957年9月20日，労働協会の執行部会が開かれた．この席で労組側は，生活費指数が予想以上に上昇していることを指摘して遺憾の意を表明し，次のように主張した．確かに現在の物価の上昇は，天候不順など外在的な要因が大きく，労組としても現下の賃金・物価の抑制政策を妨げるつもりはない．しかし食料品を中心とする物価の上昇は，扶養児童を抱える低所得家計に特に打撃を与えている．「現在の状況は彼らにとって，これ以上耐え難いものだ」．それゆえ低所得者層への対応が必要であり，雇用者側にも協力を求めたい．必要があれば病欠対策など，生産性向上のための措置に労組側も協力する用意があるという．同時に労組側は，物価抑制に雇用者側が取り組みを強めることを要求し，消費者連絡機構による価格監視は，もしこれを積極的に用いれば一種の「武器」（wapen）として用いることができるとも指摘した[58]．

　雇用者側は，労組側が賃上げを要求する意思は基本的にないと言明したことに安堵の意を示した．そして生活費の上昇する状況のもとで賃上げ要求を抑制することが，労組に多くの困難を伴うであろうことに理解を示し，「賃金・物価の上昇を抑制するために可能なことをすべて実行することが，我々にとっての共通の利益となろう」と述べて，共同で解決策を検討する意欲を見せた．

　この日の協議では具体的な議論はなかったものの，雇用者側は労働協会の協議を踏まえ，早速雇用者四団体の協議機関である「労働問題に関する執行協議

---

[57]　"NVV en consumentenbelang," *De Vakbeweging*, 11-6-1957, pp. 178-179.
[58]　Verslag bestuursvergadering SvdA, 20-9-1957, IISG, *Archief SvdA*, nr. 29. もっともこの「武器」発言については，発言者のファン・ウィンヘルデン・オランダ労働組合連合議長が協議の終了間際になって発言に修正を加え，「労組がこの消費者連絡機構を武器として用いる必要のないことを私は望んでおります」とトーンをやわらげて言い直している．消費者連絡機構の活動について，雇用者側がきわめて神経質になっていたことを踏まえたものと考えられる．

会」で検討を開始した．可能性としてあげられたのは次の3通りである[59]．まず第1案は賃金面での補償．具体的には，最低賃金の導入により低所得労働者の賃金を引き上げることが検討された．第2案は社会保障関連の給付．特に低所得者層への児童手当の増額が念頭に置かれていた．第3案は税制面での優遇措置．課税最低限度の引上げによる，低所得者層への税の減免措置が検討された．

しかし第1案は，賃金水準の改定により賃金自体に手をつけることから雇用者側にも抵抗感が強く，今回は見送られた．また第3案は，もともと低所得労働者の支払う所得税額が少ないことから，税の減免措置のもつ効果は薄いとしてやはり否定された．

その結果浮上したのが，第2案の児童手当の増額案である．具体的には，一定所得以下の労働者に対象を限定し，期間を限定して児童手当の割増し給付を行う方法である．この方法であれば，扶養児童数が多く，日用品や食料品の値上がりで最も打撃の大きい低所得者層の要求に応えることができる．しかも最低賃金の導入に比べ企業側の負担は少なくて済むと考えられる．「労働問題に関する執行協議会」は以上の点で合意をみた．

これに対し雇用者の一部からは，児童手当の引上げも雇用者が負担する以上，一種の賃上げであるとして批判する声があがった．また児童手当の引上げに同意すれば，それを突破口に労組側が児童手当の大幅な上積みをさらに要求するのではないか，と不安を示す雇用者もいた．また雇用者の児童手当の負担が増大すれば，雇用者が物価安定に協力し続けるのは困難になるという指摘もなされた．

しかし雇用者の大半は，児童手当による解決を支持した．児童手当の増額は労組側の不満を解消させる効果的な措置であり，労組を賃上げ要求へと進ませないために重要な意味を持つ，という主張は多くの支持を集めた．「この措置自体は称賛に値する措置とはいえないだろう．しかしこの措置は，労働団体を自己抑制へと向かわせる手段」であり，また「生活費が上昇する中にあって，

---

59) Concept-notitie inzake de positie van de laagst betaalde groepen hand-arbeiders, 24-9-1957, Algemeen Rijksarchief, Tweede Afdeling, *Archief van De Raad van Bestuur in Arbeidszaken*, lijst-nummer 2.

組合員に対して労働組合がその面子を潰さないための機会を与えなければならない」というのが雇用者団体の多数の立場だった[60]．そして同じ頃行われた三労組連合の協議でも，現下の物価上昇に対応する措置としては児童手当の引上げが望ましい，との一致がみられた[61]．

こうして労使それぞれの協議を経て，1957年10月，労働協会における交渉が再開された．10月4日の執行部会では，低所得者層を対象とした措置の必要性について双方が一致し[62]，これを受けて執行部会は，労働協会の社会保険委員会および賃金委員会に対して具体的な内容の検討を委託する．この両委員会は10月7日，合同会議を開催して労使双方の案を検討した．

しかし労使の案の間の隔たりは大きく，合同会議はおのおのの案の提示にとどまった．まず雇用者側は，2名を超える児童を扶養し，かつ週給65ギルダー以下の労働者に限定して児童手当の増額を認めるという提案を行った．しかしこの2つの厳しい条件を満たす労働者は少数であり，児童手当の増額の恩恵を受けるのは3万名前後にすぎないことが予測された．

これに対し労組側は組合下部からの要望を踏まえ，全国キリスト教労働組合連合を除き，増額の支給対象を限定せずに児童手当を引き上げることを要求した．この場合，支給対象者は約85万人．中でもカトリック労働者運動の提案が最も具体的だった．カトリック労働者運動は，扶養児童数が1名の家族には週当たり70セント，児童数が2名の家族には1.4ギルダー（1ギルダーは100セント）を給付するよう提案した．この場合，児童手当の上積み給付に要する費用の合計は7000万ギルダー．オランダ労働組合連合の場合には，具体的な児童手当の引上げ額は明示しなかったものの，やはり総額として6500万ギルダーを提示しており，いずれも雇用者団体側の案における上積み総額の1000万ギルダーを大きく上回っていた．財源としては，児童手当基金（Kinderbijslagvereveningenfonds）から拠出し，それによって雇用者に直接の負担をか

---

60) Verslag dagelijks bestuur CSWV, 27-9-1957, ARA-II, *Archief C.S.W.V.*, nr. 40.
61) Bestuursvergadering van het Christelijk Nationaal Vakverbond, 7-10-1957 においてなされた9月30日の三労組連合の協議の報告．Internationaal Instituut voor Sociale Geschiedenis, Amsterdam, *Archief Christelijk Nationaal Vakverbond in Nederland*, inv. nr. 25.
62) Kort verslag van de vervolg-bespreking van het Bestuur van de Stichting van den Arbeid, 4-10-1957, ARA-II, *Archief C.S.W.V.*, nr. 7.

けない方式をとることでは労使は一致していた．ただ労組側の提案では，1960年代初頭に「社会経済状況が好転」したとき，雇用者による児童手当基金への拠出金を増額することで財源の補填が予定されていた[63]．

合同会議における各案の提示を経て，10月中旬，執行部会における協議が再開される．この席で三労組連合の委員長は口々に雇用者案を批判し，上積み額の支給対象者がごく一部に限定されていることに異を唱えた．オランダ労働組合連合のファン・ウィンヘルデン委員長は，雇用者案の上積み給付総額の1000万ギルダーが労組案と隔たっていることを捉え，「もし我々が雇用者側の提案を受け入れてしまったら，我々はただ笑い飛ばされる (weggelachen) だけだ」と述べる．もし労組が本格的に賃上げを要求すれば，賃上げ率が2-3%程度で2億5000万ギルダーを要することが見込まれる，それに比べれば労組側の要求する児童手当の引上げ費用は僅かなものだ，と主張した．支給対象者に所得限度額を設定すること自体は容認していた全国キリスト教労働組合連合のルペルト委員長も，雇用者案の限度額の設定は低すぎると批判し，第一子・第二子にも児童手当を支給することを主張した．カトリック労働者運動のミデルハイス委員長は，特に扶養児童を多数抱えた家族に生活費の上昇が困難をもたらしていることを強調した[64]．

しかし雇用者側はこの批判に対し次のように主張した．我々としても，最低水準の所得者層 (mensen met de kleinste inkomens) に配慮したいと考える．しかし労組側の提案は，児童手当拠出金の増大を通して結果的に賃金コストを上昇させるものであり，支出削減策に逆行する恐れがある．「なにが必要なのか，それだけをみることが必要だ」というのである．これに対して労組側のある委員は，「あなた方が必要と考えるものは，私たちにとっては不十分なのだ！」と反発した[65]．

このような対立のため，10月14日に経済省で行われた労働協会執行部と関係閣僚（スールホフ社会相，ツェイルストラ経済相，マンスホルト農相）との

---

63) Nota inzake mogelijkheden ener tijdelijke noodvoorziening, ARA-II, *Archief C.S.W.V.*, nr. 7.
64) Kort verslag van de bespreing in het Bestuur van de Stichting van den Arbeid, 11-10-1957, ARA-II, *Archief C.S.W.V.*, nr. 7.
65) オランダ労働組合連合のコルテの発言．彼は，雇用者が自らの案に固執するなら「交渉を中止した方がいい」とも述べ，雇用者の反発を買った．*Ibid.*

会合も実り少ないものだった．政府側は引き続き物価政策に努力すること，低所得者層への措置には同意できると表明した．しかし労働協会側は具体的な提案を出すことができず，スールホフ社会相も，「具体的な見解が提示されなければ，当方としても判断を下すのは難しい」と答えるにとどまった[66]．

3　打開策の浮上

しかし交渉が長引き，10月下旬に入ると，労使双方で解決の糸口を見いだす努力も始まった．まず雇用者側では，65ギルダーとしていた上積み額の支給対象者の週給の上限を75ギルダーに引き上げる案が出てきた．また上乗せ額はカトリック労働者運動が主張した案に近い，児童1人当たり一律1日10セント（1週間当たり70セント）に統一することにも同意がえられた[67]．また三労組連合のなかでも，高所得者層にまで児童手当の上積みを認める必要性は薄いとの声が上がったこと，また何らかの成果を引き出さねば労組の立場はますます悪化するとの考慮から，雇用者との合意をめざして所得の上限を週給105ギルダーとする新提案が作成された．給付額も，雇用者案と同じ児童1人当たり1日10セントとされた．

こうして雇用者側は上限として週給75ギルダー，労組側は105ギルダーという提案をそれぞれ携え，10月31日に労働協会の執行部会が開催された．しかしこの上限額をめぐって折り合いがつかず，いくども中断をはさんで長時間の協議が続けられた[68]．雇用者側は当初，週給75ギルダーを超える労働者は低所得者といえないとして労組案を拒否した．それでも協議の中で両者は次第に歩み寄り，雇用者は85ギルダー，労組は95ギルダーまで譲歩する．しかし両者はこれを最終的に譲歩できる線と見なし，それ以上の妥協を拒否したため，議論は最後の段階になって膠着状態に陥り，協議は再び中断された．

しかしこの中断の間に三労組連合は打開策（"way out"）を考案し，協議再開後直ちに雇用者側に提示した．この新提案は，所得の上限は週給95ギルダ

---

66) Kort verslag van de bespreking van het Bestuur van de Stichting van den Arbeid met enkele ministers, 14-10-1957, ARA-II, *Archief C.S.W.V.*, nr. 7.
67) Verslag van de vergadering van het Dagelijks Bestuur, 25-10-1957, ARA-II, *Archief R. V.B.A.*, lijstnummer 2.
68) Verslag bestuursvergadering SvdA, 31-10-1957, IISG, *Archief SvdA*, nr. 29.

ーと労組の提案に近いものの,手当の支給開始日は当初の予定より3ヵ月遅らせ,1958年1月1日とするというものだった.この案は,手当の増額を受ける労働者の範囲を広く取ることで組合員の要求に配慮するばかりか,支給開始日の延期によって,児童手当の財源を拠出する雇用者側の負担も減らすものだった.すなわち,現時点で児童手当の支給を受けている労働者のうち約70%の労働者はこの上積み対象とされる一方,1年で3500万ギルダーにのぼる費用の支出は翌年になってやっと開始される[69].また,この措置は1958年のみの「一時的」措置とすることでも一致した.労働協会の議長であり,中央社会雇用者連盟の委員長でもあるデ・フラーフをはじめ,雇用者側も直ちにこの三労組連合の新提案に賛意を示した.こうして労働協会はついに合意に到達する.

労働協会はこの合意に基づき,児童手当の上積み給付を求める勧告書を作成し,スールホフ社会相に送付した[70].支出削減政策を円滑に継続することを望む政府にとっても,この労使の合意は基本的に歓迎すべきことだった.実際,政府は,労働協会での合意をそのまま受け入れる形で,児童1人当たり児童手当を1日10セント上積みし,支給対象者の所得の上限を週当たり96ギルダー[71]とする法案を作成し,翌58年1月24日,議会に提出した[72].そして議会では,基本部分には異論が出されることもなく,そのまま可決される.こうして4月1日以降,1958年の第Ⅰ四半期の分も含めて,児童手当の上積み額の支給が開始された.

三労組連合では,支出削減政策への支持を継続することについて,またもや組合員の理解を求める活動が行われた.再びオランダ労働組合連合の機関誌『労働運動』をみてみよう.労働協会での合意後の11月26日号では,オランダ労働組合連合副委員長のルメルスが「責任!」と題する論文で次のように主張を展開する.すなわち,1957年に入って生活費が上昇を続けていることは

---

69) *Haagsche Courant*, 1-11-1957.
70) Brief van de Stichting van den Arbeid aan Zijne Excellentie de Minister van Sociale Zaken en Volksgezondheid, 8-9-1957, ARA-II, *Archief C.S.W.V.*, nr. 7.
71) なお10月31日の合意の翌日,計算上の都合から,所得額の上限は週給95ギルダーから日給16ギルダー(週給96ギルダーに相当)に変更された.Aan de leden van het Bestuur van de Stichting van den Arbeid, 1-11-1957, ARA-II, *Archief C.S.W.V.*, nr. 7.
72) Ontwerp van wet Duurtetoeslag voor het jaar 1958, *Handelingen en Bijdragen der Staten-Generaal*, III, 1957-58.

確かである．しかし8月の通貨危機・平価切下げの風評からわかる通り，現下の経済状況は予断を許さない．ここで賃上げを行えば，それは「間違いなく8月の危機を再来させるだろう」．そこで我々は可能な手段として児童手当を選び，合意に到達した．今後も労働者に過分な負担がかからぬよう，物価の動向や生産性の上昇を監視していく．もちろん，労組の方針が万人の理解を得るのは難しい．しかし，支出削減という手術（operatie）は困難な手術であり，根本的な（ingrijpend genoeg）手術をしないと患者は回復しない．「現実から逃避すれば今日はしのげるかもしれない．しかし明日になれば，はるかに大きな困難がふりかかってくることだろう」[73]．

このように支出削減プログラムは政府と労使，そして主要政党の支持に支えられて成立し，しかも脅かされることなく継続しえた．1956年後半から始まったこの支出削減プログラムは，1958年に入ってようやくその効果を見せた．1958年の輸出額は前年比で5.9％の伸びを見せる一方，輸入額は9.9％と大幅な減少を示した．その結果，貿易収支自体は19億5400万ギルダーもの改善を示し，国際収支の大幅な改善に貢献した[74]．

これを踏まえ，支出制限のための諸措置はいくつか緩和された．1958年3月にはIMFとのスタンド・バイ取り決めはキャンセルされた[75]．投資控除は復活し，銀行の信用拡張規制も緩和された．割引率も順次引き下げられ，1959年1月には2.75％と支出削減プログラム以前の水準を回復した[76]．また59年には，国際経済上の好況にも支えられ，国内生産は9％もの伸びを示した．国際収支も58年から6年連続して黒字を計上することになった．ただその反面，1958年には失業率が3％を超え，また工業化の遅れた周辺地域の1つである東部のドレンテ州では失業率が11.8％に達するなど，雇用面で犠牲が払われたのも確かだった[77]．

---

73) "Verantwoording!," *De Vakbeweging*, 26-11-1957, pp. 370-372.
74) Centraal Bureau voor de Statistiek, *Tachtig jaar statistiek in tijdreeksen* (Den Haag: Staatsuitgeverij, 1979), p. 148.
75) IMF, *op. cit.*, pp. 23-27.
76) カーシェン他，前掲書，125-130頁．
77) *Jaarverslag over 1959*, CSWV, p. 5.

4 共産党系労働運動の解体

なお，このように穏健労組の政策参加による経済運営と政治的安定が1950年代に一定の成功をみたのに対し，当初は18万人もの組合員を擁し，50年代前半までアムステルダムやロッテルダムを中心に争議を主導するなど急進的な労働運動を担ってきた統一労働組合センターは，50年代に組合員数を大幅に減少させた．

しかも統一労働組合センターは，協力関係にあるオランダ共産党の内紛に巻き込まれた．共産党ではデ・フロート総書記と対立していたワーヘナール委員長，ホルチャックら有力指導者が1958年4月に除名され，除名者らは1958年に「橋グループ」(Brug-groep) を結成する[78]．統一労働組合センターの執行部の多数派は「橋グループ」の支持に回った．しかし共産党を支持する統一労働組合センター内の少数派はこれに反発し，脱退して「統一労働組合センター1958」を結成した．だが統一労働組合センターも，また「統一労働組合センター1958」のいずれも労働者の支持を集めることに完全に失敗し，組合員は大幅に減少してそれぞれ1960年と1964年に解散してしまう[79]．

この左派労働運動の凋落に対しては，冷戦も大きな影響を与えていたことは否定できない．とはいえ，オランダにおいて左派労働運動が戦後わずか15年程度でほぼ壊滅状態に陥ったことは，他の西欧諸国と比べても際だっている．このことは，オランダでネオ・コーポラティズムが確立し，統一労働組合センター系の運動がそこから全面的に排除されていたことを無視しては理解できない．

すなわち，穏健三労組が政府に公認され，労働協会や社会経済協議会をはじめとするさまざまな公的機関に代表を送り込んで特権的な立場を享受していたのに対し，共産党系の統一労働センターはこのような機関へのアクセスを完全に拒まれ続けた．しかも，雇用者団体，政府と穏健三労組が協同して全国レベルの賃金や労働条件を設定するネオ・コーポラティズムのもとにあっては，地方や産業・企業レベルの交渉は余り意味を持たず，末端レベルでの争議で賃上

---

78) 共産党の党内対立の展開については，Ger Verrips, *Dwars, duivels en dromend : De geschiedenis van de CPN* (Amsterdam : Uitgeverij Balans, 1995), pp. 336-382.

79) 「橋グループ」も支持は全く広がりを見せず，1959年に初めて参加した下院議員選挙では議席を得ることに失敗した．

げをもたらすことも原則として不可能であった．そのため，ネオ・コーポラティズム的労使関係が軌道に乗ると，組合員に対するアピールを欠いて凋落への道をたどる他はなかった．このことは，オランダの政労使中央交渉のような，穏健労組の包摂と急進的労組を排除する制度が存在しなかった国，たとえばフランス，イタリアなどで，1950年代以降も共産党系労働運動が一定の支持を確保していったのとは対照的であった．

第8章　公式のネオ・コーポラティズム的所得政策の失敗

　以上みてきたようにオランダでは，政労使三者の協調を軸として，ネオ・コーポラティズムに基づく所得政策が社会経済政策の1つの重要な柱として機能してきた．特に1950年代にしばしば国際収支の赤字に見舞われたオランダでは，通貨価値の安定を重視する立場から国内経済政策を積極的に動員して対処してきたが，そのさいネオ・コーポラティズム的所得政策は重要な位置づけを与えられていた．実際この点に関しては，共産党を除く政党，雇用者団体，統一労働組合センターを除く労組の間にほぼ共通の認識があった．

　しかし1960年代に入ると，これまで挙げたさまざまな前提が次第に変化を見せ，所得政策はその実効性を失っていく．労使中央の合意は困難になり，賃金抑制も形骸化して，政府による介入も失敗する．そこで以下で60年代のオランダの政治社会に生じた変化を概観し，そのネオ・コーポラティズムに及ぼした影響を検討する．

第1節　1960年代のオランダの変容

1　政治経済条件の変化

　60年代に生じたオランダの政治経済面の変化としては，次の3点があげられる．

　第1は国際収支の黒字である．支出削減が成功裏に終了し，国際収支が回復を見せた1958年以降，オランダ経済は順調な成長局面に入る．1958年から59年にかけて支出削減を目的とした諸措置は撤廃された．投資控除の再導入など景気拡大政策に支えられて民間投資は大きく上昇し，政府投資，民間消費も増加した．

　この国内支出の増加にもかかわらず，国際収支は黒字を維持していた．国際

的な好況に支えられ,輸出が一貫して増加していたからである.抑制的な賃金・物価政策によりオランダの輸出品が国際競争力を高めたことも幸いした.経常収支は1958年には16億2000万ギルダー,59年は15億5400万ギルダー,60年は13億300万ギルダー,61年は7億9200万ギルダーと大幅な黒字を計上し続けた.これは支出削減期に目標とされた単年度黒字額の5億ギルダーを大幅に超え,金外貨準備も大きく増加した[1].こうしてオランダでは,1950年代中葉と同様の,輸出と投資の拡大に支えられた経済成長が継続した.

しかもオランダは,国際収支黒字の累積の結果,1960年前後には初めて輸入インフレの可能性に直面する.そして61年3月,やはり国際収支の大幅な黒字を抱えた西ドイツが5%のマルク切上げを発表すると,直ちにこれに追随し,ギルダーを5%切り上げて対応した.西ドイツはオランダにとって最大の貿易相手国であったため,もしギルダーを切り上げなければ輸入インフレの危険が現実化することが予測された.そしてこの切上げは功を奏し,61年と62年にかけて経常収支は一定の減少を見せ,国内物価も安定を取り戻した[2].

このようにオランダでは1960年前後から,かつて経済政策に強い影響を与えてきた国際収支の問題は次第に後景に退いていった.しかも60年代になると,それまで厳格に規制されていた国際資本移動が比較的容易になり,経常収支の赤字も資本の流入によってファイナンスすることが可能となったため,一定の節度ある経済政策を行っている限り,1-2年程度の経常収支の赤字は重大な問題ではなくなった.その結果,オランダの経済政策における国際収支問題の優先順位は低下し,マクロ経済政策はその優先目標を国際収支から物価安定へとシフトさせていく.既にみたように50年代には平価維持の必要性の認識は労組にも共有されていたが,60年代の国際収支の大幅な改善を受け,労組側も賃金抑制に協力する1つの重要な誘因を失ってしまう.

第2の変化は労働市場における変容である.オランダでは経済成長が続いた結果,失業率が1%を割るほど労働市場が逼迫し,ほぼ完全雇用の状態が現出した.政府は労働力不足の解消のため外国人労働者の受け入れを図ったが,労

---

1) Centraal Bureau voor de Statistiek, *Tachtig jaar statisliek in tijdreeksen* (Den Haag: Staatsuitgeverij, 1979), p. 148.

2) James Goodear Abert, *Economic Policy and Planning in the Netherlands, 1950-1965* (New Haven and London: Yale University Press, 1969), pp. 158-166.

働力需要の増大はそれを上回っていた．そのため労働力不足に悩む産業や企業は，国家調停委員会によって認可された賃金を越える闇賃金（zwarte lonen）を支払うことで労働力確保を図った．たとえば1963年には，公定賃金を6.5％も上回る賃金を支払ったとみられる産業もあった[3]．政労使の合意で決定された賃金水準が，実質的な意味を失ってきたのである．

この闇賃金は，特に労組に深刻な影響を及ぼした．労組が賃金抑制を呼びかけ，他方で雇用者が労働者に闇賃金を支払うという状況は，労組の一般組合員に対する権威を失墜させる危険があった．三労組連合は，労働協会の賃金交渉に参加することがむしろ自らの基盤を掘り崩す，というディレンマに陥った．

これに加えて，共産党系労組の解散も三労組連合の動向に影を投げかけていた．先に述べたように統一労働組合センターの存在は，三労組連合，特に構成員層の重なるオランダ労働組合連合にとって脅威だった．ネオ・コーポラティズム的所得政策への参加，そして「公認組合」としての特権的地位の保証は，この統一労働組合センターへの対抗上重要な意味を持っていた．「政治的交換」に三労組連合が参加した重要な理由の1つは，この「組織的便益」の獲得にあったのである．しかしその戦略が成功を収め，統一労働組合センターやその分派のいずれもが労働者の支持獲得に失敗して消滅すると，三労組連合にとっては，皮肉にもネオ・コーポラティズム的な労使交渉に加わる1つの動機が消滅する結果となった．

さらに企業の側でも，全産業にわたって同一賃金体系を強制する所得政策への違和感が強まってきた．雇用者側は，賃金抑制の手段として所得政策自体は評価していたものの，産業や企業レベルの自由な賃金決定を望む声も高まっており，公定賃金を無視して闇賃金を払う企業も多数に上った．さらにオランダ最大規模の企業であり，かつては労働協会の賃金交渉にも積極的に参加していたフィリップス社が，1965年に独自の労使協約を結んで中央交渉から自律の方向を見せるなど，雇用者側の足並みの乱れも表面化してきた．

第3に，政党政治面の変化があげられる．12年にわたって継続したカトリック人民党と労働党による，いわゆるローマ・赤連合は1958年，終わりを告

---

3) J. P. Windmuller et al., *Arbeidsverhoudingen in Nederland* (Utrecht: Het Spectrum, 1990), pp. 194-195.

げた.

　1956年に成立し，国際収支の不均衡を支出削減政策によって乗り切った第4次ドレース内閣も，58年に入ると与党間の対立から基盤が危うくなってきた[4]. 与党間の対立の最大の火種は支出削減政策の処理問題だった. 国際収支の改善が明確になった1958年の半ばからは，カトリック人民党は他の宗派政党や自由民主人民党の支持も受け，臨時増税の早期撤廃など，内閣の方針より踏み込んで支出削減措置の全面撤回を要求し始めた. 58年12月，労働党のホフストラ財務相が支出削減の一環として行われた臨時増税を最低2年延長するよう議会に求めたのに対し，カトリック人民党など各会派はこれを拒否する. 逆に1年以上の期間延長は認めないとする，カトリック人民党のルカスの提出した動議が可決される事態となった[5].

　労働党の側でも，すでに1950年代の後半から，カトリック人民党との連合政権に対する不満が高まっていた. 特に支出削減期には，賃金抑制政策に対する不満から，支持団体のオランダ労働組合連合で組合員の脱退が相次いだばかりか，労働党自体への支持も急落した. 1958年3月の州議選，5月の自治体議会選挙で労働党は大幅に議席を減少させた. ブルヘル議員団長ら労働党議員団は，政府に追随して明確な方針を打ち出せなかったことが選挙の敗因であり，野党に回らなければ次回の下院選挙で確実に敗北するとの認識から，宗派政党や自由民主人民党との対決姿勢を明確にした. 58年11月には労働党は党出身閣僚に対し，党の望む政策が実現されない限り内閣支持を撤回すると表明し，内閣に対して決定的な距離をおく.

　この労働党の批判姿勢への転換には，オランダ労働組合連合の動向も密接に関連していた. 組合員の減少にもかかわらず支出削減政策を支持し続けてきたオランダ労働組合連合であるが，支出削減の終了した58年になっても失業率が好転しなかったこと，しかも政府が投資控除の復活を認める一方，翌59年について実質賃金の引上げを望まない方針を明らかにしたことから，58年後

---

4) J. Bosmans, *Staatkundige vormgeving in Nederland, Deel II, De tijd na 1940* (Assen/Maastricht:Van Gorcum, 1990), pp. 65-67; J. J. Woltjer, *Recent verleden : De Geschiedenis van Nederland in de Twintigste eeuw* (Amsterdam : Uitgeverij Balans, 1992), pp. 255-257.

5) S. Hol, H. Mobach, "Henderik J. Hofstra. Socialistische belastingpolitiek tussen zuinig beheer en maatschappijhervorming," in *Van Troelstra tot Den Uyl* (Amsterdam : De Arbeiderspers, 1994).

半にはオランダ労働組合連合内でも政府批判が高まってきた．この批判は，オランダ労働組合連合出身である労働党のスールホフ社会相の担当する所得政策にも向けられた．一方的な犠牲を強いられているという組合員の強い不満に押され，オランダ労働組合連合指導部も労働党の下野を求める姿勢に転換する[6]．

1958年12月のカトリック人民党のルカス動議の可決自体は，必ずしも内閣の崩壊を意味するわけではなかった．しかしすでに労働党議員団の支持を失っていた労働党出身閣僚は，内閣の延命は不可能と判断して全員辞任し，ここに第4次ドレース内閣は崩壊した．そして1946-48年に首相を務め，現在は枢密院議員となっていたベール（カトリック人民党）が暫定的に首相に任ぜられて選挙管理内閣を組織した．

1959年3月の下院選挙では労働党は2議席を減じ，カトリック人民党が第一党となる．自由民主人民党は7議席を増加させた．第4次ドレース内閣崩壊の経緯，そして選挙結果から，労働党の入閣の可能性は組閣作業の最初から排除された．ここに三宗派政党と自由民主人民党が入閣し，カトリック人民党のデ・クワイが首相を務める新内閣が成立し，ローマ・赤連合は幕を下ろす．このデ・クワイ内閣（1959-63年）に続くマレイネン（カトリック人民党）内閣（63-65年），ツェイルストラ（反革命党）内閣（66-67年），そして67-71年の間政権を担当したデ・ヨング（カトリック人民党）内閣はいずれもカトリック人民党を中心とし，労働党の参画しない内閣だった．60年代に労働党が入閣したのは65年から66年の間に成立し，短命に終わったカルス内閣の時だけである．

労働党の下野により，政府と最大労組のオランダ労働組合連合との意思疎通は次第に困難となった．そのため政府の賃金交渉に対する介入は，労働党の入閣時にはなかったようなオランダ労働組合連合の強硬な反発を惹起することもあった．もっとも，カトリック人民党はカトリック労働者運動，また反革命党は全国キリスト教労働組合連合と協力関係を保つことで，政府の姿勢が大きく雇用者寄りに振れることは避けられた．実際オランダで成立した主要な社会立法の多くは，労働党が政権に参加していない1960年代に実現している．

---

6) E. Hueting, F. de Jong Edz., R. Neij, *Naar groter eenheid : De geschiedenis van het Nederlands Verbond van Vakverenigingen 1906-1981*（Amsterdam : Van Gennep, 1983), pp. 267-270.

2 オランダ社会の変容

しかし60年代におけるオランダの変化は,政治経済のレベルにとどまるものではなかった.むしろ60年代半ばからオランダ社会全体の直面した巨大な社会変動は,ネオ・コーポラティズムを支えてきた階級協調の根本を揺るがせるものだった[7].世俗化と都市化の急激に進行したこの時期には,既存の宗教やイデオロギーにとらわれない新しい社会運動や対抗文化が続々と出現し,「柱」社会に真っ向から挑戦を開始した.学生運動や女性運動,反戦運動も各地で活発化し,アムステルダムやネイメーヘンでは大学が占拠された.政治のレベルでも,有力政党で世代交代が進み[8],新しい政党や運動体も次々と姿を現した.既成の6政党,すなわち宗派系の3政党,自由民主人民党,労働党,共産党のいずれもが宗教か労使組織,あるいはその両方に基礎を置くものだったのに対して,1966年の下院議員選挙で登場した「民主主義者'66」(Democraten '66)はそのいずれとも一切つながりを持たず,既成政治に対する急進的な批判によって一挙に7議席を獲得して衝撃を与えた.また既成政党の中でも宗派政党は,世俗化や信徒の宗派政党離れの結果,党員数や得票数を減じたのみならず,党内の左右対立も激化して混乱状況に陥った.

労働運動でも,労使協調を軸に戦後再建を担った世代は一線を退き,世代交代が進んでいた.新しい労組指導者層は,旧来のネオ・コーポラティズムに組み込まれ,政策決定過程に取り込まれた労組のあり方が組織率の低下に拍車をかけ,弱体化を招いたと認識していた.しかも60年代に入ると,未組織労働者を中心とする山猫ストの頻発,急進的な主張を掲げる「学生労働運動」の急速な拡大など,三労組連合にとって看過できない動きが生じてきた[9].ピッツ

---

7) この時期のオランダの政治・社会変動については,田口晃「文化変容と政治変動——1970年前後のオランダ」犬童一男ほか編『戦後デモクラシーの安定』(岩波書店,1989年)が詳しい.

8) ロメ(カトリック人民党),ドレース(労働党),ブルヘル(労働党),アウト(自由民主同盟),ティラヌス(キリスト教歴史同盟),スハウテン(反革命党)といった戦後のオランダの政党政治を担った指導者層は,いずれも1960年代初め,政治の第一線から退いている.Bosmans, *op. cit.*, p. 71.

9) 「学生労働運動」(Studentenvakbeweging)は1963年6月,ネイメーヘン大学学生のレフティーンの呼びかけで設立される.アカデミズムの世界に閉じこもるのではなく,社会問題・政治課題に積極的に取り組むことを掲げ,3000人の学生メンバーを擁してヴェトナム反戦運動や大学民主化などに積極的に活動した.既存の労組はこれに財政的,組織的支援を与えて取り込みを図

オルノは，既存の労組の中核から離れた女性，青年，移民労働者のような周辺部分において自律的運動が生じてくることが，「新たな集合的アイデンティティの形成」を通して既存の労組に脅威を与え，政治的交換に対し遠心力として働く可能性を指摘している．実際，オランダ労働組合連合やカトリック労働者運動はこれらの動きに対し，自らも一定の闘争姿勢を見せることで対応し，60年代末から70年代前半まで各地で労使紛争が相次ぐ結果となった[10]．

このような政治社会変動に最も激しく揺さぶられたのは，それまで中道勢力として政治的な安定や階級協調にかなめの役割を果たしてきたカトリック勢力だった．プロテスタント勢力以上の強固な結束力を誇っていたカトリックの「柱」は，60年代に大きく変貌し，解体の危機にさらされていた．「柱」の牙城であり，伝統的な農村社会だった南部2州のリンブルフとノールト・ブラバントは都市化と世俗化の波に洗われ，カトリック教会の優位は掘り崩された．都市部でも信徒の教会離れや，カトリック系組織の「柱」からの疎隔が進行した．折しも第二ヴァティカン公会議（1962-65年）は教会の世俗世界への開放を呼びかけ，オランダの教会にも大きく影響する．教会ヒエラルキーへの無条件の服従や，ドグマの無批判的な受容が批判され，教会の民主的な改革や，平和問題・第三世界問題への取り組みが関心を集めた．カトリック・ラジオ放送（Katholieke Radio Omroep）や日刊紙のデ・フォルクスクラント（de Volkskrant）など，「柱」の中で重要な役割を果たしてきた系列組織は左傾化し，教会批判とともに次々と「柱」から離脱した[11]．

カトリック人民党への影響も深刻だった．支持基盤は次々とカトリック人民党離れを起こし，党内対立は深刻化した．67年の下院選挙でカトリック人民党は大幅に議席を減らし，得票率は30％を切ってしまう．党内には労働党に

った．Harmsen et al., *Voor de bevrijding van de arbeid : Beknopte geschiedenis van de Nederlandse vakbeweging* (Nijmegen : SUN, 1975), pp. 378-381.

10) 1960年代末以降の労使紛争の増加を分析したものとして，Tinie Akkermans and Peter Grootings, "From Corporatism to Polarisation : Elements of the Development of Dutch Industrial Relations," in C. Crouch and A. Pizzorno eds., *The Resurgence of Class Conflict in Western Europe since 1968*, vol. 1 (London : Macmillan, 1978), pp. 159-189.「新たな集合的アイデンティティの形成」については，A. Pizzorno, "Political Exchange and Collective Identity in Industrial Conflict," *Ibid.*, vol. 2, pp. 277-298.

11) Woltjer, *op. cit.*, pp. 339-343.

親近感を寄せ,カトリック人民党の宗派性に反発を覚える急進派が形成された.激しい左右対立の末この急進派の多くは脱党し,1968年急進党(PPR)を結成したため,カトリック人民党はますます弱体化する.

　カトリック労働者運動も劇的に変化した.カトリック色を濃厚に持ち,委員長ら幹部によるカトリック人民党議員の兼任が慣例となるほど党と緊密な関係にあったカトリック労働者運動は,60年代に入ると宗派色を薄め,党と距離を置き始める.1963年にカトリック労働者運動はオランダ・カトリック労働組合連合(Nederlands Katholiek Vakverbond: NKV)と改称して組織を再編したが,そのさい組合員の宗教面や生活面の指導を担当してきた司教区組合(第3章第4節参照)は廃止された[12].

　このオランダ・カトリック労働組合連合は,その存立根拠をカトリック信仰に排他的に求めることを拒否したばかりか,大企業との対決姿勢を強調して資本主義体制を批判するなど,伝統的なカトリック的階級協調は影を潜めた.そして66年,久々にカトリック人民党と労働党の連合政権となったカルス内閣がカトリック人民党会派の造反により崩壊すると,オランダ・カトリック労働組合連合のメルテンス委員長はこれに抗議してカトリック人民党の常任委員を辞任し,これ以後オランダ・カトリック労働組合連合はカトリック人民党との公式の協力関係を断ち切った.68年,カトリック人民党左派の離党者により設立された急進党には,オランダ・カトリック労働組合連合の幹部が多数参加していた[13].

　こうして階級協調を支える1つの柱であったかつてのカトリック労組は,完全に過去のものとなった.第4章4節で労組の「政治的交換」への参加を支えてきた労組内部の「集合的アイデンティティ」についてカトリック労組を例に検討したが,労組の「柱」離れ,宗派性の劇的な低下は,かつてのようなカトリック労組内部の緊密な連帯意識を低下させた.そしてまたオランダ最大の「柱」であったカトリックの「柱」の融解,すなわち脱柱状化(オントザイリング)は,これまで「柱」の持つ階級協調のイデオロギーによって政治的にも社会的にも封じ込め

---

12) Harmsen, *op. cit.*, pp. 251-252 ; Jan Peet, *Katholieke arbeidersbeweging : De KAB en het NKV in de maatschappelijke ontwikkeling van Nederland na 1945* (Baarn : Arbor, 1993).

13) Woltjer, *op. cit.*, pp. 372-374 ; Harmsen, *op. cit.*, pp. 373-377.

られてきた対立軸を,白日のもとにさらす結果をもたらした[14].

第2節 所得政策の失敗

1 ネオ・コーポラティズム的所得政策維持の試み

　しかしながら,戦後のヨーロッパでも稀なほど制度化が進んでいたオランダのネオ・コーポラティズム的所得政策は,このような政治社会変動により一朝一夕に崩れさったわけではない.賃金の予測不可能な上昇を未然に防止し,経済目標の達成のうえで重要な役割を果たす所得政策は,政労使のいずれにも依然として一定の便益を提供していたことも確かである.そこで以下では,1959年以降どのような変化が生じ,そしてネオ・コーポラティズムの維持を図るためにいかなる試みがなされたのかを概観する.

　まず最初の重要な変化は,59年に成立したデ・クワイ内閣のもとで開始された賃金差別化,すなわち産業別賃金の導入である.

　すでに1950年代に入ると,一律の賃金統制の結果,産業や企業,あるいは職務 (functie) による賃金差が極端に抑制され,労働力の流動性が阻害されているとして,大企業を中心に批判が出されるようになっていた.たとえば1953年の社会経済協議会答申では,雇用者や宗派系労組からなる多数派は,

---

14) もっとも,この60年代における脱柱状化を過大評価することは慎まねばならない.「柱」に属する諸団体のなかでも,宗派系の小中学校や福祉施設,病院,農民団体,途上国援助組織などはこの時期以降もほとんど衰えを見せず,むしろ拡大したものもあるからである.これらの組織の共通の特徴として,国家による補助金や保護の恩恵を手厚く受けている,補助金受益セクターであることが指摘できる.60年代以降,宗派系の福祉施設は福祉国家の拡大により,途上国援助組織は対外援助の拡大によりそれぞれ大幅に拡大した.農民団体については,M. Smits, *Boeren met beleid : Honderd jaar katholieke Nederlandse Boeren- en Tuindersbond 1896-1996* (Nijmegen : Valkhof Pers, 1996), pp. 184-221. 政権にカトリック人民党をはじめ宗派政党が常に参加し,系列組織への補助金枠の拡大に熱心だったこともこの傾向を助長した.60年代に「柱」を離れた労組やメディアなどの団体が,カトリック教会の思想的な統制を嫌って自律していったのに対し,60年代以降むしろ拡大した系列組織は,かつてのような宗教的・文化的結びつきよりも政権党との経済的利益によって結合している.このように見ると「脱柱状化」が直線的に進んだのではなく,むしろ「柱」の構造が60年代以降に質的に変化したと考えるのが正確であるように見える.こうして経済的便益によって媒介された60年代以降の新たな「柱」が本格的な危機を迎えるのは,1994年,戦後初めてキリスト民主主義政党を含まない連合政権が成立してからである.Kees Versteegh, *De honden blaffen : Waarom het CDA geen oppositie kan voeren* (Amsterdam : Bert Bakker, 1999), pp. 241-283 を参照.

国家調停委員会の認めた範囲内で賃金の差別化を進めることを主張した．具体的には，国家調停委員会が賃上げ率として 4-7％ という形で一定の幅 (marge) をもった指針を発表し，その範囲内で産業・企業が労働協約を結び，産業・企業の業績から妥当と判断されれば国家調停委員会が認可するというシステムをめざしていた[15]．

また社会経済協議会は，1955年9月にも賃金決定システムの改革を答申し，国家調停委員会の認可権限を社会経済協議会に委譲すること，あわせて賃金の差別化を行うことを主張した[16]．

もっともこれらの答申は，いずれも産業・企業ごとの賃金差別化を主張していたとはいえ，全体としての賃金水準は依然として集権的な決定に服すことに変化がなく，「基本的な経済的・社会的要素と合致する」ことを条件として課しており，やはりネオ・コーポラティズム的所得政策の枠内で制度改革を論じていた．賃金決定の自由化には相当遠いものだったといえよう．

しかもこれらの答申は，実際にはほとんど活かされていない．1950年代にはまだ国際収支問題が深刻で，政労使のいずれも性急な賃金決定システムの改変を望んでいなかった．1955年の答申に至っては，政府が答申に基づいて作成した労働条件法の改正案を社会経済協議会に提示したのは 1962 年のことだった．労使も立場は必ずしも一定せず，労働市場の状況に応じて態度を変えていた．たとえば，53年に賃金の差別化を批判したオランダ労働組合連合は，55年になると好況による労働市場の逼迫を受け，賃金差別化が賃上げに結びつくとの期待から，今度は差別化に賛成した．これに対し中央社会雇用者連盟は，53年には差別化に賛成しながら，55年にはむしろ賃金の抑制をねらって差別化に反対した．イデオロギーというより，現実的な配慮がそこには働いていた[17]．賃金の差別化が導入され，終戦以来初めて所得政策の制度上の改革が

---

15) これに対して，オランダ労働組合連合や政府任命委員を中心とする少数派は，賃金の指針に幅が導入されると，非公認組合がより高い賃上げを求めてアジテーションに走り，公認組合の立場を弱める結果になると批判し，現行の賃金決定方式を基本的に維持すべきだと主張した．ただ少数派も，職務賃金差の拡大や二次的労働条件（労働時間や労働条件など）の差別化には賛成した．W. J. P. M. Fase, *Vijfendertig jaar loonbeleid in Nederland : Terugblik en perspectief* (Alphen aan den Rijn : Samsom, 1980), pp. 291-292 ; W. J. Dercksen et al., *Vijfendertig jaar SER-adviezen, I* (Deventer, 1982), pp. 322-324.

16) *Ibid.*, 341-343.

実現したのは，59年に成立したデ・クワイ内閣のもとであった．

デ・クワイ政権が成立してまもない1959年4月，社会経済協議会は賃金政策に関してみたび答申を出した．この答申は全会一致ではなかったものの[18]，この答申を受けた政府は賃金差別化の実施を表明する．

新たな賃金決定方式は，労働協会の答申に基づき次のように決められた．すなわち，各産業・企業は，おのおのの生産性の向上を基礎として賃上げ率を決定できる．ただし賃上げによる労働コストの上昇は価格に転嫁できない．賃金の改定は，従来と同様に労働協会による審査と国家調停委員会による認可を必要とする，という内容である．この新方式で期待されていたのは，生産性の向上に基づき賃金を差別化することで，生産性の高い産業への労働力移動を促進することだった．実際，この新制度のもとで各産業から国家調停委員会に申請された賃上げ率は，3％から8.9％まで分散していた[19]．

しかしこの新方式は早期に行き詰まりを見せた．生産性の向上を正確に算定することは現実にはきわめて困難であり，政府と労使の解釈が隔たることがしばしばだった[20]．しかも政府は賃金の差別化が賃金の全般的な上昇，ひいてはインフレにつながることを強く警戒し，当該産業の労使が合意した賃上げに対しても干渉した．1960年には，建設業の賃上げが価格に転嫁されているとして政府が労働協約の改定案を拒否した結果，建設業労働者によるストさえ生じた．政府介入の中心となった人物は全国キリスト教労働組合連合出身のロールフィンク社会省副大臣（反革命党）であり，彼のもとで政府の介入はむしろ頻繁になる．

生産性基準の導入が混乱を招いたことに危機感を抱いた社会経済協議会は1962年7月，新たな答申を政府に提出し，制度の改善を提案した[21]．この改革案の中心は，政府介入を減らして労使の関与を重視する立場から，それまで

---

17) Fase, *op. cit.*, pp. 292-295 ; Dercksen, *op. cit.*, pp. 475-476.
18) 宗派系の労使組織は賃金の差別化を主張，非宗派系雇用者団体は賃金の差別化自体には賛成しつつ，その早急な導入には慎重，オランダ労働組合連合は反対という内容だった．
19) *Jaarverslag CSWV 1959*, pp. 44-59.
20) *Jaarverslag CSWV 1960*, pp. 9-11, 40-52.
21) もともと政府は1960年，社会経済協議会に対し，混乱の多い生産性上昇率の算定に関する基準（maatstaven）に対する社会経済協議会の評価を諮問していたにすぎなかったが，社会経済協議会はこの諮問を利用して，賃金決定システム全体の改革案を答申した．

国家調停委員会が行っていた各産業の賃上げ認可を国家調停委員会から労働協会に移すという点にあった[22]．政府もこの答申を基本的に受け入れ，翌年からこの方式が実施された．

新方式の仕組みは複雑だった．まず6ヵ月ごとに社会経済協議会が，中央計画局や中央統計局の経済統計を基礎として，生産性・交易条件・国際収支・雇用・物価水準などを考慮しつつ，オランダ経済にとって許容しうる賃上げ率を設定して報告（rapport）にまとめ，政府に提出する．政府はこれを受けて独自の政府見解を表明する．

次に労働協会が，この社会経済協議会報告や政府見解を踏まえ，産業別の労使交渉の枠組みを設定する．そして労働協会は，賃金コストの上昇が国民経済の許容範囲に収まるよう注意を払いつつ，傘下の労組や雇用者団体と協議を行い，産業別に行われる労使交渉の準備を進める[23]．この調整を経て，産業別に労働協約改定をめぐる協議が行われ，協約の改定案が作成される．

この労働協約改定案の認可権限は，従来のように国家調停委員会ではなく労働協会が持つ．特に問題がなければ2-3週間で認可が下りるが，申請が却下された場合には，当該労使は改めて協約改定案を作成し再度申請する．また国家調停委員会も，労働協会で見解が分かれた場合や，申請された協約案に疑義を持つ場合には介入することも可能であり，その点で一定の権限は残された[24]．

しかし労使の協調が困難になる中で，労働協会に政府機関である国家調停委員会の役割を担わせることには無理があった．実際，社会経済協議会の中でも，非宗派系雇用者団体を中心とする少数派は，労働市場の逼迫による賃金の上昇に対する懸念もあり，国家調停委員会が賃金の認可・監督権限を従来通り保持することを主張した[25]．結果的には，その主張の正しさが立証された形になった．

---

22) *Advies inzake het systeem van loonvorming*, Sociaal-Economische Raad, 1962.
23) この労使の中央組織とそれぞれの傘下の労使との協議は，内部調整手続き（procedure van de interne coörditatie）と呼ばれた．
24) この労働協会の任務の拡大に対応して，労働協会の執行部会は14名から18名に増員された．内訳は中央社会雇用者連盟3，オランダ・カトリック雇用者連盟2，プロテスタント雇用者連盟1，中間層2，農業組織1（以上で雇用者代表の合計9名），オランダ労働組合連合4，カトリック労働者運動3，全国キリスト教労働組合連合2（以上で労組の代表9名）．
25) *Jaarverslag CSWV 1962*, pp. 47-48.

新システムは，1962年10月，社会経済協議会が第1回の経済情勢報告を提出し，それに基づいて労働協会，そして労働協会と政府が協議を開始することで始動した．この社会経済協議会の報告は全会一致で承認されており，これを踏まえた労働協会の協議，そして労働協会―政府間の協議でも，平均的な賃上げ率を 2.7% とすることで一致がえられ，滑り出しは上々だった．

しかし新システムが有効に機能していないことは，1年もしないうちに明らかになってきた．この時期には失業率が 1% を下回るほど労働力不足は一般化しており，雇用者側は高賃金の提示により労働力の確保に努めていた．各産業が申請する賃上げ率の多くは社会経済協議会や政府が適正とする水準を越えていた．しかも従来のような国家調停委員会によるチェックが弱まり，労使から構成される労働協会が認可申請の審査を行ったため，全体として審査は緩く，水準以上の賃上げを認容する結果となった．さらに先述のように，賃金とは別に雇用者が闇賃金を支払うことも常態化していた．この結果，1963年の賃金の上昇は実際には 9%，64年は 15%，65年は 10.7% にまで達した．

闇賃金の横行は，労組連合の権威を大きく失墜させた．労組連合は公式には闇賃金を認めず，組合員の労組離れに拍車をかけた．この状況を受けて，金属労組のような単組は，組合員の意向を受けて大幅な賃上げを表立って要求したが，これは労組連合との間に緊張関係を生んだ．賃金交渉に独占的な地位を持つ三労組連合への反感の広がりは，「オランダ鉄道乗務員労働組合」(Vakvereniging voor rijdend personeel Nederlandse Spoorwegen) のような，既存の労組連合に属することを拒否する独立労組の出現も招いた[26]．その結果，労組連合の中にも，所得政策に協力を続けることの意味を疑う声が高まってくる．

このような状況下で，最後まで賃金抑制に固執したのは政府であった．インフレを懸念して賃金の大幅上昇を警戒する政府は，労働協会で賃金抑制を合意させるため働きかけ，それが失敗すると自ら賃金に介入した．しかしこれは特に労組の反発を強め，結局，所得政策の枠組み自体を壊す結果となる．以下では特に 1966-67 年の賃金決定問題をみることで，ネオ・コーポラティズム的所得政策の最後の段階を検討する．

---

26) Harmsen et al., *op. cit.*, pp. 368-369.

2 1966-67 年の賃金問題

1966年末に行われた67年向けの労使協議は,前年同様合意に達することに失敗した.66年11月に出された社会経済協議会の6ヵ月報告,続いて行われた労働協会の協議でも労使の見解は隔たっていた.インフレが懸念される中で,雇用側は近年にない賃金の抑制を求めていた.しかし三労組連合はこれを拒否し,最大6%の賃上げを認めること,67年中に生活費が上昇した場合にはそれに見合う特別手当を支給すること,最低賃金を週当たり10ギルダー引き上げること,産業別交渉で賃上げが審査基準を越えた場合にも認可すること,などを要求して譲らなかった.

労使間の隔たりが大きかったため,12月9日,政府代表と労使による三者協議で打開が試みられたが,不調に終わった.これを踏まえ政府は,賃上げ率を最大限5.5%とする賃金改定基準を定めるとともに,産業別交渉でこれを越える協約が締結された場合には一切認可しないこと,また,生活費が上昇しても手当支給は認めないことなどを一方的に発表した[27].

賃上げ率が要求水準に近かったこともあり,宗派系二労組連合は不満を持ちつつも,決定に全面的に反対することはなかった.しかしオランダ労働組合連合にとって,特に生活費の上昇に見合う手当支給を政府が拒否したことは到底受け入れ難いものであった.物価が上昇傾向にある中で,経済予測以上にインフレが進む可能性が高かったため,一定の補償の約束は不可欠と考えられたのである.ここで再び政府の介入に屈し,賃金の抑制に協力し続けるならば,みずからの威信喪失(prestigeverlies)を招き,傘下の単組や組合員の離反を加速させることは必至だった.ここにオランダ労働組合連合はボイコット戦術に出ることを決定し,66年12月12日,労働協会の賃金部門での活動から委員を全面的に引き揚げた.執行部では,審査基準を越える賃上げ率を各産業で勝ち取るよう単組に呼びかけよう,という提案さえ出されていた[28].

この事態は雇用者側の姿勢にも影響した.最大の労組連合が賃金監督から離脱し,賃金決定システムの根幹を揺るがす対応をとった以上,雇用者としても

---

27) *Jaarverslag CSWV 1966*, pp. 63-67.
28) Hueting et al., *op. cit.*, p. 331.

賃金監督に協力する必然性はなくなったと思われたからである．この結果，各雇用者団体も労働協会の賃金部門からの離脱を決定し，宗派系二労組連合も同調した．これにより労働協会は，労使が協同して賃金抑制・監督を行う機関としては機能を停止した．これを受けた政府は，賃金認可権限を再び労働協会から国家調停委員会に戻すべく，労使関係特別命令の改正案を議会に提出した．この改正案はすみやかに可決され，67年，政府は賃金の抑制を合法的に，しかし強権的に行い，予定水準以内に賃上げを押さえ込むことに成功する[29]．

しかしこの政府の一方的な行動は，労組側の強い反発を招いた．67年に入ると労組側は公然と賃金決定の自由化を主張し，労働協会からの継続的な離脱もほのめかした．もっとも，オランダ労働組合連合とオランダ・カトリック労働組合連合が政府介入に強く反発していたのに対し，穏健な全国キリスト教労働組合連合は既存の賃金決定システムにも一定の意味を認めており，三労組連合間の調整は難航した．しかし最終的には全国キリスト教労働組合連合も，他の二労組連合と共同歩調をとることに同意する[30]．

三労組連合はこの合意を踏まえ，賃金決定方式の改正案をまとめた覚書を作成して，1967年7月，労働協会の執行部会に送付した．このなかで三労組連合は政府による過度の賃金介入を改めて批判し，全国的な賃金基準の設定を廃止して賃金交渉を各産業に委ねること，政府は特に必要性が認められる場合を除き基本的に介入しないこと，を労働協会として政府に要求するよう主張した．なお労組側は雇用者側の妥協を引き出すことをねらい，この賃金決定の自由化の完全実施まで2年の移行期間を設けることを提案した[31]．

この覚書は，8月15日の労働協会の執行部会で討議に付された．労組側の驚いたことに，雇用者側はこの提案を高く評価した．こんにち産業や企業で経済状態は大きく異なるなか，統一した賃金基準を設けることは困難であって，当該労使が合意に達すればそれを尊重したい，と雇用者側は述べる．もともと

---

29) Windmuller, *op. cit.*, pp. 153-154.
30) オランダ労働組合連合内部でも弱体な産業の労組からは，賃金決定の自由化を「強者の自由」につながるものだとして反対の意見も出されたが，全体から見ればごく少数にとどまった．Hueting et al., *op. cit.*, pp. 333-334.
31) Nota inzake loonpolitieke systeem, door Overlegorgaan NVV-NKV-CNV, 17-7-1967, ARA-II, *Archief C.S.W.V.*, lijstnummer 16.

1960年代半ばまで，労働市場の逼迫を背景に労組側が賃金決定の自由化を主張，雇用者側が賃金の抑制を主張するという構図ができあがっていたため，労組側は，雇用者側が自由化の賛成に回るとは予想していなかった．しかし中央レベルでの労使間の合意が困難になり，その結果，政府介入を招く状態が続くことは，雇用者にとっても大きなリスクを伴っていた．しかも67年になると，失業率が久しぶりに2%台に乗り，賃金を自由化しても大幅な賃上げは避けられる見通しが出てきた．そのような状況下で三労組連合が出してきた賃金決定の自由化は，雇用者にとっても時宜を得た提案と思われた[32]．

そして協議を重ねた末，10月6日の労働協会執行部会で，①中央レベルにおける賃上げ率の目標は作成しない，②賃金決定は各産業の自由交渉に委ね，適切な協議を経て合意された結果は尊重される，③政府の介入が認められるのは，経済全体に重大な影響をもたらす可能性があるときに限定される，という労働協会としての基本合意が達成された[33]．なおそのさい，自由化への移行期間は設けず，翌1968年向けの賃金交渉から早速自由化することも合意される[34]．そして労働協会としての最終合意は，10月24日の執行部会で確定された[35]．

この労働協会の提案は1967年11月23日，ロールフィンク社会相に覚書として送付された．労使の完全な合意に基づきなされた提案である以上，政府がこれを拒否することは困難だった．それまで賃金統制に賛成していた雇用者団体さえ，「賃金決定の自由化は確かにリスクを伴うが，現行システムにはもっ

---

32) じっさい雇用者団体内部では，もしこれ以上失業率が上がれば労組側は賃金決定の自由化に対し賛成から反対に回ることが予想されるため，「今この歩みを踏みださなければ，のちにはそれはきっと不可能となるだろう」（ボスマ中央社会雇用者連盟委員長）として自由化賛成の論陣が張られた．Verslag van het dagelijks bestuur, 15-8-1967, ARA-II, *Archief C.S.W.V.*, lijstnummer 50.

33) *Jaarverslag CSWV 1967*, pp. 47-51.

34) もともとこの移行期間の提案が，雇用者側が全面的に自由な賃金決定（geheel vrije loonvorming）を受け入れることに抵抗があるだろうという，三労組連合側の戦略的な考慮（tactische overweging）によるものだったということは，雇用者側の柔軟な態度に驚いたオランダ労働組合連合代表委員のクロースが暴露している．Verslag bestuursvergadering SvdA, 15-8-1967, ARA-II, *Archief C.S.W.V.*, lijstnummer 16.

35) 10月6日の時点では，政府による介入の具体的な方法と，賃金自由化の場合の最低賃金の扱いについての合意ができず，10月24日の労働協会の執行部会で労使間の一致がようやく得られた．Verslag bestuursvergadering SvdA, 24-10-1967, ARA-II, *Archief C.S.W.V.*, lijstnummer 16.

とリスクが大きい」として政府に受け入れを要求した. その結果, 12月12日の政府と労働協会の協議において, ロールフィンク社会相らもこれを了承した[36]. 1968年にこの合意は実施に移され, 労働協約の認可制度は届出制 (registratie) に改正されて, 22年間にわたって続いた公式のネオ・コーポラティズム的所得政策は, ひとまず終わりを告げることになった.

以上の展開を「政治的交換」の観点からみれば, 次のようにまとめることができる. すなわち, 共産党系労組の解散による組織的便益の消滅, 「柱」社会の解体と連動した労組内部の「集合的アイデンティティ」の弛緩, そして周辺部分の労働者層における新たなアイデンティティの形成という遠心作用の中で, 既存の労組は「政治的交換」関係を維持することで, むしろ自らの基盤を掘り崩すという事態に直面する. その結果, 労組は自らの組織と利益を守ろうとすれば, 「政治的交換」からの離脱を選ばざるを得なかったといえよう.

なお, 1970年代にも所得政策の試みはたびたび行われていた. しかし労使対立の克服は困難であり, 国家の賃金介入に対する労組の警戒感も強かったため, 中央合意のほとんどは失敗した. スウェーデン, オーストリアといった他の諸国がネオ・コーポラティズムによる経済制御を1970年代にある程度成功させたのとは対照的である. そして1970年代半ばのオランダは, デン・アイル中道左派政権による拡大政策, 賃金抑制の失敗, 石油危機といった新たな展開のなかで, インフレと失業増加, 社会保障費の膨張に見舞われる. ブレトン・ウッズ体制が崩壊し, 変動相場制に移行したことも, 賃金抑制と通貨安定への政労使のコミットメントを弱める結果となった. この状況に変化が生じ, 通貨価値の安定を優先する方針が再確認されて, 再びネオ・コーポラティズム的な政策運営が政労使の三者から注目を浴びるようになるのは, 域内固定相場制度であるEMS (ヨーロッパ通貨制度) に加盟して間もない1980年代初頭のことだった.

[36) Overleg tussen ministers en de delegatie van de SvdA, 12-12-1967, ARA-II, *Archief C.S.W.V.*, lijstnummer 16.

おわりに
――現代ヨーロッパ政治への展望――

　本書で示されたように，戦後のオランダでは制度化の進んだネオ・コーポラティズムが成立し，政労使の合意のうえで所得政策が20年にわたって進められてきた．戦間期以来の労使協調の進展，占領期の賃金統制の導入などは，この戦後のネオ・コーポラティズムの成立の重要な背景となった．そして戦後初期に設立された労働協会，社会経済協議会などの協議機関，あるいは労使と関係省庁などの非公式協議などが舞台となって，政労使の三者による「政治的交換」が行われ，さまざまな問題を処理していったことが本書において実証的に明らかにされている．すなわち労組が所得政策を受け入れる一方，政府や雇用者側は労組に対し経済的，政治的，組織的な便益を供与する．その結果穏健派の労組は，政策過程への参加，社会労働政策の充実，競合する急進派労組への優位など，多岐にわたる成果を獲得した．そのさいこの賃金抑制，すなわち所得政策の背景には，経済の開放度が高く，貿易や国際金融への依存度が高い「小国」オランダにおいて，通貨価値の安定が重要な政策目標として位置づけられ，その認識が労使にも共有されていたことがあったことは，第1章で示されたとおりである．

　また本書では特に，オランダで1918年から1994年に至るまでほぼ常に政権に参加し，「中道からの支配」(regeren vanuit het centrum)[1]を実現してきた中道のキリスト教民主主義勢力の存在にも注目した．近年研究が進んでいるとはいえ，20世紀のヨーロッパ政治においてキリスト教民主主義が果たしてきた独自の役割は，まだ正しく認識されているとはいえない．しかし国家と個人の間を媒介する中間団体，すなわちコミュニティの重視を掲げるキリスト教民主

---

1) キリスト教民主主義政党による「中道からの支配」の構造については，M. C. B. Burkens, "Regeren vanuit het centrum : De positie van de VVD in het politieke spectrum," *Liberaal Reveil*, nr. 4 (1998), pp. 140-144.

主義は,みずからを自由主義と社会主義に代わる「第三の道」として位置づけ,多くの国で与党として,政治経済体制の形成に独特の刻印を残してきた[2].オランダの場合,政労使の協調体制であるネオ・コーポラティズムや,農民団体など関連社会団体を政策過程に包摂していくその他のコーポラティズム的諸制度は,キリスト教民主主義と社会民主主義の双方の支持を受けて発達した.しかしその一方,社会民主主義の固有の主張である,経済計画(プラニスム)や産業統制,ケインズ主義的経済政策の導入はほとんど失敗に終わる.福祉国家は高度の発展をみたものの,普遍主義を基本とする北欧型のそれと異なり,家族や中間団体の役割を重視する,キリスト教民主主義の政治社会観に近いものだった.オランダ,そして大陸ヨーロッパの戦後政治については,キリスト教民主主義の果たした役割の重要性を考えていく必要があろう.

1 グローバル化の進展と「大国の小国化」現象

ところで「はじめに」でも述べたように,本書ではオランダの「小国性」を重視し,小国の政治経済を左右する国際環境にもできるかぎり注意を払うことで,大国と異なる小国オランダ政治の独自性を示すことをめざしてきた.従来の小国政治研究の意義は,このように小国の政治のもつ独特なあり方を明らかにすることで,大国中心の政治学研究にアンチテーゼを提示することにあったといえよう.

しかし近年,この伝統的な「小国」と「大国」の区分自体に大きな変化が生じているように思われる.その変化をもたらした要因は,グローバル化,そして特にヨーロッパ諸国においては,ヨーロッパ統合の進展である.

先に論じたように,大国の最大の特徴は,その経済力と軍事力における「自律性」である.しかしこの従来の「大国」モデルは,現在大きな修正を迫られている.

第1は軍事力の役割の低下である.冷戦の終結により,各国が自国の防衛を目的として独自の軍事力を保持する意味は薄れており,軍縮や徴兵制の廃止も

---

2) また国内政治のみならず,ヨーロッパ統合の進展,特にその初期においてキリスト教民主主義系政治家の果たした役割は大きい.ヨーロッパレベルのキリスト教民主主義政党の協力関係の展開については,Thomas Jansen, *The European People's Party: Origins and Development* (London: Macmillan, 1998).

進んでいる.またヨーロッパでは軍事的な統合が進展している.これらの結果,現在各国の有する「自律的な軍事力」の役割が大幅に低下したことは疑いえない.

第2は経済のグローバル化による,各国経済の自律性の低下である.経済活動の国際化,とりわけ80年代以降の資本移動の国際化の進展は,各国政府の経済運営の自由度を大きく狭めている.EU,特に通貨統合に参加しているユーロ圏では,参加国の経済政策への制約はいっそう強い.1980年代以降,各国は国有企業の民営化,完全雇用をめざしたケインズ主義的な経済政策の放棄,福祉国家の見直しをつぎつぎと進めており,現在,ヨーロッパ諸国のマクロ経済政策の目標は,インフレの抑制と緊縮財政を通じた通貨価値の安定へとシフトしている.特に,それまで経済成長と雇用創出を追求して拡大政策を進め,経常赤字とインフレ,そして競争的切下げを許容してきた南西欧などの諸国は,80年代から相次いで大きな政策転換を進め,物価安定・平価維持を重視する抑制的なマクロ政策を明確に採用した.

この転換が最も明確な形で表れたのはフランスである.第二次世界大戦後のフランスでは生産力増強という国家目標や戦闘的な労働運動からの圧力を背景に,ケインズ主義的な景気刺激策とインフレ,それに続く平価切下げが繰り返され,これはミッテラン政権の初期まで継続する.しかし初期ミッテラン政権の大規模な景気刺激策は大幅な経常収支の赤字とフランの流出を生ぜしめ,平価の維持はただちに困難となって,1982年にはヨーロッパ通貨制度(EMS)の離脱まで検討される事態になった[3].

これを受けたミッテラン政権は1983年,ついに政策転換を決定し,EMS残留,物価安定による「強いフラン」をめざした緊縮政策の導入を断行する.国内経済の成長,雇用創出といった国内目標を犠牲にしても,通貨的安定とヨーロッパ統合を重視する姿勢に明確に移行したのである[4].イタリアやスペインなど他の諸国においても,フランスほど劇的ではないにしろ,同様の政策路線の変更が進められている.そしてこの動きは1990年代に入ると,通貨統合の

---

3) EMSの歴史と構造については,田中素香『EMS:欧州通貨制度』参照.
4) イタリアとフランスの政策転換を論じたものとして,Jeffry Frieden, "Making Commitments: France and Italy in the European Monetary System," in Barry Eichengreen and Jeffry Frieden eds., *The Political Economy of European Monetary Unification* (Boulder: Westview Press), pp. 25-46.

参加条件として各国の経済政策に具体的な数値目標が設定されることで加速された．ドイツ・ベネルクス諸国を基準とする通貨価値の安定に向けて各国の経済政策が収斂している現象が明らかに見て取れる．

フランスをはじめとする各国がこのような政策転換を選択した最大の要因は，上述のような経済の国際化，そしてヨーロッパ統合の進展である．各国経済の開放性が高まり，ヨーロッパ内の経済的相互依存が一層進むなかで，各国が経済成長をめざして一国単位のケインズ主義的な景気刺激策を採用したとしても，それは容易に大規模な経常赤字と資本逃避を招く．さらに平価切下げは輸入品価格の上昇を通してインフレを一層昂進させ，結果的に国内経済にむしろマイナスをもたらしてしまう．かつてのような景気刺激と賃上げの許容，平価切下げによる競争力の回復といったサイクルは，もはや有効性を失っている．そこで各国は，むしろ通貨安定を通じ，ヨーロッパレベルの経済発展にあずかる方向へと政策を転換させることを選択したのである．

実はこの現代ヨーロッパにおけるフランスやイタリアなどの「大国」のあり方は，本論文で描いてきた「小国」オランダのあり方と共通する面も多い．第1章で論じたように，オランダの場合は対外依存度の高さから平価切下げや景気刺激策の効果は薄いばかりか，ヨーロッパ市場統合を重視する立場から，国際収支の赤字にさいしても輸入制限のような手段を採ることはできない．むしろ通貨価値の安定，ヨーロッパ統合を通じて安定的な経済発展を図ることが合理的である．そして1980年代になってフランスなどの「大国」が直面した状況もこの「小国」と共通のものだった．対外依存度を深めた「大国」はかつてのような拡大政策や競争的切下げという選択肢を喪失し，一定の失業を甘受しても小国型の通貨安定重視路線へと移行せざるを得なかったのである．

このように，軍事力と経済力の自律性によって特徴づけられてきた「大国」は，現在，その自律性を大幅に低下させ，「小国化」しつつある[5]．しかしそうだとすれば，小国政治の研究には，単に大国政治研究へのアンチテーゼの提示にとどまらない，新たな意義が生まれているように思われる．現代の「大

---

[5] ストレンジもこの国家の自律性の低下を踏まえ，国家間競争の勝敗はもはや領土や人口・国内資源・経済規模の大小によるものではなくなっていると主張する．Susan Strange, "The Defective State," *Daedalus* (1995), vol. 124, no. 2, pp. 55-74.

国」の姿が,かつてのオランダのような「小国」の中に映し出されているとすれば,小国研究は,今後の「大国」のあり方を考えるうえで大いに参考になろう.大国が現在直面している問題は,すでに国際化・グローバル化の波に晒されてきた小国が取り組まねばならなかった課題と,共通のものである場合が多いからである[6].たとえば,早くも80年代から財政構造改革,労働市場の柔軟化,福祉国家の再編などの改革に取り組んできたオランダについて,現在「オランダ・モデル」として各国から強い関心が注がれているが,これもグローバル化に直面して「小国化」しつつある「大国」が,従来の「大国型」の経済政策手段を喪失する中で,「小国」オランダの経験のなかから参考となるヒントが模索されているからに他ならない[7].

小国研究を通じ,大国研究自体も豊かなものになる可能性が秘められているのである.

2 「2つの統合」の結節点

次に,「はじめに」の中で提出したもう1つの論点,すなわち「2つの統合」について,本書の叙述を踏まえて考えてみよう.すでに述べたように,20世紀後半のヨーロッパでは,世紀前半の大戦と国内紛争という「2つの分裂」を克服する試みとして,国内の統合と国家間の統合の「2つの統合」が積極的に進められてきた.そしてこの「2つの統合」を見るうえでオランダの果たした役割をみていくことも,この研究の課題であった.

本書の主たる対象は,いうまでもなく前者の国内の統合,すなわちネオ・コーポラティズムと呼ばれる政労使の協調体制である.すなわちオランダでは,

---

[6] 小国が大国よりも早期にグローバル化のもとで経済構造改革の必要性に直面したことに着目し,その経験が大国にとっても教訓となりうることを指摘したものとして,Peter A. G. van Bergeijk, Jarig van Sinderen and Ben A. Vollaard, "Structural Reform: The Issues," in Peter A. G. van Bergeijk et al. eds., *Structural Reform in Open Economies: A Road to Succes?* (Cheltenham: Edward Elgar, 1999), pp. 1-14.

[7] この点で近年,オランダ以外にもデンマーク,ニュージーランドなど,経済構造改革が関心を集めている国がいずれも小国であるのは偶然ではない.以下の文献を参照.Robert Henry Cox, "From Safety Net to Trampoline: Labor Market Activation in the Netherlands and Denmark," in *Governance*, vol. 11, no. 4 (October, 1998), pp. 397-414.; Willem Ademand and Dirk Pilat, "Structural Reform in the Netherlands and New Zealand: Two Roads to Success?" in Van Bergeijk et al. eds., *op. cit.*, pp. 65-95.

所得政策を出発点とした「政治的交換」を通じてさまざまな政策分野にも影響を及ぼしながら，政府・穏健労組・雇用者が緊密な協力関係を築き，政治的・社会的な安定と経済の発展を支えてきた．この関係を維持するためにいかなる制度が形成され，また柔軟に問題が処理されてきたかは，実証分析を行ったそれぞれの章で詳しく検討されている．

しかし同時に本書では，この国内の統合が後者の統合，すなわちヨーロッパ統合と少なからぬ関わりを持つものであることも折に触れて示している．オランダがしばしば国際収支の赤字に陥りながら，輸入制限などの手段に訴えることなく，ネオ・コーポラティズム回路を通じた国内の社会経済政策を動員することで対応を図った背景には，ヨーロッパの経済統合を積極的に推進するオランダの姿勢があったことは間違いない．他のヨーロッパ諸国への貿易依存度が高く，輸入の安定的な確保と輸出市場の拡大のために域内貿易障壁の撤廃を重視したオランダは，国際収支の赤字に直面しても，この方針に反する手段を採用せずに国内で処理する道を選択したといえる．しかも同時に，この国内のネオ・コーポラティズムの存在が，オランダが国内的配慮に煩わされずに経済統合を進めることを可能にしたという面も指摘できよう．

1980年代以降においても，オランダはやはりEMSの最も積極的な推進国の1つであり，かつてのような公式の所得政策が導入されるようなことはなかったものの，再び政労使の協調の上に，通貨価値の安定を重視する社会経済政策が進められている．そのさい慎重な金融政策を通じて通貨面の安定を支えたのは，オランダ銀行の総裁を1982年から15年にわたって務めたダイセンベルフであり，彼のもとでオランダの物価上昇率はヨーロッパ諸国で最も低いレベルにまで抑えられた[8]．この手腕を買われ，彼は1998年から，EUレベルの金融政策を握るヨーロッパ中央銀行（ECB）の総裁に就任した．

このようにみてみると，オランダを通じて，国家間の統合は国内の統合を促し，そして国内の統合は国家間の統合の前提条件を提供した，ともいえる構造がみえてくる．その意味でオランダを，この戦後ヨーロッパの「2つの統合」の切り結ぶところに位置づけることができるように思う．本書が，このオラン

---

[8] ダイセンベルフはかつてデン・アイル中道左派政権の財務相として，拡張政策から緊縮政策への転換（1975年）を主導した人物でもある．本書第6章第3節参照．

ダのヨーロッパにおける位置づけを明らかにすることを通して，ヨーロッパの歴史と現在を理解する手がかりになれば幸いである．

あ と が き

　本書は，1998年9月に東京大学大学院法学政治学研究科に提出された博士論文に加筆・修正を加えて作成されたものである．私は1990年に大学院に入学し，オランダ政治史の研究を本格的に始めたが，本書はその10年余りの研究生活の1つのまとめである．

　本書の作成作業を通じて，人口が1600万人に満たない小国のオランダが，「多極共存民主主義」論やネオ・コーポラティズム，そして最近の「オランダ・モデル」に至るまで，政治学の研究材料の宝庫であり，オランダ政治の研究がヨーロッパ政治の理解に独自の貢献をなしうるものである，ということを改めて感じている．また本書の範囲を超えるが，日本でも紹介されているように，近年のオランダでは安楽死や売春の合法化，麻薬の容認など「リベラル」な政策が次々と進んでおり，ヨーロッパ諸国の中でも際だっている．しかし，国家による干渉を嫌い，個人の自由や市民社会の自治を重んずるオランダに特徴的な観念は，本書で示したような，国家が一方的に社会を統制するのではなく，労使をはじめとする市民社会レベルの団体と国家が協同して政策を立案・執行していくネオ・コーポラティズムのあり方とも通底するものがある．今後はこのオランダ独特の政治社会の特質を，他のヨーロッパ諸国との比較を交えながら，また別の角度から眺めていきたいと考えている．

　思いおこせば，研究者として学びを進める中で，数え切れないくらい多くの方々にお世話になってきた．まず，馬場康雄先生には大学院時代からたえず的確なご指導をいただいている．特に比較の視点からヨーロッパ政治史を眺める大切さを教えていただいたことは，本書でも多少なりとも活かせたのではないかと思う．先生のもとで学ぶことができた幸せを感謝したい．平島健司先生からは，先生の日米欧にわたる，知的刺激にあふれた研究活動から多くのものを学ぶことができた．また佐々木毅先生からは，公私にわたってたえず暖かいご指導と励ましをいただいている．そして田口晃，高橋進，高橋直樹，藤原帰一

の諸先生方には博士論文の作成にあたってご指導を頂き，馬場先生とともに論文の審査にも当たっていただいた．心より感謝申し上げたい．

大小の国がひしめき合うヨーロッパ政治の研究にあたっては，周辺諸国の政治を研究対象とする研究者たちとの討論がきわめて有益である．小国の場合は特にそれがあてはまる．その点で，大国研究者から小国研究者まで多岐にわたる若手の政治史研究者が参加する，「歴史政治学研究会」に加えていただいていることは実に好運なことであった．知的な交流を可能としてくれた皆さんに感謝したい．

小国オランダを対象とする研究者が少ない中で，オランダ史・オランダ政治研究の先達にはひとかたならずお世話になった．栗原福也先生，佐藤弘幸先生，田口晃先生からはオランダ史研究について貴重ご指導をいただいている．また1999年に発足した「オランダ史研究会」は，人数は少なくとも活気あるオランダ史研究の空間を作りだし，私も多くの知的刺激を得ることができた．

1994年から95年にかけて，オランダのライデン大学政治学科で研究生活を送ったことも思い出深い．かの地で指導を引き受けてくださり，夫婦でお世話になったテン・ナーペル（H. -M. Th. D. ten Napel）先生，上院議員を兼務する多忙な中でも政治史研究について丁寧にご指導いただいたファン・デン・ベルフ（J. van den Berg）教授には，特に感謝したい．この留学時に収集できた資料が，本書の実証部分を支えている．

現在私の勤務する甲南大学法学部の方々には，快適な研究環境を維持するうえでさまざまな便宜を図っていただいている．特に政治系スタッフからは研究上のアドヴァイスをはじめ，公私にわたりお世話になってきた．また経済学部におられた故・山本栄治先生から，国際通貨問題についてご指導を受けたことも忘れがたい．

本書は，平成12年度科学研究費補助金（研究成果公開促進費）の交付を受けて出版される．出版にさいして東京大学出版会の竹中英俊氏，斉藤美潮氏には多大なご尽力を頂き，また編集過程ではご迷惑をおかけした．この場を借りて御礼申し上げる．

最後に，私事にわたって恐縮だが，私が小学生の時に病のために世を去った父・水島三知に本書を捧げたい．大学で計測工学を講じていた父が，専門は異

なれども，遺された二人の息子がそれぞれに研究者としての道を歩んでいることを知ってくれたなら，どんなにか喜んでくれるだろうと思わずにいられない．

2000年12月　日蘭交流400周年の年に

水島 治郎

人名索引

ア 行

アーヴィング Irving, R. E. M. 54
アーモンド Almond, G. 17
アールベルセ Aalberse, Petrus J. M. 70, 147
アウト Oud, Pieter Jacobus 92, 242
アトリー Attlee, Clement Richard 51
アリエンス Ariëns, Alphons A. 68
アルブレヒツ Albregts, A. H. M. 171
アンドリーセン Andriessen, W. J. 128
イズラエル Israel, Jonathan I. 12
ウィーアルダ Wiarda, Howard J. 23, 24
ウィテフェーン Witteveen, Hendrikus Johannes 202
ウィルヘルミナ Wilhelmina, Helena Pauline Maria 68, 86
ウェイフェルス Wijffels, J. J. 99
ウォーラーステイン Wallerstein, Immanuel 11, 12
ウォルチェール Woltjer, J. J. 137
ウォルテルソム Woltersom, H. L. 123
エスピン゠アナセン Esping-Andersen, Gösta 59
オーステルハイス Oosterhuis, Henk 192, 212
大塚久雄 12-15
越智武臣 13
オッフェ Offe, Claus 23, 26

カ 行

カーツァー Kurzer, Paulette 22
カイペル Kuyper, Abraham 68, 69, 84, 87
カイン Kuin, P. 139, 140
カッツェンシュタイン Katzenstein, Peter 49
カルス Cals, Joseph Maria Laurens Theo 241
キーラー Keeler, J. 113
キャリヴァス Kalyvas, Stathis N. 54
クーペルス Kupers, Evert 81, 115
クラウチ Crouch, Colin 23
クルルス Kruls, Hendrik Johan 83
クロース Kloos, A. H. 252
ケインズ Keynes, John Maynard 35
コーソン Cawson, Alan 23
コーンスタム Kohnstamm, G. A. 139, 140
コルテ Korte, H. 230
コルテンホルスト Kortenhorst, L. G. 81
コレイン Colijn, Hendrikus 73, 91, 148
コンウェー Conway, M. 54

サ 行

阪野智一 30
佐藤弘幸 13
ジェソップ Jessop, Bob 26
シュミッター Schmitter, Philippe C. 23, 24
スールホフ Suurhoff, Jacobus Gerardus 136, 199, 200, 212, 219, 230, 231, 241
スカルノ Sukarno 157
スコッチポル Skocpol, Theda 12
スターペルカンプ Stapelkamp, A. 81
スティケル Stikker, Dirk Ulco 80-82, 88, 92, 99, 127, 156, 164, 173, 180
ストックマン Stokman, Jacobus Gerardus 88
スパーク Spaak, Paul-Henri 209
スハープマン Schaepman, Herman J. A. M. 68, 69
スハウテン Schouten, J. 242
スヘルメルホルン Schermerhorn, Willem 84-86, 90, 92, 100
スポール Spoor, Simon Hendrik 158
スポールマンス Spoormans, Huub 19
スメーンク Smeenk, C. 128
スロ－テマーケル・デ・ブライネ Slotemaker de Bruïne, Jan Rudolph 68, 147, 171

タ 行

ダイセンベルフ Duisenberg, Willem F. 45, 204
ダメ Damme, M. H. 169
タルマ Talma, Aritius Sybrandus 68, 69
ツェイルストラ Zijlstra, Jelle 45, 200, 210, 212, 219, 223, 226, 230, 241

268 人名索引

ティラヌス Tilanus, Hendrik Willem 87, 242
ティリー Tilly, Charles 14
ティンベルヘン Tinbergen, Jan 75, 130, 138, 188, 191, 196, 198
デ・クワイ De Quay, Jan Eduard 84, 85, 88, 241
デ・ハーイ・フォルトマン De Gaay Fortman, Wilhelm Friedrich 211
デ・フラーフ De Graaff, F. H. A. 232
デ・ブライン De Bruijn, A. C. 81, 88, 118, 153, 156, 168, 170, 171, 175, 192
デ・フロート De Groot, Paul 88, 222, 234
デ・ヘール De Geer, Dirk Jan 68, 77
デ・マン De Man, Hendrik 75, 121, 142
デ・ムラルト De Muralt, W. W. J. 101
デ・ヨング De Jongh, J. F. 123, 241
デン・アイル Den Uyl, Johannes Marten 203
テン・ナーペル Ten Napel, Hans-Martien Th. D. 54
トウェインストラ Twijnstra, T. J. 212, 219
トマス・アキナス Thomas Aquinas 70
トリップ Trip, L. J. A. 45
トルールストラ Troelstra, Pieter Jelles 72
ドレース Drees, Willem 87, 89, 92, 100, 121, 148, 150, 151, 155, 173, 242

ナ行

中山洋平 54
ナセル Nasser, Gamāl Abdel 207
ネーデルホルスト Nederhorst, Gerard Marinus 136

ハ行

ハイスマンス Huysmans, Gerardus 133, 134, 138, 140, 155
ハッケ Hacke, A. W. H. 81, 82
ハッタ Hatta, Mohammed 158
パニッチ Panitch, Leo 23, 26, 31
バニング Banning, Willem 84, 85, 87, 89
バルト Barth, Karl 85
バレント・ファン・ダム Barend van Dam 87
ハンレー Hanley, David 54
ピッツォルノ Pizzorno, A. 108, 242
ヒルシュフェルト Hirschfeld, Max 163

ファン・ウィンヘルデン Van Wingerden, C. W. 192, 212, 219, 224, 225, 227, 230
ファン・ケルスベルヘン Van Kersbergen, Kees 21, 54
ファン・スハイク Van Schaik, S. G. J. M. 124
ファン・デル・キーフト Van der Kieft, Johan 210
ファン・デル・フース・ファン・ナーテルス Van der Goes van Naters, Marinus 83, 84, 89, 136
ファン・デル・フェン Van der Ven, F. J. H. M. 133, 134, 136
ファン・デル・レーウ Van der Leeuw, G. 86
ファン・デン・ブリンク Van den Brink, Johannes R. M. 134, 140, 141, 154, 179, 182, 183, 188
ファン・デン・ベルト Van den Beld, C. A. 201
ファン・レイン Van Rhijn, A. A. 152, 153, 156, 167, 171, 172
ファン・ワルスム Van Walsum, Gerard Ewout 87, 90
フィセリング Vissering, G. 45
フィセル Visser, Jelle 21
フィリップス Philips, F. J. 171, 172
フェラールト Veraart, J. A. 71-73
フェルスヒュール Verschuur, T. J. 72
フェルミューレン Vermeulen, A. 81, 156, 167, 172, 199
フォール Faure, Edgar 209
フォガーティ Fogarty, Michael P. 54
フォス Vos, Hein 75, 86, 121, 123, 125-131, 133-135, 137-139, 142, 188
フォリンク Vorrink, Koos 87
ブキャナン Buchanan, T. 54
船山栄一 14
ブラウウェルス Brouwers, G. 156
ブリュッフマンス Brugmans, Henk 87
ブルヘル Burger, Jacob 211, 240, 242
ブロックツェイル Blokzijl, Berend 114
ベイエン Beyen, Jan-Willem 208-210
ベール Beel, Louis J. M. 84, 91, 92, 133, 140, 152, 153, 241
ヘメレイク Hemerijck, Anton 21
ヘルブランディ Gerbrandy, Pieter Sjoerds 86, 99,

人名索引　269

ベルヘル Berger, J. A.　176
ボスマ Bosma, J.　252
ボスマンス Bosmans, J.　91
ボハールツ Bogaarts, M. D.　157
ホフストラ Hofstra, H. J.　202, 240
ポラック Polak, N. J.　74
ボルスト Borst, A.　168, 169
ホルチャック Gortzak, Henk　234
ホルトロップ Holtrop, Marius　45, 163, 174, 188
ホワイト White, Harry Dexter　35

マ 行

マーシャル Marshall, George　159
マウリッツ Mauritz, A. J. R.　168, 172
マレイネン Marijnen, Victor Gérard Marie　241
マンスホルト Mansholt, Sicco Leendert　121, 173, 230
マンデス゠フランス Mendès-France, Pierre　209
ミデルハイス Middelhuis, J. A.　200, 214, 218, 230
宮本太郎　38
ミュセルト Mussert, Anton　74
ミルウォード Milward, Alan S.　38, 161, 210
メルテンス Mertens, Petrus Joseph Johannes　244
モネ Monnet, Jean　162, 209

ヤ 行

ユーケス Joekes, A. M.　173, 174, 188

ラ 行

ライス・デ・ベーレンブラウク Ruys de Beerenbrouck, Charles J. M.　70, 73
リーフティンク Lieftinck, Pieter　84-86, 94, 121, 133, 172, 173, 182, 183, 208
リヒハルト Righart, Hans　54
ルカス Lucas, A. M.　240, 241
ルベルス Lubbers, Ruud　21
ルペルト Ruppert, M.　156, 168, 214, 226, 230
ルメルス Roemers, Dirk　221, 232
ルンス Luns, Joseph　208, 209
レイプハルト Lijphart, Arend　16, 18-20
レームブルッフ Lehmbruch, Gerhard　23, 26, 28
レフティーン Regtien, Ton　242
ロールフィンク Roolvink, Bouke　247, 252, 253
ロメ Romme, Carl P. M.　88, 102, 136, 147, 148, 150, 211, 242

ワ 行

ワーヘナール Wagenaar, Gerben　173, 234
ワウデンベルフ Woudenberg, Hendrik Jan　80

事項索引

ア 行

アナーキズム　72
アナルコ・サンディカリスト　66, 67, 78, 114
アムステルダム　44, 90, 114, 115, 153, 186, 234, 242
アメリカ　36, 110, 158, 160, 174
アルジェリア戦争　210
アルデンヌ城ベネルクス首脳会談　166
安楽死　56
イギリス　11-15, 22, 26, 35, 41, 42, 51-54, 62, 110, 142, 148, 158, 162, 174, 184, 208
イタリア　56, 158, 162, 181, 235
一元主義　28
一般指針　102
一般的拘束宣言　78, 82, 102, 106
一般老齢年金法　214, 216, 220
イモビリズム　21
イングランド銀行　42
インドネシア　96, 158, 164
インドネシア独立運動　115
インドネシア問題　91, 157
インフレ　1, 20, 33, 38, 40, 50, 51, 61, 94, 95, 98, 152, 163, 202, 204, 215, 249, 250, 253
インフレ抑制　1, 33, 100, 204, 257, 258
ヴェトナム反戦運動　242
ヴォランタリズム　53
ウォルテルソム機構　123
エイセル湖　163
エイントホーフェン　84, 114
エリート協調　17-20
「黄金の世紀」　11
オーストリア　56, 253
大塚史学　12-16
オランイェ王室　65
オランダ改革派教会　84, 85
オランダ・カトリック労働組合連合　244, 251
オランダ銀行　45-47, 50, 73, 74, 95, 122, 123, 163, 174, 184, 185, 194, 201, 202, 205
オランダ雇用者連盟　88, 89
オランダ人民運動　86-90, 100, 121-123, 126
オランダ鉄道乗務員労働組合　249
オランダ・プロテスタント雇用者連盟　88
オランダ・モデル　1, 5, 8, 259
オランダ労働組合連合　61, 66, 67, 72, 73, 75, 78, 80, 81, 89, 114, 115, 117, 127, 128, 134, 136, 139, 145, 149, 153, 154, 167, 186, 192-194, 199, 201, 203, 213, 221, 224-226, 229, 230, 232, 240, 241, 243, 250, 251
オランダ労働戦線　80

カ 行

階級協調　56, 66, 71, 114, 242, 244
　――的社会観　57
階級闘争　56, 67, 70, 72
解釈ギャップ　108
価格監督裁判所　111
価格所得法　52
価格設定命令　110
価格つり上げ・買いだめ禁止法　110
価格命令　110
革新　83, 85, 92, 121, 128, 132
　――派　84-87, 89, 91, 92, 100, 132, 142
学生労働運動　242
家計維持者　60
過剰流動性　94, 97
カトリック
　――系労組　57, 109
　――政党　57, 59, 67, 70, 88, 90
カトリック教会　70, 118, 245
カトリック雇用者連盟　88, 171
カトリック司教団　211
カトリック人民党　47, 62, 88, 90-93, 102, 128, 129, 132-134, 136-138, 142, 151, 160, 203, 211, 223, 240, 241, 243-245
カトリック・ラジオ放送　243
カトリック労働者運動　89, 118, 146, 153, 154, 170, 171, 175, 186, 192, 193, 200, 203, 214, 218, 229-231, 241, 243, 244
カナダ　27
「かなめ」　67, 93
カルヴァン派　66, 68, 70, 84, 118
　――政党　57, 67, 70

事項索引　271

――労組　57, 68
関税と貿易に関する一般協定（GATT）　39
完全雇用　37, 38, 58, 61, 139, 203
北大西洋条約機構（NATO）　164
急進党　203, 244
共産党　88, 91, 99, 101, 114, 160, 164, 173, 203, 222, 234, 237, 242
共産党系労働運動　113, 114
強制力集約型　14
協調行動　22, 24, 26
共同決定　71, 86, 136
キリスト教社会派　69
キリスト教民主主義　7-8, 19, 21, 53-57, 59, 184, 255, 256
――型福祉国家　62
――政党　18, 21, 54, 56, 57, 59, 62, 201, 245
キリスト教民主同盟　85, 89, 90
キリスト教歴史同盟　67, 77, 84, 85, 87, 90-92, 160, 223
銀行法　45
近代市民社会　13
金本位制　35, 39, 42, 48, 73, 74
近隣窮乏化政策　35
クアドラジェジモ・アンノ　70
クリーヴィッジ　16
軍政当局　83, 99
計画化　122, 130, 138, 142
計画庁　162
計画の政治　58
経済関係閣僚会議　111, 124, 150, 173, 182, 183
経済協力局　160
経済計画　61, 63, 78, 93, 125, 129, 141
ケインズ主義　37, 40-42, 47, 58, 60, 63, 76, 77, 203
――的経済政策　60, 61, 93, 142, 201, 257, 258
――的福祉国家　60, 61
ケインズ主義なき福祉国家　48-53
合意形成型モデル　17
交換性の回復　51
工業化　76
――計画　202
――政策　140, 141, 197, 203
工業化総本部　140
高等労働協議会　70-72, 78, 147, 148
公法産業組織　123-128, 132-137, 141, 203

コーポラティズム　18, 22-29, 49, 57, 65, 70, 76, 77, 127
――的制度　69
――論　22, 25
国家――　24
社会――　24
コーポラティズム・モデル　26
国際収支
――危機　97, 108, 140, 159, 164, 182, 183, 206
――の赤字　33, 34, 38, 40, 46, 48, 50, 51, 57, 94, 96, 97, 183, 190, 191, 205, 207, 213
――の赤字解消　39, 41
――の均衡　34, 42, 47, 48, 176
――の黒字　237
――の不均衡　35, 36, 43, 44, 62
国際通貨基金（IMF）　34, 225, 233
国際通貨体制（ブレトン・ウッズ体制）　34-41, 149
告白教会　85
国民国家　14-16
国民所得委員会　52
国有化　142
国連中心主義　164
国家社会主義運動　19, 74, 85
国家調停委員会　79, 80, 82, 98-101, 104-106, 152, 156, 176, 222, 223, 239, 246-249, 251
国家福祉計画　131
固定相場制　35, 41, 42, 49, 50, 196
個別領域主権論　68
コンゴ　165

サ　行

財産税の一時課税　95
財産増加税　95
最低賃金制　80
産業革命　65, 66
産業協議会　76, 77
産業協議会法　72
産業金融　45
産業政策　58, 62, 63, 139, 142
産業組織　71-73, 77, 87, 123, 129, 130, 135, 136
産業別組合　118
司教区組合　118, 244
支出削減に関する覚書　222
支出問題の展開に関する委員会　212

272　事項索引

失業　20, 33, 34, 43, 58, 61, 112
　　——の危険　46
　　——の増加　41, 217, 253
　　——率　21, 73, 204, 233, 249, 252
疾病保険法　69
児童手当　109, 146-151, 154, 155, 157, 170, 171, 173, 175, 176, 228, 232, 233
児童手当基金　229
シフト制労働　175, 177
資本集約型　14-16
社会化　72, 73, 78, 122
社会経済協議会　1, 32, 46, 71, 107, 113, 126, 130, 134, 137, 139, 143, 188-190, 198, 199, 205, 206, 212, 215, 217, 221-224, 234, 246-250, 255
社会契約　22, 24, 26
社会保険委員会　229
社会民主主義　19, 41, 47, 53, 55, 58-61
　　——系労組　57
　　——政党　26, 41, 54, 57, 142
社会民主党　74
社会民主同盟　72
社会民主労働者党（オランダ）　66, 67, 72-75, 77, 78, 83-85, 87-92, 127, 132, 147, 148, 150
社会民主労働者党（スウェーデン）　37
自由主義　19, 55, 56, 60, 68, 134
　　——型福祉国家　59
　　——政党　57, 61
　　——派　66, 67, 77, 84, 148
住宅法　111, 112
自由党　88, 91
自由民主人民党　92, 93, 160, 201, 223, 240, 242
自由民主同盟　83, 84, 89, 90
傷害保険法　69
省間協議委員会　168-171, 173, 192, 194
　　賃金・物価政策に関する——　156, 167
小国　3-6, 11, 16, 38, 39, 43, 44, 49, 190, 256-259
消費者連絡機構　227
情報提供者　211
職能団体　55
所得政策　29-34, 48, 51-53, 62, 98, 102, 103, 107, 112, 116, 119, 145, 166, 179, 191, 237, 239
信用システム監督法　47

スイス　74
スィント・ミヒールスヘステル　83, 84
スウェーデン　32, 37, 41, 58, 253
スエズ動乱　207
スタグフレーション　33
スタンド・バイ取り決め　226, 233
スティケル・プラン　180
ストップ・ゴー政策　51
スペイン　11
スヘルメルホルン内閣　87, 89, 94, 116, 121, 122, 128, 130, 141
スヘルメルホルン・ボーイズ　87, 92
成果主義賃金　176, 177
制限選挙制　65
生産組織　135
政治構造センター　129
政治的交換　30, 32, 52, 53, 108, 109, 120, 145, 173, 177, 239, 243, 253, 255, 260
　　——における経済的便益　30, 109
　　——における政治的便益　30, 109
　　——における組織的便益　30, 109, 112, 239, 253
政労使間の協調体制　1, 2, 23, 26, 29, 49, 102, 137, 255, 256, 260
世界銀行　34
責任内閣制　65
世俗化　20, 65, 66, 242, 243
絶対主義国家　11, 12
ゼネスト　66, 72
全オランダ金属電機産業労組　225
全権委員　124-126, 128, 135
全国キリスト教労働組合連合　69, 78, 81, 89, 168, 186, 193, 203, 214, 226, 229, 230, 241, 247, 251
全国農業経営者組合連合会（FNSEA）　113
組閣者　211
ソ連　132

タ　行

大国　3-5, 16, 43, 44, 256-259
「第三の道」　56, 66, 256
体制変革　65
第二ヴァティカン公会議　243
対立原理　84, 86
多極共存民主主義　16, 19, 20, 22
多元主義　24, 25, 27, 28
　　——的利益媒介関係　28

——批判　22, 26
　　——理論　22, 24, 25
多数代表型モデル　17
脱商品化　59
脱柱状化（ontzuiling）　20, 244, 245
地域物価委員会　153-155
チェコスロヴァキア　75
秩序政策　76, 122, 125, 128, 130, 142
中央計画委員会　131
中央計画局　130-132, 138, 143, 159, 174, 188, 198, 201-203, 212, 248
中央経済委員会　182, 183
中央経済協議会　76
中央社会雇用者連盟　88, 99, 127, 169, 171, 172, 219, 232
中央人民銀行　119
中央統計局　104, 198, 248
中継貿易　12, 13
柱状化　89, 100
柱状化社会　17, 84, 91
朝鮮戦争　180, 181, 184, 187, 194, 195, 207
賃上げ　50, 176, 228, 248
賃金
　　——基準　105
　　——決定の構造　105
　　——差別化　245, 246
　　——政策　29, 48, 102, 107, 117, 247
　　——凍結　100, 155, 174
　　——統制　79, 103, 104, 107, 108, 245, 252
　　——平準化　109
　　——抑制　1, 21, 30, 31, 33, 46, 49, 52, 53, 100, 111, 119, 145, 151, 155, 185, 190, 249, 251, 253, 255
賃金委員会　105, 106, 229
賃金・物価委員会　188
賃金・物価小委員会　198
賃料命令　112
通貨改革　33, 94, 95, 97, 110
通貨改革命令　95
通貨価値安定協会　74
通貨危機　233
通貨統合　21, 257, 258, 260, 261
通商産業航行省　123-126
ディリジスム　138
デ・クワイ内閣　245, 247
デ・フォルクスクラント　243
デフレ効果　163

デフレ政策　52, 74
デン・アイル中道左派政権　253
デンマーク　162
ドイツ　38, 39, 56, 79, 80, 95, 132
統一労働運動　99, 114
統一労働組合センター　114-117, 128, 146, 175, 186, 187, 192, 193, 199, 234, 237, 239
統一労働組合センター1958　234
トウェンテ　114
投資基金　139
同性愛　55
独立産業労組連合　192
都市貴族層　12
「突破」　84-86, 88-91, 116
ドミニカ　24
ドル不足　97
ドレース内閣
　　第1次——　136, 184
　　第2次——　191, 202
　　第4次——　211, 240

ナ　行

内戦　17, 19
ナチズム　74
2月スト　114
西ドイツ　22, 26, 37, 38, 40, 180, 181, 184, 238
二大政党制モデル　17
ニューギニア　207
ニューハンプシャー州　34
妊娠中絶　55
ネイメーヘン　242
ネーデルラントの反乱　11
ネオ・コーポラティズム
　　——成立の歴史的背景　79-82
　　——とキリスト教民主主義　51-58
　　——と国際収支問題　47-51
　　——と所得政策　29-32
　　——の構造　108-120
　　——の成立過程　98-103
　　——の定義　29
　　——をめぐる議論　20-29
　　プラニスムなき——　63
ノールト・ブラバント　243
ノルウェー　162

ハ　行

ハイネケン・ビール醸造会社　80

橋グループ　234
柱（zuil）　16-20, 57, 66, 116, 126, 243-245
パッケージ・ディール　218, 223
反革命党　67, 69, 73, 87, 92, 128, 134, 160, 200, 212, 223, 226, 241, 247
ハンガリー動乱　207
比較優位　113, 117
非課税扱いの景気基金　202
ファシズム　19
フィリップス社　78, 171, 239
フィンランド　41, 44, 50
フォス草稿　124
福祉国家　18, 21, 22, 58-63, 142
　――化　21
物価
　――政策　110, 113, 120, 145, 154, 179, 190, 219, 220
　――統制　149, 152, 157
物価政策に関する中央諮問委員会　153-155
物価総本部　111
物価法　110
復興銀行　94
ブラジル　24
ブラニズム　60, 62, 63, 73, 75, 77, 78, 93
フランス　11, 15, 39, 40, 42, 43, 50, 75, 113, 158, 161, 162, 208-210, 235, 257, 258
フリストフォール・グループ　88
ブリュッセル条約　164
プロテスタント雇用者連盟　169
プロテスタント政党　47, 61, 91, 93
ベイエン・プラン　209
平価切上げ　149
平価切下げ　39, 40, 43, 44, 47, 50, 149, 174, 184, 225, 226, 233
ヘゲモニー国家　11, 12
ベネルクス　11, 39, 56, 166, 167
ベネルクス関税同盟　39, 165
ベネルクス経済同盟　165
ベルギー　75, 117, 121, 142, 158, 165, 166, 180
変動相場制　37, 41, 49, 50, 253
ヘント（ガン）の和約　17
法案草稿　124, 126, 133, 135
ホーホーフェンス　163
補完性原理　70, 129
保守主義　55
　――型福祉国家　59
保守党　42, 52

ポルトガル　24

マ 行

マーシャル・プラン　37, 97, 157, 159, 161, 166, 167, 173, 179, 196
マーシャル・ラーナー条件　43
マニュファクチャー　12
マルクス主義　22, 68
見返り資金　160, 162, 163, 179
ミクロ・コーポラティズム　27
民主主義者'66　242
メキシコ　24
メゾ・コーポラティズム　27, 28, 113

ヤ 行

家賃統制　111
闇賃金　31, 239, 249
ユトレヒト　154
輸入インフレ　238
ヨーロッパ経済共同体（EEC）　210
ヨーロッパ経済協力委員会（CEEC）　160
ヨーロッパ経済協力機構（OEEC）　39, 160, 164, 180, 183, 196
ヨーロッパ決済同盟　160, 165, 179-181, 183
ヨーロッパ原子力共同体（EURATOM）　210
ヨーロッパ石炭鉄鋼共同体（ECSC）　208
ヨーロッパ通貨制度（EMS）　21, 253, 257, 260
ヨーロッパ統合　6-8, 16, 22, 198-200, 256-258, 260
ヨーロッパ防衛共同体　208

ラ 行

利益媒介構造　23
リンガジャディ協定　158
リンブルフ　123, 243
ルクセンブルク　165, 166
レーノム・ノヴァールム　69
レンヴィル協定　158
連合国通貨金融会議　34
連帯主義　55
労使関係特別命令　98-101, 105, 251
労組連合協議会　81, 105, 168, 169, 175, 186, 197
労働会館　82
労働協会　1, 32, 81, 82, 88, 98, 100, 102-106, 116, 117, 126, 127, 139, 145, 146, 148-150,

152, 153, 156, 157, 164, 167-169, 171-173, 175-177, 187, 191, 192, 194, 197, 198, 200, 221, 222, 227, 229, 231, 232, 234, 239, 247-251, 255
労働協議会　69
労働協約　31, 78, 79, 82, 99, 102, 103, 246, 248, 253
労働組合会議(TUC)　51, 52
労働市場庁　37
労働市場の逼迫　199, 200, 238, 246, 248, 252
労働生産性促進委員会　176
労働党（イギリス）　42, 51, 52, 90, 142
労働党（オランダ）　46, 47, 61, 62, 90, 91, 93, 121, 123, 128, 132, 133, 136, 139, 142, 160, 194, 200-203, 211, 212, 223, 240, 242, 243
労働党（ベルギー）　142
労働プラン　73, 75-77, 121, 122
労働問題に関する執行協議会　80, 105, 187, 227
老齢暫定年金　175
老齢年金保険　212
老齢保険法　69
ローカル・コーポラティズム　27
ローマ・赤連合　90, 92, 103, 136, 239
ローマ・カトリック国家党　67, 69, 71-73, 87, 91, 147
ローマ・カトリック大家族同盟　146
ローマ・カトリック労働者連合　78, 81
ローマ教皇庁　69
ロッテルダム　114, 186, 234

ワ 行

ワセナール合意　1, 2
和約　17, 19
ワルシャワ条約機構　207

戦後オランダの政治構造
——ネオ・コーポラティズムと所得政策

2001年2月23日　初　版

［検印廃止］

著　者　水島治郎

発行所　財団法人　東京大学出版会

代表者　河野通方

113-8654 東京都文京区本郷 7-3-1 東大構内
電話 03-3811-8814　Fax 03-3812-6958
振替 00160-6-59964

印刷所　株式会社三陽社
製本所　矢嶋製本株式会社

© 2001 Jiro Mizushima
ISBN 4-13-036204-6　Printed in Japan

Ⓡ〈日本複写権センター委託出版物〉
本書の全部または一部を無断で複写複製（コピー）することは，著作権法上での例外を除き，禁じられています．本書からの複写を希望される場合は，日本複写権センター(03-3401-2382)にご連絡ください．

オンデマンド版はコダック社のDigiMasterシステムにより作製されています。これは乾式電子写真方式のデジタル印刷機を採用しており、品質の経年変化についての充分なデータはありません。そのため高湿下で強い圧力を加えた場合など、トナーの癒着・剥落・磨耗等の品質変化の可能性もあります。

著者略歴
1967年　東京都に生まれる．
1990年　東京大学教養学部教養学科第三卒業．
1999年　東京大学大学院法学政治学研究科博士課程修了．博士（法学）．
現　在　千葉大学法経学部教授．

主要著書
『労働：公共性と労働―福祉ネクサス』（共編著，勁草書房，2010年）
『ヨーロッパ政治ハンドブック 第2版』（共著，東京大学出版会，2010年）
『反転する福祉国家――オランダモデルの光と影』（岩波書店，2012年）

戦後オランダの政治構造
ネオ・コーポラティズムと所得政策　　　　　　（オンデマンド版）

2013年2月28日　　発行　　①

著　者　水島治郎
発行所　一般財団法人　東京大学出版会
代　表　者　渡辺浩
〒113-8654
東京都文京区本郷7-3-1　東大構内
TEL03-3811-8814　FAX03-3812-6958
URL　http://www.utp.or.jp/
印刷・製本　大日本印刷株式会社
URL　http://www.dnp.co.jp/

ISBN978-4-13-009078-0
Printed in Japan
本書の無断複製複写（コピー）は、特定の場合を除き、
著作者・出版社の権利侵害になります。